T0128506

Printed in the United States
By Bookmasters

بسم الله الرحمن الرحيم

المفاهيم الإدارية الأساسية
النظرية والتطبيق

المفاهيم الإدارية الأساسية
النظرية والتطبيق

تأليف

د. أحمـــد يوسف عريقـــات　　د. توفيـــق صالـــح عبـــد الهـادي

د. حسيـن أحمد الطراونـــة　　د. عبد المعطي سليمان أبو الرب

الطبعة الأولى

2011م

المملكة الأردنية الهاشمية
رقم الإيداع لدى دائرة المكتبة الوطنية
(2011/1/114)

350

المفاهيم الإدارية الأساسية النظرية والتطبيق/ أحمد يوسف عريقات.. وآخرون،
- عمان : دار ومكتبة الحامد للنشر والتوزيع، 2011 .
( ) ص .
ر. إ. : (2011/1/114) .
الواصفات :الإدارة العامة//إدارة الأعمال
*يتحمل المؤلف كامل المسؤولية القانونية عن محتوى مصنفه ولا يعبّر هذا المصنف عن رأي دائرة المكتبة الوطنية أو أي جهة حكومية أخرى.

❖ أعدت دائرة المكتبة الوطنية بيانات الفهرسة والتصنيف الأولية .

* (ردمك) ISBN 978-9957-32-580-0

دار الحامد للنشر والتوزيع

شفا بدران - شارع العرب مقابل جامعة العلوم التطبيقية
هاتف: 5231081 -00962 فاكس : 5235594 -00962
ص.ب . (366) الرمز البريدي : (11941) عمان - الأردن

Site : www.daralhamed.net
E-mail : info@daralhamed.net
E-mail : daralhamed@yahoo.com
E-mail : dar_alhamed@hotmail.com

أقـوال في الإدارة

قال تعالى:" يَا أَبَتِ اسْتَأْجِرْهُ إِنَّ خَيْرَ مَنِ اسْتَأْجَرْتَ الْقَوِيُّ الْأَمِينُ(26) "

[سورة القصص، الآية 26]

وقال تعالى:" مَا جَعَلَ اللَّهُ لِرَجُلٍ مِنْ قَلْبَيْنِ فِي جَوْفِهِ "

[سورة الأحزاب، الآية 4]

قال رسول اللـه صلى اللـه عليه وسلم: (إن اللـه يحب إذا عمل أحدكم عملاً أن يتقنه).

وقال رسول اللـه صلى اللـه عليه وسلم: (إنما العلم بالتعلم، وإنما الحلم بالتحلم).

"لا يسهم المتشددون في فرض رقابتهم بأن تكون منظمتهم منظمة ناجحة"

Jeffery A. Timmons, 1986

"بقدر ما يلتزم العاملون بقدر ما تتحقق النتائج"

William L. Gore

"استقطب وعيّن الأقدر، واعدل بين العاملين مالياً ومادياً، وحفِّزهم، وساعدهم على الإنجاز فستفاجأ بإنجازاتهم".

Eric Anderson, Mary Ann Allison, 1984

"مثلما تكونوا يُولَّ عليكم".

قول مأثور

المحتويات

الفصل الأول

مدخل في تطور الفكر الإداري

الأهداف الأدائية **Performance Objectives**

يتوقع أن يحقق الدارس الأهداف الأدائية التالية بعد أن يُتم قراءة هذا الفصل:

1. **فهم المعاني الخمسة للإدارة.**
2. **تمييز مفهوم الإدارة كنشاط أو عملية أو مهنة أو نظام.**
3. **استيعاب مفهومي الكفاءة (Efficiency) والفعالية (Effectivenes) وتوظيفهما في المكان الصحيح فيما يتعلق بمرحلتي العمليات والمخرجات.**
4. **فهم وتمييز الموارد البشرية وغير البشرية.**
5. **التمكن من استخدام خصائص الإدارة وفقاً للسياق الذي يرد فيه مصطلح إدارة.**
6. **إدراك أن الإدارة تجمع بين خصائص كونها علماً وفناً.**
7. **التمييز بين مفهومي إدارة الأعمال Business Administration والإدارة العامة Public Administration.**
8. **إدراك دور علماء الإدارة ورواد المدارس الإدارية في إنضاج مفهوم الإدارة واستخداماتها وتطويره.**

مفهوم الإدارة وتطور الفكر الإداري

منذ أواخر القرن الثامن العشر، وحقبة طويلة من القرن التاسع عشر، كان العامل يؤدي عمله في إطار محدود من العلاقات وذلك لأسباب عديدة منها: صغر حجم الوحدة التي كان يعمل بها، وقلة عدد الأفراد الذين يعملون في هذه الوحدة.

وكان جميع هؤلاء العاملين يتلقون تعليماتهم من صاحب العمل، الأمر الذي صبغ مناخ العمل إلى حد كبير بطابع معين، كان يُطلق عليه "العلاقات الشخصية المباشرة بيم المديرين ومختلف العاملين".

إذ كان صاحب العمل هو في نفس الوقت المدير، وهو الذي يراقب العمال في أدائهم لأعمالهم وهو الذي يُقرّر نوع النشاط الذي يزاوله، وهو الذي تقع على عاتقه كافة السلطات والمسؤوليات وكذلك أيضاً يقع على عاتقه جميع ما تتعرض له وحدته من مخاطر، وكان يطلق على هذا النوع من الإدارة "الإدارة التقليدية Traditional Management" "أي أنَّ الوحدة التي كانت قائمة، بالإضافة إلى كونها وحدة صغيرة، كانت أيضاً تعتمد على قدرة الفرد على أدائها. هذا بالإضافة إلى اعتمادها على رؤوس أموال ضعيفة، مما أدّى إلى تعاملها في سلع محدودة تشبع حاجات المستهلكين القريبين منها، والذين غالباً ما كانت تربطهم بأصحاب هذه الوحدات علاقات شخصية، وثقتهم فيما تقدمه لهم هذه الوحدات من خدمات، وهناك جانب آخر اتصف به تشغيل هذه الوحدات، وهو أنّه لم تكن توجد قوانين تنظِّم العلاقة بين صاحب العمل والعمال الذين يعملون لديه؛ الأمر الذي أدَّى إلى أنْ يستأثر أصحاب هذه المنشآت بالجانب الأكبر من الدخل، بالإضافة إلى أنَّ تحديد الأجور بالنسبة للعاملين كانت تحكمه الظروف المحيطة بالعمل وقتئذٍ، والتي كانت تساعد على ضعف أجور العمال.

غير أنَّ ظهور الثورة الصناعية "Industrial Revolution" والانقلابات التي طرأت على الاقتصاد الصناعي في بريطانيا وغيرها من الدول الأوروبية، جاءت نتيجة لعدة إختراعات مهمة ظهرت متتابعة ومتتالية كان أبرزها ما يكون في الطاقة الإنتاجية، وهذه بدورها قلبت نظام الإنتاج الحرفي كما قلبت النظام الاقتصادي في تصميمه، وتغيرت نظم الصناعة والعمالة والتمويل والتسويق، وترتب على ذلك تغير في التكوين الإجتماعي وفي القوة النسبية للدول الصناعية، مما أدّى بالضرورة إلى تطوّر فكري في المجتمع تجاه مسألة الإنتاج.

كما وأدّت الثورة الصناعية إلى تقدم العلوم والفنون التطبيقية وعلى وجه الخصوص الهندسية منها، الأمر الذي أدَّى إلى زيادة حجم المشروعات وكثرة عدد العاملين فيها، وقد صاحب ذلك تطور الفكر الإداري بحيث أصبحت له مدارس إدارية، تعبيراً عن هذه الثورة الفكرية الإدارية المستمرة، الأمر الذي يدعونا إلى أنْ نعرض في إيجاز إلى بعض الجهود التي بذلت لإيجاد نظرية للإدار
نظرية الإدارة:

فكرة الإدارة: إذا نظرنا إلى طبيعة الإنسان وأسلوبه في الحياة، وجدنا أنّه إجتماعي بفطرته، ولا يسهل عليه أن يعيش منعزلاً عن غيره، ولا يستطيع أنْ يحقق بجهده المنفرد جُلَّ مطالبه في الحياة، الأمر الذي جعله يلجأ إلى منظمات متعددة لتحقيق هدفه، فبدأ بالأسرة وانتقل إلى القبيلة ثم الدولة ثم منظمات أخرى.

وهو في سعيه هذا، نحو تحقيق أهدافه، إنما يرغب في الحصول على أقصى منفعة ممكنة، مع بذل أقل جهدٍ ممكنٍ وتحمُّل أقل نفقةٍ ممكنةٍ. هذه المواصفات الفطرية التي توجد في الإنسان تنطبق أيضاً على مختلف المجموعات البشرية أياً كان نشاط هذه المجموعات تجارياً، أو إجتماعياً. فإذا كان على هذه المجموعات البشرية أن تعمل لكي تحقق أهدافها، فإن هذا يعني بالضرورة وجود نوع من الإدارة، ووجود هذه الإدارة يعني أنها تقوم بتهيئة الظروف البيئية المحيطة

بالجماعة بحيث تكون صالحة للعمل، كما يعني أيضاً أن هذه الإدارة تقوم بأوجه النشاط الذي تمكّن هذه الجماعة من تحقيق أهدافها، أي أنها تخطّط، وتنظّم، وتُعيِّن القوى العاملة، وتوجّه وتراقب.

تأخر نظرية الإدارة:

إنَّ الجهود التي بُذِلت، على صعيد استنباط مبادئ وقواعد، ونظم وإجراءات للإدارة، أو انتهاج أسلوب علمي في البحث والدراسة للإدارة يسمح بأن يكون لها نظرية، ويسمح للإدارة بأن تصبح علماً متعارفاً عليه مستقلاً بقواعده ونُظمه، إلاَّ أن هذا قد تأخر كثيراً، نظراً لاعتبارات عديدة، أهمها أن النشاط التجاري فيما مضى لم يكن من المهن المرموقة أو المهن التي يتطلع إليها، على وجه الخصوص، فئة المثقفين. هذا بالإضافة إلى أن علماء الاقتصاد ساروا في بحوثهم ودراساتهم التحليلية للمشروعات التجارية على هدى الأسلوب الذي رسمه لهم "آدم سميث" واصفاً رجال الأعمال بأنَّهم "مجموعة من الأشخاص.. لا تتفق مصالحهم مع مصالح الجماهير، إنَّ مصالحهم غالباً ما تكون على حساب الجماهير وخداعهم".

هكذا كانت النظرة إلى التجارة وإلى رجال الأعمال، هذه النظرة أخَّرت الجهود نحو إيجاد نظرية للإدارة حتى علماء النظريات السياسية لم يهتموا آنذاك بها الاهتمام الكافي، على الرغم من أن الإدارة من أهم واجبات الحكومة، والحكومة تعتبر أقدم وأشمل شكل من أشكال التنظيم الإجتماعي، إن اهتمامهم كان يتجه بالدرجة الأولى نحو وضع سياسات على المستوى القومي والدولي.

وفي الحقيقة، يمكننا القول إن الثورة الصناعية والتقدم المذهل في العلوم والفنون التطبيقية، والنظرة الجادة لدور الإنسان في نطاق التجمعات البشرية، وخلق حوافز تدفعه إلى أن ترتبط أهدافه بأهداف المشروع، بالإضافة إلى الأزمات الاقتصادية الكبرى التي اجتاحت العالم وما ترتب على ذلك من تطبيق أساليب

حديثة لتدعيم الاقتصاد والتغلب على الأزمات الاقتصادية والمالية في بعض الدول، كل هذا أدَّى إلى الاهتمام بطبيعة الدور الذي يقوم به المديرون.

إنَّ التطور الصناعي الكبير الذي حدث أدَّى إلى تزايد أحجام المشروعات، التي يعمل فيها أعداد كبيرة من الأشخاص واقترن ذلك باتساع أسواق الاستهلاك وخلق أساليب الائتمان القادرة على المعالجة المصرفية.

أدى ذلك إلى ظهور أنواع متعددة من المشكلات الإدارية لم تكن معروفة من قبل، الأمر الذي كان له أكبر الأثر في توجيه الجهود نحو الاهتمام بالمشكلات الإدارية الملحة والمتزايدة، بحيث يمكن القول إن الإدارة أصبحت أسلوباً من أساليب العمل لا يجيده إلاَّ هؤلاء الذين تعلَّموه ومارسوه.

أي أن الإدارة الحديثة بما وصلت إليه الآن إنْ هي إلاَّ نتاج عملية تطوريه معقدة وطويلة، ما زالت تأخذ طريقها نحو الارتقاء والاتقان، وذلك عن طريق البحث العلمي للفكر الإداري تعمل نحو إيجاد "نظرية الإدارة".

مفهوم النظرية للإدارة:

إن طبيعة الجهود التي تُبذل للوصول إلى نظرية مناسبة للإدارة إنما هي حركة نحو الوصول إلى أسلوب علمي في الإدارة، هذا الأسلوب يمكن أن يؤكد كثيراً في الحقائق المستخلصة عن طريق الدراسة والبحث العلمي الدقيق، فينبغي دائماً تفسير الحقائق، وعلى أساس الوصف والتفسير يمكن التوصل إلى التنبؤ الدقيق، وكل هذا يتطلب أن يخضع الاستقصاء العلمي لعديد من المعايير والتي منها الموضوعية Objectivity أي البعد عن التحيز لوجهة النظر الشخصية، والوضوح والشمول Comprehensiveness.

وهناك تعريفات عديدة للنظرية، فقد عرّفها Herbert Feigl (هربرت فيجل) بأنها "مجموعة من الفروض يمكن عن طريقها، وباستخدام المنطق الرياضي التوصل إلى قوانين تجريبية، ومن ثم تعطي النظرية توضيحاً لهذه القوانين".

على هدي هذه الآراء، يمكننا أن نلقي أضواء على البحوث والدراسات التي أجريت من أجل تأصيل العلم الإداري. فقد تشعبت الدراسات والبحوث وترتب على ذلك وجود مدارس فكرية إدارية متعددة، أسهم كل منها بقدر في تدعيم إيجاد نظرية للإدارة.

ولعلنا نردد ونؤكد على الحقيقة حينما نذكر أن بداية ظهور الجهود نحو إيجاد نظرية للإدارة إنما يقترن ذلك بالجهود التي بذلها "فردريك ونسلو تايلور .Fredrick W Taylor وزميله هنري فايول Henry Fayol، والتي وصفتها المراجع العديدة بـ (مدرسة الإدارة العلمية).

تطور الفكر الإداري والمدارس الإدارية:

إن الفكر الإداري ليس من صناعة شخص واحد، ولكنه نتيجة إسهامات الكثيرين وإن كان من الممكن التمييز بين العديد من المفكرين الذين أثروا في اتجاهات هذا الفكر. ومن واقع دراساتنا لهذه الإتجاهات يمكن القول بوجود ثلاثة مداخل لدراسة تطور الفكر الإداري.

المدخل الأول: المدخل الكلاسيكي (التقليدي) Classical Approach

ويشتمل على المدارس الإدارية التالية:

1- الإدارة العلمية Scientific Management.

2- البيروقراطية Bureaucracy.

المدخل الثاني: المدخل السلوكي The Behavioral Approach

ويشتمل على:

1- مدرسة العلاقات الإنسانية Human Relations School

المدخل الثالث: المدخل المعاصر **The Recent Approach**

ويشتمل على المدارس التالية:

1- مدرسة بحوث العمليات (الكمية)	Quantitative School
2- مدرسة النظم	Systems School
3- المدرسة الموقفية في الإدارة	The Contingency Theory of Management
4- الإدارة بالأهداف	Management By Objectives
5- الإدارة اليابانية	Japanese Management
6- إدارة الجودة الشاملة	Total Quality Management
7- الإدارة الأمريكية	American School of management

الإدارة العلمية

The Scientific Management

يمكن القول إن حركة "الإدارة العلمية" بدأت فعلاً مع المبادئ التي عرضها "فردريك تايلور" عام 1911 في شهادته Testimony أمام "الكونجرس الأمريكي" حول طريقته الجديدة في الإدارة خلافاً "للإدارة التقليدية".

وفيما يلي نقدم لمحة تاريخية وبعض الدراسات التحليلية لبعض هؤلاء العلماء الذين أسهموا بجهودهم الفكرية والعملية في وضع الأسس التي قامت عليها "الإدارة العلمية":

1- فردريك ونسلو تايلور 1856-1915   Fredrick W. Taylor

ولد "فردريك تايلور" في عام 1856 في مدينة "جيرمان" بولاية بنسلفانيا الأمريكية من عائلة مثقفة ومتوسطة الثراء. في حياته الأولى كان يميل إلى دراسة القانون، لكن بدأ حياته بالعمل في شركة للحديد تسمى Midvale Steel company وتدرج فيها من عامل بسيط إلى مشرف مجموعة، وكان يزاول دراسته الجامعية المسائية حتى استطاع أن يحصل على درجة الماجستير في الهندسة من معهد ستيفنس (Stevens Institute).

في إحدى الجلسات التي دافع فيها عن طريقته أمام الكونجرس الأمريكي في عام 1911 شرح المبادئ الأربعة الرئيسية للإدارة العلمية:

أولاً- إحلال علم قواعد ومبادئ علمية محل "القواعد التقديرية"، تلك التي تعتمد على خبرة فرد واحد او مجموعة من الأفراد. أما المبادئ العلمية فهي تُستمد من تجارب وخبرة الكثيرين بشكل يجعلها حقائق علمية.

ثانياً- الاختيار العلمي والتطوير الإيجابي للعمال من أجل أن يؤدي كل عامل أعلى مستوى من العمل.

ثالثاً- الجمع بين العلم (في أولاً) وبين الاختيار والتدريب العلمي للعمال (في ثانياً).

رابعاً- تقسيم العمل الفعلي بين الإدارة وبين العمال. والواقع أن هذا هو "مبدأ فصل التخطيط عن التنفيذ".

"إنّ الإدارة العلمية الحقّة تتطلب ثورة عقلية من جانب الإدارة... ومن جانب العمال". "فريدريك تايلور".

"Scientific Management Requires a Mental Revolution on The Parts Both of Management and of Workers". F. W. Taylor

فالإدارة العلمية من وجهة نظر (تايلور) تتطلب ثورة عقلية لدى جميع من يقومون بالمهام الإدارية وكذلك جميع العمال. إنه يرى أن عليهم جميعاً أن يتعاونوا من اجل اكتشاف أساليب فنية جديدة للإنتاج. وفي سبيل تحقيق ذلك سار في جهوده العلمية والتطبيقية ونادى بتقسيم العمل على مستوى إدارة المصنع كما يلي:

1- قسّم العمل الذي يقوم به العامل إلى حركات بسيطة أولية.

2- قام بدراسة علمية لجميع الحركات التي يؤديها العمال أثناء أدائهم لأعمالهم، واستطاع عن طريق هذه الدراسة أن يتعرف على كثير من الحركات غير الضرورية التي يستخدمها العمال أثناء عملهم ثم استبعد غير الضروري منها.

3- قام بدراسة علمية لأسلوب أداء العمال لعملهم بعد استبعاد الحركات الزائدة غير الضرورية، وذلك عن طريق رصد أسلوب الأداء مقترناً بالزمن الذي يستغرقه أداء كل حركة مستخدماً ساعة توقيت Stopwatch.

4- اختيار أفضل الطرق وأسرعها في أداء مختلف الحركات، ثم إيجاد أسلوب قياسي لأداء كل عملية وبذلك تجنب كثيراً من الوقت الضائع، الأمر الذي يترتب عليه زيادة الإنتاج.

ويمكن تلخيص معنى "الإدارة العلمية" Scientific Management كما أوردها تايلور في كتابه المشهور بهذا الاسم في النقاط التالية:

1- أن الغرض الأساسي للإدارة يجب أن يكون الحصول على أكبر رفاهية ممكنة لصاحب العمل مصحوبة بأكبر رفاهية ممكنة للعامل.

2- إن الإدارة العلمية تختلف اختلافاً أساسياً عن الإدارة التقليدية Traditional Management، فالإدارة التقليدية تعتمد أساساً على قواعد تقديرية للخبرة السابقة Rules of Thumb، حيث يكون التشجيع أساساً للحصول على أكبر قدر للعمل من العامل.

3- أن الإدارة في ظل الإدارة العلمية تتحمل مسؤولية جمع المعلومات التقليدية التي كان العمال يملكونها، ثم تبويبها وصياغتها في شكل قوانين ومعادلات تساعد العامل بشكل كبير.

وفي رأي تايلور فإن الإدارة العلمية في إمكانها تحقيق ما يلي:

- الانسجام بدلاً من التفرقة Discord.

- التعاون بدلاً من سيادة روح الفردية Individualism.

- تحقيق أكبر قدر ممكن من الإنتاج بدلاً من الإنتاج المحدود.

- العمل على تنمية كفاءة الفرد حتى تصل إلى أقصاها، وبالتالي تحقق له مزيداً من الرخاء والرفاهية.

أي أن حركة الإدارة العلمية في مجملها ركزت على العمل Work فالاهتمام كان منصباً على تخطيط العمل وذلك بفصل عملية التخطيط عن عملية التنفيذ (تايلور)، وعلى قياس العمل ودراسة الزمن والحركة (جلبرث)، وعمل جداول زمنية (جانت) وحفز الأفراد مادياً لبلوغ معدلات الأداء النمطية والاهتمام بالرقابة في ضوء المعايير بحيث تكون الإدارة بالاستثناء (تايلور).

إن التركيز هنا كان على أساس أن تتم الإدارة بناءً على علم (معرفة موثقة وشاملة ومصنفة) وليس على أساس قواعد الخبرة التقليدية. أي أن تكون الإدارة علمية Scientificبدلاً من تقليدية Traditional.

هنري فايول (1841-1925):

ولد هنري فايول عام 1841م من عائلة "برجوازية" إلى حد ما، في الخامسة عشر من عمره التحق بمدرسة الليسية في مدينة ليون Lyon الفرنسية حيث أمضى سنتين هناك ثم التحق بالمدرسة الأهلية للتعدين في سانت إتين St- Etienne وكان عمره 17 سنة (أصغر طالب في المدرسة).

وفي سن التاسعة عشر تخرج مهندس تعدين Mining Engineer ثم عيّن في عام 1860م مهندساً في شركة Commentary Fourchambault وأخذ يرتقي في سلم الوظائف حتى وصل إلى مركز المدير العام في عام 1918م وظل مديراً عاماً للشركة حتى تقاعد عن العمل. ثم توفي في ديسمبر عام 1925م عن أربعة وثمانين عاماً.

وفي الوقت الذي كان فيه فردريك تايلور ينادي بالإدارة العلمية في أمريكا، كان هنري فايول Fayol ينادي بمبادئ الإدارة في فرنسا، وظهرت أفكاره في كتابه المشهور والذي صدر عام 1916م "Administration Industrielle et Generale".

يبحث الجزء الأول من هذا الكتاب في ضرورة تدريس الإدراة، بينما يبحث الجزء الثاني في عناصر الإدارة ومبادئها. وبدأ فايول بتقسيم الوظائف في المنشآت الصناعية إلى ست مجموعات:

1- نشاطات فنية Technical Activities (الإنتاج، والتصنيع، والتغيير).

2- نشاطات تجارية Commercial Activities (الشراء، والبيع والمبادلة).

3- نشاطات مالية Financial Activities (البحث والاستخدام الأمثل لرأس المال).

4- نشاطات الوقاية والضمان Security Activities (حماية الملكية والأفراد).

5- نشاطات محاسبية Accounting Activities (إصدار الأسهم، والميزانية، والحسابات، والتكاليف، والإحصاءات).

6- نشاطات إدارية Managerial Activities (التخطيط، والتنظيم، وإصدار الأوامر، والتنسيق والرقابة).

ويقول هنري فايول أن النشاط الإداري مهم لأنه يتعلق بالتنبؤ والتنظيم والتنسيق وإصدار الأوامر والرقابة.

"والنشاط الإداري" كما يقول فايول: "نشاط مميز عن النشاطات الأخرى".

"The Managerial Function is quite distinct from the other essential function"

المبادئ الإدارية عند فايول: Principles of Management

"بدون مبادئ يعيش المرء في الظلام والفوضى..." "إن المبادئ هي المنارة التي تهدي من يسترشد بها، ولن يستطيع ذلك إلاّ أولئك الذين يعرفون الطريق إليها". ... من أقوال هنري فايول. وفيما يلي مبادئ فايول الإدارية:

1- مبدأ تقسيم العمل Division of work

وهو يتعلق بالتخصص وتقسيم أوجه النشاط سواءً كان ذلك في مختلف العمليات أو في عملية واحدة.

2- مبدأ السلطة والمسؤولية Authority and Responsibility

والسلطة – كما يراها فايول- تتكون من عنصرين:

- السلطة التي يستمدها الفرد من وظيفته.

- السلطة الشخصية التي يستمدها من قوة ذكائه وخبرته.

ويرى المسؤولية نتيجة طبيعته للسلطة " Responsibility is a Corollary of
authority"

وعلى ذلك يجب تحديد درجة المسؤولية أولاً، ثم تخويل صاحبها السلطة
المناسبة.

3- مبدأ النظام والتأديب Discipline and Obedience

أي ضرورة احترام النظم واللوائح وعدم الإخلال بالأوامر.

4- مبدأ وحدة السلطة الآمرة Unity of Command

أي يجب على الموظف أن يحصل على أوامره من رئيس أو مشرف واحد.

5- مبدأ وحدة التوجيه Unity of Direction

أي أن كل مجموعة من النشاط تعمل لتحقيق هدف واحد يجب أن يكون لها
خطة واحدة One Plan ورئيس واحد One Head.

6- مبدأ خضوع المصلحة الشخصية للمصلحة العامة

Subordination of Individual Interest to General Interest

يتطلب هذا المبدأ تغليب مصلحة المنظمة على مصلحة أحد موظفيها أو
مجموعة من الموظفين، ومصلحة الدولة فوق مصلحة أي مواطن أو مجموعة
من المواطنين، وذلك من خلال الحزم والقدوة الطيبة من الرؤساء مع رقابة
دائمة ومستمرة.

7- مبدأ تعويض الأفراد Remuneration of Personal

تعتبر مكافآت الأفراد ثمناً لما يبذلونه من خدمات وعلى ذلك يجب أن تتوافر في هذه التعويضات والمكافآت العدالة على قدر الإمكان، وأن يسود الرضى أصحاب العمل والعمال.

8- مبدأ المركزية Centralization

ويقضي بتركيز السلطة في شخص معين ثم تفويضها حسبما تقتضي الظروف. إن مركزية الإدارة في نظر فايول لا بد من تطبيقها، غير أن حدوث الأخذ بهذا المبدأ يتفاوت بين منظمة وأخرى، ففي المنظمات الصغيرة حيث تنساب الأوامر والتعليمات رأساً من المدير إلى التابعين والمرؤوسين تكون هناك ضرورة حتمية للأخذ بقاعدة المركزية في الإدارة.

9- مبدأ تدرج السلطة Scalar Chain

عبارة عن ضرورة توضيح سير السلطة في المنظمة أي أن يتضح خط ابتداء هذه السلطة من نهايتها. أي توضيح تسلسل المسؤوليات من أعلى المستويات إلى أدناها. وتوضيح نطاق الإشراف.

10- مبدأ الترتيب Order

أي أن كل شيء يجب أن يكون له مكان وأن يوضع في مكانه الخاص.

ويسري هذا أيضاً فيما يتعلق بترتيب الأفراد "أن يوضع كل فرد في مكانه المناسب"

وقد خلص فايول مما سبق إلى وجود ترتيبين في المنظمة:

● ترتيب مادي للأشياء.

● ترتيب اجتماعي للأفراد

11- مبدأ المساواة Equity

إن تشجيع القوى العاملة لأداء وظائفها بأعلى طاقتها وقدرتها من الولاء والإخلاص يتطلب ضرورة اتباع قاعدة المساواة والعدل.

12- مبدأ استقرار العمل: Stability of Tenure of Personnel

إن استقرار العمل علامة من علامات حسن الأداء، وإن ارتفاع معدلات دوران العمل مؤشراً غير جيد للمنظمة ولإدارتها.

13- مبدأ المبادأة أو الابتكار Initiative

أي ضرورة البدء في التفكير بالخطط وتنفيذها، وأن يتحلى الموظفون في مختلف المراحل الإدارية داخل المنظمة (التنظيم) بالقدرة على الخلق والإبداع وأن تعمل الإدارة على تشجيع وتنمية هذه الصفة حتى تصل إلى أقصاها.

14- مبدأ روح التعاون Esprit de Corps

"إن الاتحاد قوة" على قادة المنظمات أن يُنمّوا هذا القول بين أفراد القوى العاملة من خلال غرس روح الاتحاد والانسجام بينهم وعدم بثّ الفرقة بين أفراد القوى العاملة مما سيؤدي إلى إضعافهم.

الواجبات الإدارية للتنظيم: Managerial Duties

يرى فايول أنه يجب على المنظمة أن تقوم بالواجبات الإدارية الآتية في جميع الأحوال:

1- التأكد من أن التخطيط أعد بعناية، وأنه ينفذ بكل دقة.

2- التأكد من أن التنظيم الإنساني والتنظيم المادي يكفلان تحقيق أهداف المشروع.

3- وضع سلطة مفردة مرشدة Single Guiding Authority والتي يجب أن تتوافر فيها الحكمة والنشاط.

4- تنسيق الجهود والعمل على أن يتوافر الانسجام بين مختلف أوجه النشاط داخل المنشأة.

5- إعطاء قرارات حاسمة وواضحة.

6- إيجاد وسيلة فعالة للاختيار، بحيث يترأس كل قسم شخص يتصف بالقدرة والحيوية والنشاط، وأن يوضع كل موظف في المكان الذي يستطيع أن يبذل فيه أفضل ما لديه من قدرات.

7- تحديد الواجبات بوضوح.

8- تشجيع الرغبة في تحمل المسؤولية وتشجيع الابتكار وروح المبادرة في العمل.

9- إعطاء مكافآت عادلة للخدمات المبذولة.

10- الاستفادة من مفهوم العقوبات لتقويم الأخطاء.

11- التأكد من استقرار نظام العمل.

12- التأكد من تغليب المصلحة العامة ووضعها فوق المصلحة الفردية.

13- إعطاء عناية خاصة لقاعدة وحدة الأوامر.

14- الإشراف على الترتيب المادي والترتيب الإنساني.

15- مقاومة كثرة التعليمات.

16- الرقابة العامة على كل ما في التنظيم.

ويرى فايول أنه يجب على الإدارة أن تقوم بجميع الواجبات الإدارية السابقة في مختلف المنظمات، غير أنه يرى أن تحقيقها يكون يسيراً كلما كبر حجم المنظمة وازداد عدد موظفيها.

عناصر الإدارة عند فايول: Elements of Management

يرى فايول أن عناصر الإدارة خمسة وهي:

1- التخطيط Planning

يرى فايول في القول الشائع "الإدارة تعني النظر إلى المستقبل Managing means Looking ahead ما يوضح أهمية التخطيط فيما يتعلق بدوائر الأعمال ويُشير إلى أن التخطيط يتضمن عنصرين:

- التنبؤ.

- وضع الخطة.

"وخطة العمل هي في نفس الوقت تحديد الوقت والنتائج المرجوة والطريق الذي يجب أن يتبع وخطوات العمل وطرق العمل".

2- التنظيم Organizing

في وصفه لعنصر التنظيم يقول فايول: "إن تنظيم العمل يعني إمداده بكل ما يساعده على تأدية وظيفته: مثل المواد الأولية والأدوات ورأس المال والأفراد.

وتقتضي وظيفة التنظيم من المديرين إضافة وتحديد العلاقات بين القوى العاملة بعضهم مع بعض وبين الأشياء وبعضها.

ويرى فايول أن وظيفة إصدار الأوامر Command وظيفة لتنفيذ التنظيم واعتبرها إشراف على المرؤوسين وتوجيههم.

3- القيادة Leadership

يرى فايول أنه إذا ما تم التنظيم على الوجه المتقدم فلا يبقى بعد ذلك إلاّ إدارته وتشغيله. وهذه هي القيادة التي تعني أن يحصل كل مدير في نطاق اختصاصه من جميع موظفيه على الجهد الأمثل لمصلحة المنظمة بأسرها.

4- التنسيق Co-Ordination

وهو تحقيق الانسجام بين مختلف أوجه النشاط في المنظمة من أجل تحقيق أهدافها بنجاح.

إلاّ أن فايول اختلط الأمر عليه ولم يستطع شرح ما يقصده، إذ لم ينجح في فصلها عن وظيفتي التخطيط والتنظيم. ونحن نرى أن فايول لم يدرك أن التنسيق في الواقع ما هو إلاّ العملية الإدارية ككل؛ فالتخطيط والتنظيم والتوجيه ما هي إلاّ تطبيق لمفهوم التنسيق.

5- الرقابة Control

شرح فايول الرقابة بأنها: "عملية الكشف عما إذا كان كل شيء يسير حسب الخطة الموضوعة والإرشادات والأوامر الصادرة والمبادئ والأصول المقررة".

ويرى فايول أن الرقابة تهدف إلى إظهار نقاط الضعف والأخطاء التي تعمل المنظمات على تلافي وقوعها أو تمنع حدوثها مرة أخرى.

مما تقدم يمكن تلخيص أهمية جهود "فايول" في الفكر الإداري في موضوعين:

1- التحليل الدقيق لعناصر النشاط الإداري.

2- التأكيد على وجود مبادئ للإدارة تتميز بعموميتها ولا بد من تدريسها.

الفرق بين أفكار "تايلور" وأفكار "فايول":

من استعراضنا السابق لأفكار كل من تايلور وفايول يمكننا أن نصل إلى حقيقة أساسية وهي:

"أن تايلور اهتم بأساليب الإدارة Techniques على مستوى التنفيذ.

أما فايول فقد اهتم بالإطار العام لموضوع الإدارة دون الدخول في التفاصيل. وتُكمّل أفكار تايلور وفايول كل منها الآخر باعتبارهما يركزان على الكفاءة Efficiency في المشروعات.

فرانك وليليان جلبرث (1868- 1924) Frank & Lilian Gilberth

بدأ جلبرث حياته العملية في حرفة البناء عام 1885م أما زوجته ليليان فقد كانت عالمة نفس، ركز وزوجته على علم يهتم بدراسة الزمن والحركة Time and Motion، حيث لاحظا وجود عدة طرق يقوم بها كل من يعمل في البناء، وحاول مع زوجته أن يفسرا هذه الطرق المختلفة وبدأت الدراسة بقصد السرعة في إتمام العمل، ورفع مستوى الكفاءة الإنتاجية عن طريق إيجاد "أحسن طريقة لإتمام العمل" وأصبح هذا شعاراً له في أعماله وخدماته الاستشارية.

وابتكر جلبرث طريقة تصوير العامل بآلة فوتوغرافية خاصة وكذلك استخدم الساعة الدقيقة. ولم يهتم جلبرث بحركات العامل فقط، وإنما اهتم أيضاً بالتصميم الداخلي للورشة وعلاقته بموقع الالآت والأدوات والمواد.

ودرس الظروف التي تؤدي إلى إجهاد العمال ومعرفة أحسن ظروف العمل. كما فكر في أحسن طريقة للعمل، فمثلاً بالنسبة للبناء فإنه فكر في أفضل طريقة لوضع الأحجار ومكانها (على يمين أو يسار البناء).

كذلك قدم جلبرث للعلم ما يسمى بخرائط التدفق، وهي تلك الخرائط التي تساعد على دراسة عملية بأكملها وليس أجزائها فقط، وتتطلب هذه الخرائط تقسيم

العملية الواحدة إلى عدة خطوات، قد يقوم بتأديتها عدد مختلف من العاملين، وبذلك يمكن اكتشاف ما إذا كانت بعض الخطوات غير ضرورية أو إذا ما كان بالإمكان اختصارها، وكذلك مدى التتابع المنطقي لها.

هنري لورنس غانت (1866 - 1919) Henry Laurance Ganth

ولد في عام 1866م في ولاية Merryland بالولايات المتحدة الأمريكية، تخرج من جامعة Johns Hopkins ودرس الهندسة في معهد ستيفنسن، وهو من معاصري فردريك تايلور. علماء الإدارة في ذلك الوقت كانوا يعتبرونه واحداً من الرواد الأوائل لهذا العلم (الإدارة)؛ خاصة وأنه يتميز بتبسيط وتعميق مفهوم الإدارة العلمية، مع الاهتمام بالفرد، أي أنه نادى باستخدام الإنسانية في الإدارة.

ونظراً لأن فردريك تايلور كان مهتماً بفن قطع المعادن The Art of Cutting Metals، فقد دعا غانت للتعاون معه في بحث هذا الموضوع، وكان ذلك في عام 1887م- خاصة وأن نوع المشكلات التي كانت تواجهه تتصل بعلوم الرياضيات الأمر الذي كان غانت يجيده، وكان إسهامه مع تايلور إيجابياً، وتمكن من إيجاد حلول للمعادلات التي شغلت ذهن تايلور، وأسهم في وضع جداول ورسوم بيانية باللوغاريتمات.

كان من رأي غانت أن الإداري الناجح عليه أن لا يسوق بالغلظة والقسوة العمال في أداء أعمالهم، وعليه أن يتفهم طبيعة العمال وينتهج السلوك الذي يجعله يحظى بتقديرهم.

واهتم بالأجور وطرق تحديدها ووضع أسلوباً لذلك، ارتبطت "خطة غانت للأجور المرتبطة بالعلاوات The Gant Task and Bonus Plan" وتستند هذه الخطة إلى أجر ثابت، مع علاوة إذا تم إنجاز العمل في حدود الفترة الزمنية

المقررة، ولم يربط الأجر اليومي بكمية الإنتاج المحددة للعامل، أي أنه أكدَّ على الاهتمام بالعامل الإنساني لدى الفرد.

وقد اهتم غانت بالخرائط والرسوم البيانية، وصمم عدداً من الخرائط على مختلف جوانب العمل، سواءً بالنسبة للآلة أو العامل، ولعل أبرز هذه الخرائط ما عرفت باسمه "خرائط غانت (The Gantt Charts)" وتستهدف هذه الخرائط بالإضافة إلى الرقابة وضع الجداول التي يستهدف منها معرفة الإنتاج وتكلفته.

Chart for Control of Production Schealules وكان غانت يهتم بمعرفة الوقت الضائع توضيحاً لرأيه بأنه ما لا يدخل في إنتاج السلعة فعلاً من تكلفة مباشرة وغير مباشرة، لا يُعدّ من تكاليف إنتاجها.

ج. المدرسة البيروقراطية في الإدارة Bureaucracy Management

نظرية البيروقراطية في الإدارة: Bureaucracy

كلمة بيروقراطية مكونة من شقين: (بيرو) وأصل هذه الكلمة لاتيني و(قراطية) وأصلها يوناني، والمعنى السائد الإجمالي لهذه الكلمات "حكم المكتب" أو حكم الأشخاص الذين يجلسون وراء المكاتب. وتنسب إلى عالم الاجتماع الألماني ماكس ويبرMax weber (1864-1920) الذي اهتم بدراسة الإدارات الحكومية الكبيرة؛ بحيث قسم العمل إلى عمل إداري مكتبي، وعمل تنفيذي. وحظيت هيكلةُ وتنظيمُ السلطة باهتمامه، ومايز بين القوة والسلطة؛ إذ اعتبر أن القوة هي إجبار الآخرين على الطاعة، وأما السلطة فهي الانصياع طواعيةً للأوامر، حيث تتأثر السلطة بمدى قبول المرؤوس لقواعد العمل، واعتبر أن تحقيق العقلانية في إدارة المنظمة رهنٌ بتطبيق السلطة الرسمية.

* خصائص التنظيم البيروقراطي

إنَّ للبيروقراطية خصائص أساسية وهي كما يلي:

1- التنظيم الهرمي في مستويات السلطة:

ويعني ذلك تدرج الوظائف بناءً على سلَّم خاص للسلطات بحيث يكون شكل التنظيم هرمياً تظهر في قمته الوظائف التي تقوم في وضع الأهداف والسياسات العامة للمنظمة.

أمّا المستوى الثاني وهو مستوى الإدارة الوسطى أو الإدارة التنفيذية والتي تقوم بوضع الخطط التنفيذية اللازمة لتنفيذ الأهداف، ووضع السياسات موضع التنفيذ، وفي قاعدة الهرم يتم تنفيذ الأعمال والإجراءات تحت إشراف الإدارة الوسطى.

2- التخصص وتقسيم العمل:

وذلك من خلال تجزئة أهداف المنظمة إلى أنشطة رئيسية، وفرعية (وظائف) وأيضاً إلى أنشطة جزئية رئيسية أي (واجبات).

وهذا يتطلب أشخاصاً لديهم المعرفة والاختصاص لكل نشاط من الأنشطة والوظائف والواجبات التي يتم تقسيمها، ولكي يتم إنجاز ذلك لا بد من القيام بتحليل الأعمال (الإجراء المستخدم في تحديد واجبات الوظيفية والخصائص الواجب توافرها فيمن يشغل هذه الوظيفة).

3- القواعد والتعليمات:

بحيث يخضع جميع الأفراد العاملين وكافة الأعمال التي يقومون بها لما تحدده القواعد واللوائح وعدم الخروج عنه، إلاّ أن ذلك قد يؤدي إلى عدم إتاحة الفرصة للعاملين للإبداع خوفاً من العقوبات الرادعة لأي تجاوزات أو أخطاء من طرفهم، غير أن الإلتزام بالقواعد والأنظمة قد تحقق مزايا وفوائد منها:

- الموضوعية في التعامل وعدم التحيز في المعاملة.

- حماية المرؤوسين من تجاوزات وتعسف الرؤساء.

- النمطية وعدم التباين في أداء الأعمال والوظائف المتشابهة.

4- تدوين وحفظ السجلات:

بحيث يتم تسجيل وتدوين كافة الأوامر والتعليمات والقرارات الصادرة، وحفظ هذه المستندات للرجوع إليها واستخراجها واستخدامها عند الحاجة إليها، مما يقتضي فريق عمل مؤهل ومدرب يستطيعون القيام بهذه المهمات بشكل جيد يساعد على سرعة الحصول عليها.

5- الالتزام بمنهج التفكير العلمي:

وذلك باستخدام الطرق والأساليب الواضحة والقادرة على تحقيق أهداف المنظمة بكفاءة وفاعلية، من خلال الأشخاص ذوي المؤهلات والخبرات والابتعاد عن المحسوبية والأغراض الشخصية.

فيما تقدم يتضح لنا أن مبادئ وخصائص النظرية البيروقراطية جيدة المضمون، بعكس ما يعتقده غالبية الأشخاص بأنه نظام إداري غير فعال، متناسين وغير مدركين أن العيب في الممارسات الخاطئة التي يتم إنجازها عند تطبيق الأنظمة البيروقراطية من خلال الأشخاص الذين يقومون بالتطبيق.

ومن الأخطاء التي تنتج عند التطبيق ما يلي:

- **الروتين:** وذلك بالتمسك الشديد بالتعليمات والتفاصيل الدقيقة التي يجب أن تتبع عند تنفيذ أي عمل، مما ينتج عن ذلك شعور بعدم الرضا عن المنظمة والعاملين فيها.

• **عدم المرونة:** فالتمسك الحرفي والدقيق باللوائح والتعليمات يجعل الموظفين غير قادرين على الاجتهاد والإبداع والتعديل في تطبيق هذه اللوائح عندما يواجهون حالات وظروف طارئة تقتضي المرونة.

• **الغاية تبرر الوسيلة:** إن القواعد واللوائح والتعليمات عندما تضعها المنظمة تقصد من وراء ذلك تحقيق غايتها وأهدافها بكفاءة وفاعلية، إلاَّ أن الأشخاص الذين يقومون بتطبيق هذه القواعد والتعليمات تصبح الغاية الرئيسية لديهم هي التنفيذ الحرفي دون النظر إلى روح القانون، وبالتالي تصبح هذه اللوائح والتعليمات غاية بدلاً من كونها وسيلة لتحقيق أهداف المنظمة.

الأبعاد الأساسية للنظرية الكلاسيكية:

مما سبق يتضح لنا أن هناك مجموعة من الأبعاد الأساسية قامت عليها النظرية الكلاسيكية (المدخل الكلاسيكي) والتي يمكن إجمالها فيما يلي:

1- تقوم هذه النظرية على مجموعة من المبادئ تعرف باسم "مبادئ التنظيم" وأهمها تلك المبادئ التي وردت في أعمال فايول.

2- ركزت النظرية في رؤيتها للمنظمة بصفة أساسية على الشكل الرسمي لها، وهذا يعني انها اهتمت اهتماماً بالغاً بالهيكل التنظيمي وهيكل الوظائف والعلاقات المتبادلة بينها دون الاهتمام بشاغليها.

3- قامت النظرية الكلاسيكية على افتراض أن المنظمة وحدة اقتصادية تهدف إلى تحقيق أقصى ربح ممكن.

4- استهدفت هذه النظرية زيادة الإنتاجية مستخدمة في ذلك الأسلوب العلمي السليم، وذلك بقياس معدلات الإنتاج النمطية والفعلية بعد دراستها، وكذلك استنباط نظم الأجور الشخصية.

5- قامت هذه النظرية على افتراض "الرشد" فيما يتعلق بالسلوك البشري وقد انعكس هذا الافتراض على نظرتها للفرد كما أطلق عليه فردريك تايلور أنه "رجل اقتصادي" هدفه من وراء العمل تحقيق أقصى عائد مادي ممكن.

الانتقادات الموجهة إلى المدخل الكلاسيكي:

هناك الكثير من الانتقادات التي وجهت إلى النظرية الكلاسيكية سواءً من حيث الأبعاد التي قامت بها، أو من حيث التطبيق الفعلي لها. ويمكن إجمال هذه الانتقادات كما يلي:

1- لم تحدث حركة الإدارة العلمية الثورة الفكرية التي استهدفتها، حتى أن تيلور قال بعد ثلاثين عاماً من بدايتها بما يفيد أنه لم تكن هناك منظمة واحدة تقوم بالتطبيق السليم للإدارة العلمية بالرغم من انتشار أساليب دراسة الوقت والحركة، ويرجع هذا الفشل إلى عدة أسباب منها:

أ- ارتداد بعض أصحاب الأعمال إلى عاداتهم القديمة وذلك بتخفيض الأجور عن الوحدات المنتجة.

ب- الخوف الذي ساد صفوف العمال ونقاباتهم من الإدارة العلمية، من خلال قدرتها على رفع الإنتاجية، التي سوف تؤدي إلى نشر البطالة.

ج- إن تطبيق الإدارة العلمية يعني بالنسبة للعمال نوعاً من الاستغلال لهم، حيث زادت الأجور [70%] تقريباً في نفس الوقت الذي ارتفعت فيه الإنتاجية إلى ثلاثة أضعافها تقريباً.

د- إن مفهوم الإشراف التخصصي، والذي يتلقى المرؤوس خلاله أوامر من أكثر من رئيس، أدى إلى خلق نوع من التضارب وعدم الوضوح في علاقات العمل بين الرؤساء والمرؤوسين، حتى أن بعض المرؤوسين من العمال كانوا

يقللون من إنتاجهم عمداً بحجة أن هناك تضارباً في الأوامر الصادرة إليهم من رؤسائهم.

هـ- إن الطريقة التي أدخل بها تايلور الإدارة العلمية مجال التطبيق العملي أدت إلى اكتسابه عداء العمال ونقاباتهم، وبذلك ارتفعت حدة مقاومتهم لها.

2- بالرغم من أهمية مبدأ التخصص في تقسيم العمل، إلاّ أن النظرية لم توضح المدى الذي يمكن بلوغه حين التخصص؛ بالإضافة إلى أن التخصص يعني حرفياً "الاستفادة القليلة من قدرات وخبرات الأفراد، وذلك بالإضافة إلى الملل الذي يحدث نتيجة أداء أعمال بسيطة ومتكررة".

وبما أن الفرد في العادة يمتلك العديد من الخبرات والقدرات، وأن أحد دوافعه للعمل هو تحقيق ذاته من خلال استخدام هذه الخبرات؛ وعليه فإن مبدأ التخصص الدقيق يخلق نوعاً من التضارب بين متطلبات التنظيم الزمني من ناحية وبين الطبيعة البشرية من ناحية أخرى.

3- يُعتبر مبدأ نطاق الإشراف مفهوماً نظرياً لا يمكن الأخذ به على علاته وتطبيقه في جميع المواقف. إن التحديد السليم لنطاق الإشراف الخاص لمدير ما يتوقف على عدد من الأمور مثل:

- قدرة المدير ذاته على الإشراف على الآخرين.

- نوعية وقدرات المرؤوسين أنفسهم.

- طبيعة العمل.

- نوع التكنولوجيا المستخدمة.

4- تتسم المبادئ المتعلقة بوحدة الأمر ووحدة التوجيه ووحدة الإتصالات بالجمود، ويأتي هذا الجمود كون هذه المبادئ تؤكد وتؤيد فكرة استقلالية الإدارات المختلفة داخل المنطقة الواحدة، وفي ذلك تتعارض مع مفهوم الأنظمة الذي يركز

على المنظمة ككل متكامل. وعليه فإن الاهتمام بأجزاء المنظمة، أي إداراتها، قد يكون مهماً، إلاّ أن دراسة طبيعة التفاعل وطبيعة العلاقات بين هذه الأجزاء هو الشيء الأكثر أهمية، وهذا هو الفارق بين النظرة الجزئية والنظرة الشاملة.

5- أهملت النظرية الكلاسيكية وجود التنظيمات غير الرسمية بها، بل ولم تعترف بوجودها على الإطلاق، بل نجد أنها حاربت التنظيمات غير الرسمية من خلال تكوين أنظمة وعلاقات عمل لا تسمح بوجود أية إنحرافات قد تنبع من الطبيعة البشرية، وهذا هو منطق البيروقراطية التي قام بوضعها ماكس ويبر، حيث إن التنظيمات غير الرسمية جزء من الطبيعة البشرية، لذلك في تجاهلها تجاهل للبشر أنفسهم.

6- إن النظر إلى المنظمة كوحدة اقتصادية يهدف إلى تحقيق أقصى ربح ممكن هو افتراض نظري حتى في ظل الأنظمة الرأسمالية، ففي الدول الرأسمالية نجد أن العديد من المنظمات بدأت في رفع شعار المسؤولية الاجتماعية والتي تتمثل في القضاء على البطالة والمحافظة على البيئة، فإذا كان هذا الافتراض صحيحاً فلا شك أن سعي المنظمة لتحقيق أقصى ربح لن يتأتى إلاّ من خلال تخفيض مستوى جودة السلع المنتجة وكذلك الأجور والمرتبات، وهذا غير ممكن في دولة رأسمالية مثل الولايات المتحدة الأمريكية.

7- الافتراض الخاص بأن الفرد رجل اقتصادي يسعى إلى تحقيق أقصى المكاسب المادية افتراض تدحضه جميع نظريات الواقعية، فمن المعروف أن الحافز المادي هو أحد الدوافع التي تكمن وراء السلوك الإنساني، إلاَّ أنه ليس الدافع الوحيد.

8- إن استخدام الأسلوب العلمي في قياس الإنتاجية النمطية أمر موفقٌ ولا غبار عليه، إلاَّ أن الطريقة التي تم بها استخدام هذا الأسلوب كانت طريقة آلية خالية من الإلمام بالسلوك البشري.

وبالرغم من ذلك، فإن هذه الانتقادات لا تفقد النظرية (المدخل) الكلاسيكية أهميتها وقيمتها.

المدرسة السلوكية: The Behavioral School

ماري باركر فوليت (1868- 1933)

يمكن القول إن أول من اهتم بدراسة النواحي الإنسانية في الإدارة هي "ماري باركر فوليت"، حيث أكدت على أهمية معاملة العامل كإنسان له حق الحياة.

وفيما يلي بعض الأفكار التي تنادي بها "ماري فوليت":

1- التعارض والتكامل:

في كتابها "التجربة الإبتكارية Creative Experience" تقول ماري فوليت إنه من الممكن النظر إلى التعارض بين المصالح المختلفة ليس على أنه انهيار أساسي في العلاقات، بل عملية طبيعية تسجل فيها القيم الإجتماعية المختلفة بفرض النفع لكل من يهمه الأمر.

وترى فوليت أنه يمكن الاستفادة من التعارض البنّاء ففي أي تعارض هناك طريقتان للحل:

حل ينجح فيه طرف على آخر، وحل يُضحي كل شخص بشيء ما.

وتعتقد فوليت أنه يمكن إيجاد حل وسط لا يُضحي فيه أي طرف بأي شيء، وهذا هو ما نسميه بالتكامل Integration والخطوط الأولى لتحقيق التكامل هو الاعتراف بوجود المشكلة وتحليلها بدقة ووضوح لمعرفة العناصر ذات الأهمية.

ويتطلب الأمر حينئذٍ دراسة دقيقة لرغبات كل طرف، وتنصح فوليت بأنه من الضروري الابتعاد عن الحلول النظرية والقيام بدراسة فعلية لكل حالة.

2- بدء الخلط بين القوة والسلطة:

تقول فوليت إن رجال الفكر الإداري يخلطون بين القوة والسلطة وعلى أنهما شيء واحد، فيتكلمون عن السلطة وتفويض السلطة والمركزية واللامركزية.

إن السلطة كما تقول فوليت مستمدة من الوظيفة ذاتها وكل وظيفة لها قدر مساوٍ من السلطة.

وعلى هذا فتفويض السلطة يجب ألاَّ ينظر إليه على أنه تفويض القوة، وإنما إعطاء الفرصة للمستويات الأقل في تنمية قوتهم وبذلك يكون الهدف دائماً هو تنمية قوة كل فرد حتى تكبر القوة في الجهاز الإداري لتلائم الأعمال.

3- المسؤولية المجمَّعة Accumulated Responsibility:

تنظر فوليت إلى المسؤولية لا على أنها شيء منفصل يمكن تمييزه عن مسؤولية الآخرين، وإنما المسؤولية في الحقيقة مسؤولية مجمَّعة، فالمسؤولية ليست شخصية وإنما مستمدة من الوظيفة أو الموقف.

ولا تنفي فوليت بذلك عدم إمكان محاسبة كل فرد على عمله، وإنما يجب النظر إلى مدى مساهمة أعماله في تحقيق الأهداف الشاملة، فإذا كان هناك تقصير فإنه من الأهمية بمكان النظر إلى كيفية تحسين أو تصويب الأمور لا مجرد توقيع العقاب.

4- التخطيط كنوع من التنسيق:

تقول فوليت: إن الخطط الواردة من أعلى لتنفيذها على مستوى أقل مآلها الفشل، فمن الضروري أن يكون هناك تنسيق أثناء وقبل وضع الخطة (قبل وضع الخطة عند رسم السياسات).

وعلى ذلك، فإن التنسيق لا يأتي بعد وضع الخطة أو يتم بواسطة المستويات العليا، وإنما يجب أن يتم قبل وأثناء التنفيذ، وعلى هذا فإنه يجوز

لرؤساء الإدارات الاتصال ببعضهم البعض للتنسيق بين أعمالهم، وبالرجوع إلى أعلى.

5- مهنة الإدارة تحت التكوين:

تقول فوليت: "إن الإدارة مهنة في طريق التكوين"، لذلك فهي ترى ضرورة إرساء أسسها على قواعد علمية مبنية على الدراسة المستمرة لأعمال المديرين.

هذا وقد نادت فوليت في عام 1925 بضرورة القيام بأبحاث عميقة في المنظمات.

إيلتون مايو وفريتز روثلز برجر Elton Mayo, F. Rothlesberger

تعتبر الأبحاث التي قام بها في مصانع شركة وسترن اليكتريك في إحدى ضواحي مدينة شيكاغو بالولايات المتحدة الأمريكية بمثابة نقطة تحول في الفكر الإداري. وقد سميت هذه التجارب بأبحاث "هاوثرون Howthrone"، وأصبحت أفكار Mayo و Rothlesberger بمثابة مدرسة تسمى "مدرسة العلاقات الإنسانية" باعتبارهما قاما بدراسات تجريبية على التصرفات الإنسانية كطريقة جديدة للتعليم الإداري. وألتون مايو مثله في ذلك مثل أعضاء المدرسة العلمية، كان يهتم بالدرجة الأولى بالإدارة من حيث تأثيرها على إنتاجية القوى العاملة. وقد كان من أشد معارضي فكرة تايلور الأساسية التي تعتبر أن الحافز الإقتصادي هو أهم حوافز الإنتاجية.

لقد اعتبر Mayo الحافز الإقتصادي عاملاً غير مهم في تحقيق إنتاجية عالية، إذا ما قورن بعوامل أخرى نفسية وعاطفية وإجتماعية ومعنوية.

ولعل السبب في اتجاهه هذا أنه كان مهتماً بدراسة علم النفس، وأدخله في تجاربه العديدة، وعلى وجه الخصوص كأستاذ للبحوث الصناعية Industrial Research في الدراسات العليا بقسم إدارة الأعمال بجامعة هارفرد.

تجارب هاوثرون Howthrone Experiment

كانت الدراسات في مصنع هاوثرون تهدف أساساً إلى دراسة تأثير الظروف المحيطة بالعمل على إنتاجية العمال.

ومن التجارب التي أجريت، تجربة آثار الإضاءة على إنتاجية العمل فتم اختبار فريقين من العمال يعملان تقريباً في ظروف متشابهة، من حيث الآلات والأدوات المستخدمة والأجور. واعتبر الفريق الأول النموذج الذي تم تثبيت عامل الإضاءة فيه. ثم تغير الضوء في الفريق الثاني وأحياناً كان يعلن عن تغير في الضوء دون أن يحدث أي تغيير فيه فعلاً، وذلك لمعرفة أثر الإيحاء على الإنتاجية، وتبين من هذه التجربة أثر ارتفاع الروح المعنوية في زيادة الإنتاج.

كما وأجريت تجربة أخرى لمعرفة أثر الحافز المادي في ارتفاع الإنتاجية، وذلك عن طريق منح جميع العاملات أجوراً ثابتة، بالإضافة إلى عمولة تتناسب مع زيادة الأجور، واختيرت بعض العاملات للعمل معاً في مكان مستقل، فزادت إنتاجية العاملات المختارات، وضعفت إنتاجية الأخريات، وذلك للشعور النفسي لدى العاملات المختارات بامتيازهن، إلى غير ذلك من التجارب التي توضح أثر تصرفات الإدارة على سلوك العاملين، وكيف أن سلوك الإدارة يمكن أن يُحقق مزيداً من الإنتاج، كما وأن سلوك الإدارة يمكن أن يؤدي إلى خفض الإنتاج.

وقد خرج ألتون مايو ومعاونوه من تجاربهم بأن العامل ليس عبارة عن أداة طيّعة في يد الإدارة تحركه كيفما تشاء، إنما العامل له شخصيته المستقلة التي تتفاعل مع الجماعة تؤثر فيها وتتأثر بها.

وإن الاهتمام بهذه الشخصية يعتبر أمراً ضرورياً لصالح الإنتاج؛ فالعامل الشخصي هو أهم عنصر من عناصر الإنتاج على الإطلاق، ومن أجل ذلك اهتمت بحوث مايو بالمشكلات الإنسانية، وعلى قدر إزالة هذه المشكلات يسود العمل جو من الترابط الإنساني الذي يزيد من الإنتاج.

وقد قام ألتون بترتيب العوامل التي يتأثر بها الفرد العامل لتحقيق إنتاجية عالية مرتفعة على النحو التالي:

أ- العامل النفسي.

ب- العامل العضوي.

3- العامل المادي.

وذلك على عكس تايلور الذي وضع العامل أو الحافز المادي في مقدمة العناصر.

تشيستر برنارد (1887 -1961) Chester Barnard

يعتبر برنادر من أول المديرين الناجحين الذين كتبوا في نظريات الإدارة. وقد قام بمعالجة نظريات الإدارة باستخدام العلوم النفسية وعلم الاجتماع وعلم الإحصاء، وعلم الفلسفة لتحليل وظائف الإدارة تحليلاً دقيقاً لم يسبق له مثيل في تاريخ الفكر الإداري.

ينظر برنارد إلى المنظمة على أنها نظام تعاوني، وهو تعريف لم يعترض على أي من الكتاب الكلاسيكين، إلاّ أنه قام بإعطاء وزن كبير للعوامل النفسية، والاجتماعية التي تؤثر على درجة التعاون المطلوبة داخل المنظمة وذلك بعكس الكتاب الكلاسيكين.

ويمكن تلخيص النقاط الأساسية التي ناقشها برنارد كما يلي:

1- النظم التعاونية المتناسقة المبنية على تفكير رشيد.

2- التوازن بين الإشباع والإسهام بالنسبة للعمال والموظفين.

3- التنظيم الرسمي والتنظيم غير الرسمي.

4- مفهوم القبول للسلطة من المرؤوسين.

5- المفهوم الأخلاقي للمسؤولية.

6- شبكة الإتصالات.

7- العوامل الاستراتيجية في اتخاذ القرارات.

8- التخطيط القومي والعالمي.

التعاون:

ينظر برنارد إلى التنظيم على أنه نظام يجمع عدداً من الأفراد تكون أعمالهم متناسقة إدارياً، وهو كنظام مترابط بهدف مشترك بعزيمة أفراده في المساهمة في تشغيل التنظيم، وفي قدرة الأشخاص على الاتصال ببعضهم البعض. وأحسن تنظيم هو التنظيم الرئاسي حيث يتم الحصول على التعاون نتيجة إخضاع الأجزاء إلى سلطة مركزية، وتقلل حرية الآخرين حتى يقل الاحتكاك، وعلى هذا فعناصر التنظيم ثلاثة:

1- التعاون.

2- التنسيق.

3- الإدارة.

التوازن بين الإشباع والإسهام:

إن حرية الفرد محدودة في اختيار المنظمة التي يقوم هذا الفرد بالمساهمة بخدماته فيها، ويحاول أن يلحق بتلك التي تحقق له مزايا أكبر من غيرها، بالنسبة للخدمات التي سيؤديها. ويمكن النظر إلى هذه المزايا من وجهة نظر المنظمة على

أنها مزايا وحوافز، ولهذا تكون وظيفة المديرين هي إدارة هذه المزايا والحوافز سواءً بالنسبة للموظفين أو المستثمرين أو المستهلكين، وفيما يلي ثلاثة أنواع لهذه المزايا:

1- حوافز مالية.

2- حوافز غير مالية (مثل مركز اجتماعي أو أدبي).

3- ظروف عمل ملائمة.

وتعتبر الحوافز المالية غير كافية لتشجيع الأفراد على العمل إذا وصل الأفراد إلى حالة من الكفاف. وليس من اليسير إبدال الحوافز غير المالية بأخرى مالية، والتوازن في إعطاء حوافز كافية لمجموعات الأفراد هو في ذاته نجاح المنظمة، إلاّ أن المنظمات غالباً لا تستطيع تحقيق هذا التوازن.

التنظيم الرسمي والتنظيم غير الرسمي:

في كل تنظيم رسمي – يرى برنارد- أن هناك تنظيماً غير رسمي، والفرق بين الأول والثاني في أن الأول "عقلاني" والثاني "غير عقلاني" والعلاقة بين التنظيمين علاقة متينة، فالتنظيم غير الرسمي غالباً ما يحدد التنظيم الرسمي كما أن التنظيم الرسمي يخلق تنظيماً غير رسمي، فلا يمكن وجود الواحد دون الآخر.

فإذا كان التنظيم غير الرسمي يعمل في اتجاهات مخالفة لاتجاهات التنظيم الرسمي، فإن مصير التنظيم الفشل، ويجب أن لا يُفهم أن التنظيم غير الرسمي غير مفيد، بل يمكن النظر إليه على أنه وسيلة لحفظ الأفراد في ضوء التنظيم الرسمي، وبدونه قد يحدث انفصال في الشخصية نتيجة الصيغة الرسمية المفروضة في التنظيم، حيث يتصل أي فرد بأي فرد آخر يتكلم معه وينصحه ويقبل منه النصائح، دون ورود ذلك في لوائح تنظيمية.

مفهوم قبول السلطة أو المسؤولية:

في حين تنادي النظرية الكلاسيكية بأن السلطة يجب أن تفوَّض من أعلى إلى أسفل داخل المنظمة، نجد أن برنارد ينادي بأن السلطة يتم تفويضها من أسفل إلى أعلى، وإن السلطة هي الصفة المميزة للأمر في التنظيم الرسمي التي على أساسها يتم قبول الأمر، وعلى هذا فالقرار المتعلق فيما إذا كان الأمر يتمتع بسلطة لا يكون من جانب الشخص الذي أصدر الأوامر وإنما من جانب الأشخاص الذين توجه إليهم هذه الأوامر.

وعلى هذا، فالتعليمات تكون مقبولة وحاملة للسلطة إذا توفرت فيها أربعة شروط:-

أ- إذا كان الفرد العامل قادراً على فهم واستيعاب الرسالة (التعليمات).

ب- ارتباطها بأهداف المنظمة.

ج- ملاءمتها للمصالح الشخصية للفرد.

د- إمكانية تنفيذها من الناحية الذهنية والجسمانية.

المفهوم الأخلاقي للسلطة:-

لا تحدد المسؤولية بمعيار واحد وإنما بمجموعة مركبة من المعايير الأخلاقية والقانونية والفنية والمهنية والتنظيمية. وإذا تعارضت هذه المعايير مع بعضها البعض - وغالباً ما تتعارض- فإن ما ينتج غالباً هو خلل في التفكير وفي التنظير.

وعلى هذا، يقول برنارد: إن اتخاذ القرارات يتعلق بقيم ومشكلات أخلاقية.

شبكة الاتصالات:

إن النظام التعاوني يتوقف على قدرة الأشخاص عن الاتصال ببعضهم البعض, وعلى هذا، فوظيفة المديرين هي تكوين شبكة للاتصالات، وبالتالي يمكن النظر إلى الهيكل التنظيمي على أنه شبكة اتصالات. وتصبح خطوط السلطة في حقيقتها قنوات لإيصال ولتسليم المعلومات.

ويضع برنارد سبعة مبادئ في الاتصال:

1- يجب أن تكون قنوات الاتصال معروفة لجميع أفراد التنظيم.

2- يجب أن تكون هناك خطوط للسلطة الرسمية واضحة ومعروفة.

3- يجب أن يكون "خط الاتصال" أقصر ما يمكن حتى يمكن تحقيق السرعة وعدم الوقوع في الأخطاء.

4- يجب أن تمر المعلومات في مراكز خط الاتصال وإلاّ حدث سوء فهم واحتكاك وازدواج في المعلومات.

5- يجب أن يكون الأشخاص في مراكز الاتصال ملائمين لهذا العمل.

6- يجب عدم مقاطعة خط الاتصال وذلك بالعمل على وجود أشخاص باستمرار في هذا الخط.

7- يجب أن توضح التعليمات سلطة الشخص الذي قررها ويكون ذلك معروفاً. وينظر برنارد إلى التنظيم على أنه نظام اتخاذ قرارات كما أنه- في الوقت نفسه- نظام اتصال.

العوامل الاستراتيجية في اتخاذ القرار:

تختلف عملية اتخاذ القرارات في المنظمة عن إنتاج القرارات بالنسبة للفرد الواحد؛ فالأولى تكون نقطة في خط طويل من القرارات المتصلة، ويجب على

متخذ القرار أن يُفرِّق بين العوامل الاستراتيجية وبين الأمور التي تؤثر على موضوع القرار. إن تحديد العامل الاستراتيجي هو في حقيقته اتخاذ قرار لتضيق مجال التفكير والبحث للوصول إلى الهدف.

التخطيط:

يقول برنارد: إن رجال التخطيط على المستوى المحلي أو القومي أو الدولي قد تجاهلوا التصرفات الإنسانية في المنظمات المعقدة؛ فمعظم الخطط مبنية على افتراضات غير أكيدة عن المستقبل، وعلى هذا فالخطط شيء من الخيال، ويتهرب المخططون من حريتهم في الاختيار بإصدار أوامر وتعليمات. وعلى هذا، يجب أن تتوافر في الخطة ما يلي:

1- الأهداف الواجب تحقيقها.

2- إمكانية تحقيقها.

3- العناصر المفروضة في الموقف.

4- الارتباطات السابقة والمستقبلية.

5- حلول إيجابية لمقابلة عدم التأكد.

6- مسؤولية التنفيذ.

تقييم المدرسة السلوكية:

مما لا شك فيه، أن المدرسة السلوكية كان لها دوراً كبيراً في تطور الفكر الإداري من خلال اهتمامها بالعلاقات الإنسانية والجوانب النفسية والعاطفية والحسية وخلق الجو الاجتماعي، الأمر الذي ترتب عليه ارتفاع الروح المعنوية للقوى العاملة، وهذا بالتالي يؤدي إلى ارتفاع الإنتاجية.

غير أن تعاليم المدرسة الإنسانية، وجدت أيضاً من يعارضها من العلماء مؤكدين أن هذه المدرسة قد غالت جداً في تقدير أهمية العوامل النفسية والحسية والمعنوية، والمواقف الأبوية والأسرية التي ينبغي أن تكون العنصر الغالب في العلاقات بين الإدارة والقوى العاملة. كل هذا إذا أعطيناه الاعتبار الأول، فلا يمكن أن يحقق زيادة الإنتاجية، بل إنه إذا حقق في مراحله الأولى بعض التقدم، فإنه مما لا شك فيه مع الاستمرار وتأكيد هذه المفاهيم، سيترتب عليه حتماً نوعاً من التراخي وعدم الانضباط وبالتالي الإهمال ثم التسيب ثم ضعف الطاقة الإنتاجية الكلية كون هذه المدرسة أهملت جوانب أخرى غير الجانب الإنساني حتى تتمكن من تقديم نظرية متكاملة لتفسير سلوك المنظمة.

ولعل على رأس المعارضين لمدرسة العلوم الإنسانية (Daviel Bell) الذي يعتقد أن إعطاء عامل الشعور بالانتماء (Sense of Bolonging) في الأهمية الأولى في تحقيق الكفاءة الإنتاجية، أمر على حد قوله، بغيض (Reprignant).

أي أن هذه النظرية اعتبرت أن ولاء الفرد للجماعة شيئاً أساسياً يصبو إليه كل عامل، بمعنى آخر فقد ركزت النظرية على أهمية الجماعة وذلك على حساب أهمية الفرد. وقد أثبتت العديد من الدراسات فيما بعد عدم الصحة المطلقة لهذه النظرية، وذلك أن الجماعة قد لا تحمل أي معنى للفرد إذا لم يرغب في الانضمام إليها. وبالتالي، فإن قوة الجماعة في تأثيرها على الفرد لا تتحقق إلاَّ برغبة الفرد في الانتماء إليها أولاً.

وقد أسمى (Bell) مدرسة العلاقات الإنسانية بـ"موضة السنوات الأخيرة (The Vogue in Recent years of Human Relation) ثم أخذ يتناول بالنقد والتحليل التجارب التي أجراها ألتون مايو ورفاقه، وخلص منها في النهاية إلى القول "إذا قلنا في الحقيقة أن العامل الأمريكي غير مهتم بالدرجة الأولى بالمال...

فإن هذا يتعارض في الواقع مع المشاعر العميقة التي تعتبر أقوى حافز للنظام الاقتصادي.

بالإضافة إلى ذلك، هناك انتقادات عديدة يمكن توجيهها إلى نظرية العلاقات الإنسانية أهمها:

1- يُعاب على هذه النظرية، أنها لم تنتهج أسلوب البحث العلمي، بمعنى أنها قامت في بدايتها على دراسة العلاقة بين بيئة العمل الملائمة من ناحية والإنتاجية من ناحية أخرى بافتراض وجود علاقة طردية بينهما. ولما لم تتحقق هذه النتائج اتجهت الدراسة وجهة أخرى خالية من أي فروض علمية مسبقة يُراد التأكد من صحتها، وبمعنى آخر، فإن النظرية يجب أن تقوم على مجموعة من الفروض الموضوعة مسبقاً والتي يجب أن يتم اختبار صحتها، وهذا شيء لم يتوافر لدى الباحثين بمصنع (هاوثرون).

2- يؤخذ على النظرية أيضاً أن بعض التجارب التي تضمنتها شملت عدداً محدداً من العاملين الأمر الذي لا يمكن من خلاله من وجهة النظر الإحصائية التثبت من دقة نتائجها، وعليه فإن تعميم نتائج التجارب أمر مشكوك فيه من الناحية الإحصائية.

3- افترضت النظرية أن إشباع الحاجات الإجتماعية للأفراد يؤدي بالتبعية إلى تحقيق الأهداف الرسمية للمنظمة. ومما لا شك فيه أن هذه علاقة سطحية لا يمكن أن تؤخذ على علاّتها، ذلك أن الإنتاجية تتحدد وفقاً لعدد كبير من العوامل وكذلك وفقاً لطبيعة التفاعل بينها.

4- ركزت النظرية على التنظيم غير الرسمي باعتباره الركيزة الأساسية في البناء التنظيمي للمنظمة متجاهلة بذلك التنظيم الرسمي ذاته، حيث أنه لا يمكن بناء هيكل تنظيمي في غياب الشكل الرسمي للتنظيم.

5- ركزت النظرية على تدريب المشرفين باعتباره المفتاح القادر على حل جميع مشكلات المنظمة، وقد أثبت الممارسة العملية أن للتدريب دوراً محدداً لا يمكن تخطيه، كما أن التدريب في بعض الأحيان قد يكون سبباً في الاحباط الذي يصيب بعض المشرفين أنفسهم، وهذا يناقض ما تفرضه النظرية.

وبالرغم من هذه الانتقادات فإن الفضل يرجع إلى تجارب "هاوثرون" في فتح الباب على مصراعيه لدراسة السلوك البشري داخل المنظمة، حتى أن هذه التجارب يمكن النظر إليها على أنها بداية الإنطلاق الحديثة نحو دراسة وفهم السلوك الإداري وسلوك العاملين في منظمات الأعمال.

المدخل المعاصر في الإدارة The Recent Approach

كان للتقدم العلمي، على كافة المستويات، دوراً بارزاً في ظهور نظريات جديدة في الإدارة، أفرزت مدارس علمية حديثة تختلف في المضمون عن المدارس التي سبقتها (الكلاسيكية والسلوكية). وأهم هذه المدارس هي:

1- مدرسة بحوث العمليات (الكمية)   Quantitative School

2- مدرسة النظم   Systems School

3- المدرسة الموقفية (الظرفية)   Contingency School

4- الإدارة بالأهداف   Management By Objectives

5- الإدارة اليابانية   Japanese School of Management

6- إدارة الجودة الشاملة   Total Quality Management

7- الإدارة الأمريكية   American School of Management

1- مدرسة بحوث العمليات (الكمية)   Quantitative School

تستخدم بحوث العمليات (الأسلوب الكمي) لحل الكثير من المشكلات الإدارية في المؤسسات الحكومية والشركات التجارية والصناعية، مستخدمة في ذلك الأساليب العلمية في دراسة وتحليل هذه المشكلات التي تواجه الإدارة (مشكلات التخطيط والرقابة، والإنتاج والصيانة والجرد). وذلك عن طريق تحليل العملية الإدارية Analysis The Management Process بغرض تزويد الإدارة بالبيانات التي تساعدها في الوصول إلى أفضل الحلول لمواجهة هذه المشكلات.

أي أنها تمثل أداة مهمة من الأدوات التي تُسهم في توفير المعلومات والحقائق للإدارة، بحيث تتمكن من اتخاذ القرارات السليمة فيما يعترضها من مشكلات، كما أنها تستنبط من الأساليب الكمية والبحوث مبادئ للإدارة تصلح من وجهة نظرها لبناء نظرية الإدارة Theory Of Management .

أي أن بحوث العمليات تعتبر أساساً لتطبيق الطريقة العلمية لحل المشكلات الإدارية إيجابياً، وأن هذه المدرسة تستخدم العديد من الأساليب والأدوات كاستخدامها للبرمجة الخطية Linear Programming، كما وتُعد استخدام الطرق الإحصائية من أكثر أساليب بحوث العمليات انتشاراً في الإدارة، نظراً لأنها أقدم من حيث التطبيق، إذ أن الإحصاء أداة للاستنتاج واستخلاص النتائج وعمل الخطط عن طريق دراسة للظاهرة وإثبات المعلومات حولها، ثم تجميع وتبويب المعلومات بطريقة علمية تمهيداً لإعداد النتائج بشكل يوضح سير الظاهرة.

وعليه، فإن العنصر الأساسي في هذه المدرسة هو التأكيد، عند اختيار البدائل، على أن يتم تطبيق معايير يمكن قياسها موضوعياً وكمياً.

2- مدرسة النظم: System School

ظهرت منذ ثلاثينات القرن العشرين، وتقوم فكرةُ هذه المدرسة على مفهوم النظام الذي يتضمن ويتكون من أشياء وأجزاء متفاعلة تشكّل في مجموعها تركيباً وجسماً موحداً، وعليه، فإنّ دراسة أي جزءٍ من هذه الأجزاء بمعزلٍ عن بقية الأجزاء الأخرى لا يعكس حقيقة وحدة النظام وانسجامه، والنظر إلى المنظمة كنظام يساعد في فهم وتناول النظم الفرعية التي تعمل بصورة متداخلة سعياً لتحقيق أهداف المنظمة.

فالمنظمةُ، وفقاً لذلك، تشبه الكائنَ الحيَ من حيث تفاعل مكوناتها، وتتصل بالبيئة المحيطة لتأخذ منها وتعطيها؛ لتعكس بذلك قدرة ديناميكية على التوازن معها، أي أنّ المنظمةَ مفتوحة على البيئة الخارجية من خلال المدخلات والمخرجات، فالمدخلاتُ هنا هي تلك الموارد المادية والمالية والبشرية والمعلوماتية والتكنولوجية حيث يتم تحويلها من خلال العمليات إلى المخرجات المرغوبة وتقديمها للمجتمع على شكل سلعٍ أو خدماتٍ ثم يتم تطوير مستوى هذه السلع وتحسينها عن طريق ردود الأفعال والملاحظات الواردة من المجتمع عليها، وهو ما يسمى بالتغذية الراجعة، لتدخل من جديد كمدخلات جديدة، وهكذا..

وتتميز هذه المدرسةُ عن غيرها من المدارس بأنها تنظر إلى الإدارة كجهاز متكامل، وأكّدت على مؤشرٍ جديدٍ لصحة منظمة الأعمال وهو: النمو والقدرة على البقاء وليس الإنتاجية والربح فقط.

إن منظمات الأعمال، كي تبقى حيةً، يجب أن تستورد مدخلاتها من البيئة الخارجية ببعديها؛ القريب الذي يتكون من ذوي العلاقة والمصلحة المباشرة، والبعيد

والذي يمثل سائر الأطراف التي لها علاقة غير مباشرة بها، إذ إنّ بقاءها رهن بقدرتها على تحويل هذه المدخلات إلى مخرجات يقبلها المجتمع.

لمزيدٍ من المعرفة حول آلية عمل المنظمة وفق مفهوم النظام نأخذ مثالاً حول أثر المركز المالي للمنظمة على بقية إدارات وأقسام المنظمة مثل (الإنتاج، والمبيعات، والمواد، والتمويل..) وكذلك الأمر فيما يتعلق بأثر كل قسم أو إدارة على سائر أقسام وإدارات المنظمة لأن فكرة النظام تقوم، بالأصل، على التداخل بين أجزائه ومكوّناته. وخاصية التداخل هذه صفةٌ تميِّز فكرةَ النظم، أي أنّ المدير يعلم أنه في حال إحداث تغيير في أحد مكونات النظام (المنظمة التي يديرها) فإن ذلك من شأنه أن يؤثر على بقية أجزاء النظام، مثل أن يتم إقالة تعيين مدير لإحدى الإدارات فإن ذلك سينعكس (بدرجات متفاوتة) على بقية الإدارات.

3- **المدرسة الموقفية (الظرفية): Contingency School**

وافترضت بأنّ الخصائص الملائمة لمنظمة ما تحدد في ضوء طبيعة الموقف الذي تعمل فيه؛ حيث ركّزت على العلاقة بين التصرفات الإدارية وخصائص الموقف الذي تمت فيه هذه التصرفات، فالإدارة الفعالة هي التي تتشكل أعمالُها لتتلاءم مع الموقف، إذ لا توجد مبادئ وحالة مثالية واحدة تنطبق على كافة المنظمات، فما يصلح لمنظمة ما قد لا يصلح لأخرى. لذلك اهتمت هذه المدرسةُ بتحديد العوامل التي تستدعي الاختلاف بين منظمة وأخرى وسُمّيت هذه العواملُ بالعوامل الموقفية.

تتفهم إدارةُ المنظمة بأنها تتواجد وتعمل في سوق متغير؛ ما يدعو إلى الأخذ بالاعتبار هذه التغيّر، فلا يمكن بالتالي أن تنمو جميعُ المنظمات وتتعامل مع تلك

المتغيرات بنفس الطرق، بل كلٌ منها يتعامل وفقاً لما يتلاءم والموقفَ المناسبَ. وكذلك الأمر فيما يتعلق بحجم المنظمة؛ فالمنظمةُ الصغيرةُ تختلف في خصائصها وإمكاناتها وتصرفاتها عن المنظمة العملاقة.

وأهم العوامل الموقفية التي تؤخَذ في الاعتبار من حيث تأثيرُها على تصرفات المنظمة وسلوكها:

1. البيئة الخارجية للمنظمة: أي الظروف التي لا تستطيع المنظمة التحكم بها مثل: درجة استقرار البيئة وديناميكيتها، ودرجة التأكد والمجهولية والتنبؤ، مدى توافر الموارد.
2. التكنولوجيا الملائمة لطبيعة عمل المنظمة.
3. حجم المنظمة.
4. استقلالية المنظمة من حيث تبعيتها لمنظمة أخرى أم لا.
5. الثقافة التنظيمية الخاصة بالمنظمة بما تحويه من قيم وعادات وخصائص.

4- مدرسة الإدارة بالأهداف: Management By Objectives (MBO)

وتنطلق من فكرة قيام كلٍ من الرئيس والمرؤوس (بشكل مشترك) برسم وتحديد الأهداف المطلوبة، ثم يقومان دورياً بتحديد التقدم الذي تم لبلوغ هذه الأهداف، فالإدارةُ هنا قامت على أساس من التشارك والديمقراطية حيث اشترك الرئيس والمرؤوس في وضع الأهداف، واتخاذ ما يلزم من قرارات وتقييمها دورياً للتأكد من درجة مطابقة النتائج مع الأهداف، ويُعتَبر مُدخَلُ الإدارة بالأهداف بمثابة

موجِّهٍ ومعيارٍ لفعاليات المنظمة؛ باعتبار أنّ الغرض الأساس من الإدارة هو تحقيق أهداف معينة.

إن عملية وضع الأهداف عملية تشاركية تتم بين الرئيس ومرؤوسيه؛ سواء على مستوى القسم أو الدائرة أو المنظمة ككل.

ومن أبرز روّاد هذه المدرسة بيتر دراكر وجورج أوديورن، وهناك مفهوم آخر اشتُقَّ من مدرسة الإدارة بالأهداف؛ وهو الإدارة بالاستثناء التي يركّز فقط على تحديد الإجراءات اللازمة لتصويب الانحرافات المهمة عن الخطط والموازنات من خلال تزويد متخذ القرار بمعلومات عن تلك الانحرافات لتصويبها.

5- **مدرسة الإدارة اليابانية:** Japanese School Of Management

يتميز الإنسان الياباني، عموماً، بأنه يُقدم مصلحة المنظمة التي يعمل فيها على مصلحته ومصلحة أسرته، كما أن ربّ العمل يقدر ويكافئ العاملَ على الاقتراحات البنّاءة التي يقدمها، أياً كان نوعها أو حجمها، ويتميز العاملُ اليابانيُ بقدرة عالية على الإصغاء وتَقبُّلِ الآخر، كما أنّ طبيعة المنظمات اليابانية تتصف بكونها تُعبّر عن النموذج العضوي المرن؛ الذي يسمح بتداخل الواجبات والجهود بشكل متناغم، بالإضافة إلى أن الجو السائد في منظمات الأعمال اليابانية هو الجو العائلي ما يؤدي إلى إشاعة روح الألفة والولاء للمنظمة.

ويمكن تلخيص أهم عناصر الإدارة اليابانية:

1- أسلوب عمل الفريق (Team Work) فالعامل الياباني يقوم بأداء وظيفته من خلال فريق العمل المكون في المنظمة التي يعمل بها والأولوية دائماً لهذا الفريق.

2- المسؤولية الجماعية (Group Responsibility) أسلوب الإدارة اليابانية يسعى إلى غرس حب الانتماء والولاء لدى العاملين تجاه المنظمة التي يعملون بها، ويجسد ذلك الشعور الجماعي بالمسؤولية عن العمل الذي يقوم به الفرد.

وقد أدى ذلك إلى تحقيق المنظمة اليابانية قدراً عالياً من التوافق والاتساق في الثقافة التنظيمية داخلها.

3- التوظيف مدى العمر للعنصر البشري في المنظمات اليابانية من حيث الاختيار والتدريب والمحافظة على هذا العنصر مدى الحياة (Life Employment).

4- العدالة والمساواة (Equity) بوضع المعايير الموضوعية لجميع العاملين في المنظمة اليابانية من حيث الاختيار والتعيين والتدريب، فالمعاملة واحدة وكذلك المكافآت يتم منحها على أسس موحدة وبناءً على الجهد الجماعي المبذول في العمل، مما يؤدي إلى تحقيق النجاح والإنتاجية بكفاءة وفاعلية للمنظمة.

5- توفر المعلومات ومشاركة جميع العاملين في المنظمة في استخدامها وعدم احتكار هذه المعلومات أو الاحتفاظ بها من قبل أي فرد أو مجموعة، مما يؤدي إلى توفر علاقات واتصالات جيدة بين كافة أفراد المنظمة ومختلف الدوائر والأقسام فيها.

6- مدرسة إدارة الجودة الشاملة: Total Quality Management

التي تقوم على ربط نجاح المنظمة، على المدى الطويل، بإرضاء المستهلك اعتماداً على مشاركة جميع العاملين في عمليات التحسين المستمر للعمليات والخدمات. ومن أبرز رواد هذه المدرسة إدوارد ديمينغ وفيليب كروسبي، حيث

تركّز هذه المدرسة على النظرة الشمولية لجميع عمليات المنظمة، وإجراءات العمل فيها، والتحسين المتواصل لها، واستبعاد أي نشاط لا يحقق ولا يضيف قيمة للعمل.

وهناك مرتكزاتٌ رئيسةٌ تنطلق منها هذه المدرسةُ؛ من أهمها: تعزيز الرقابة الذاتية للعامل، وتمكين العاملين أي تأهيلهم وتدريبهم ومن ثم تفويضهم، ورفع مستوى ثقة العامل بنفسه، واعتماد أسلوب الفريق في التخطيط والتنفيذ والتقييم، واستخدام أسلوب التعلّم من الخطأ.

وجميع ذلك ساهم في شعور الأفراد بالاستقرار الوظيفي؛ ما انعكس بدوره إيجاباً على تقدّم المنظمة وإنتاجيتها.

7- مدرسة الإدارة الأمريكية: American School of Management

التي ظهرت في تسعينيات القرن العشرين والتي جاءت لتُعدّل على مبادئ ومنطلقات المدرسة اليابانية، إذ لا يمكن إسقاط مفردات المدرسة اليابانية، كما هي على المجتمع الأمريكي؛ ما استدعى إجراء تعديلات تتناسب وثقافة وطبيعة المجتمع الأمريكي، فتميّز نموذج مدرسة (**Z**) بما يلي:

1. عملية صناعة واتخاذ القرارات تتم بشكلٍ تشاركي، ويُشتَرطُ قبول الأغلبية لها.
2. الفرد يتحمل مسؤولية تصرفاته مهما كان موقعه.
3. معدل الدوران (التوظيف) طويل المدى.
4. يركّز على تمكين العاملين، والتدوير الوظيفي (تدريب العاملين على أداء مختلف الأعمال خلال فترة عمله في المنظمة).
5. تهتم بالعامل وبأسرته (تأمينات).

8- مدرسة التميز:

تنطلق هذه المدرسة في هذا الصدد من كون المنظمة تتمتع بميزة تنافسية تتمثل في الجدارات والمهارات والموارد التي يصعب أو لا يمكن للمنظمات الأخرى تقليدها، فالمنظمة تتفوق على غيرها من خلال:

1. **قيادة الكلفة** Cost Leadership من حيث تقديم سلع وخدمات بأسعار لا تُجارَى.

2. **التمايز** Differentiation حيث تقدم سلعاً وخدمات بجودة وخصائص معينة تحقق أعلى قيمة للمستهلك.

أسئلة الفصل الأول

1- تناول أسباب تأخر ظهور واعتماد نظرية للإدارة؟

2- الفكر الإداري ليس من صناعة شخص واحد، ولكنه نتيجة إسهامات الكثيرين. تناول مدارس ومداخل تطور الفكر الإداري بحيث توضح بصمة كل مدخل على عملية تطور الفكر الإداري؟

3- ركزت حركة الإدارة العلمية على العمل Work، ففصل تايلور عملية التخطيط عن التنفيذ، وابتكر جلبرث أساليب قياس العمل عن طريق دراسة الزمن والحركة، وقام جانت باستحداث جداول زمنية كبناء أسلوب رقابي. تناول تلك الجهود بشيء من التفصيل لكل منها؟

4- إن التطبيق الخاطئ لمبادئ البيروقراطية جعل الناس يحملون أفكاراً غير حسنة عن هذه المدرسة. وضح؟

5- أكدت ماري فوليت على أهمية معاملة العامل كإنسان؛ ما يتطلب دراسة دقيقة لرغباته والابتعاد عن الحلول النظرية، والقيام بدراسة فعلية لكل حالة. وضح أثر المدرسة السلوكية على إنتاجية العامل؟

6- قام كلٌّ من ألتون وفريتز برجر بتجارب هاوثرون لتصبح فيما بعد أساساً لمدرسة العلاقات الإنسانية باعتبارهما أنهما قاما بتأكيد علاقة ارتباطية بين التصرفات الإنسانية وطرق التعلم الإداري. وضح؟

7- تشستر برنارد نظر إلى المنظمة كنظام تعاوني وأعطى وزناً كبيراً للعوامل النفسية، وتناول ثماني نقاط ميّزت هذا الاتجاه. تناول تلك النقاط؟

8- سبع مدارس كان لها دوراً بارزاً في ولادة نظريات جديدة في الإدارة تميزت عما سبقها من مدارس كلاسيكية وسلوكية. اذكر كل مدرسة وأمام كل منها أهم ما دعت إليه من أفكار؟

اختر الإجابة الصحيحة مما يلي:

1) واحدة مما يلي ليست من مدارس الإدارة:

أ- التقليدية   ب- السلوكية   ج- الإنسانية   د- البراغماتية

2) مبدأ: فصل التخطيط عن التنفيذ، وتقسيم العمل بين الإدارة والعمال؛ أول من نادى به:

أ- جلبرث   ب- تايلور   ج- فايول   د- فيبر

3) ركّزت في مجملها على العمل، وقياسه زمنياً وحَفز الأفراد مادياً؛ حركة:

أ- العلاقات الإنسانية   ب- العلمية   ج- النمطية   د- الحديثة

4) قسّم الوظائف الإدارية إلى ست مجموعات، هو:

أ- فايول   ب- تايلور   ج- جلبرث   د- برنارد

5) أول من نادى بمبدأ وحدة التوجيه:

أ- فايول   ب- تايلور   ج- جلبرث   د- برنارد

6) المبدأ الذي ينص على دفع مكافآت للأفراد ثمناً لما يبذلونه من خدمات، صاحبه هو:

أ- فايول   ب- تايلور   ج- جلبرث   د- برنارد

7) كي يحسب حركات العامل، قام بتصويره فوتوغرافيا، هو:

أ- فايول   ب- تايلور   ج- جلبرث   د- برنارد

8) وضع الخرائط والرسوم البيانية والجداول بهدف معرفة حجم الإنتاج وكلفته، هو:

أ- فايول   ب- تايلور   ج- جلبرث   د- جانت

9) هو من صمم الهيكل التنظيمي على شكل هرم في قمته الوظائف العليا:

أ- فيبر　　ب- برنارد　　ج- جلبرث　　د- فايول

10) نظرية ركزت على الشكل الرسمي للمنظمة واهتمت بالهيكل التنظيمي:

أ-التكاملية　　ب-الكلاسيكية　　ج- التبعية　　د-الموقفية

11) المرؤوس يتلقى أوامر من أكثر من رئيس. هذه إحدى الانتقادات الموجهة للمدرسة:

أ- الكلاسيكية　　ب- الموقفية　　ج- اليابانية　　د- الحديثة

12) أهملت وجود التنظيمات غير الرسمية بها، هي المدرسة:

أ- النظرية　　ب- الكلاسيكية　　ج- الموقفية　　د- اليابانية

13) السلطة مستمدة من الوظيفة، وكل وظيفة لها قدر مساوٍ من السلطة، نادى بهذا الرأي:

أ- برنارد　　ب- فولييت　　ج-المدرسة الموقفية　　د- نظرية النظم

14) الإدارة مهنة في طريق التكوين، صاحب هذا الرأي:

أ-المدخل النظمي　　ب-المدخل السلوكي　　ج- فولييت　　د- برنارد

15) دراسات مصنع هوثرون التي درست أثر الظروف المحيطة بالعامل على إنتاجيته:

أ- مايو　　ب- برنارد　　ج- تايلور　　د- هوثرون

16) نادت بمبدأ: السلطة تفوَّض من أعلى إلى أسفل، النظرية:

أ- الموقفية　　ب- اليابانية　　ج- الأمريكية　　د- الكلاسيكية

17) نادى بمبدأ: السلطة تفوَّض من أسفل إلى أعلى، هو:

أ- برنارد   ب- مايو   ج- جانت   د- تايلور

18) أول من نادى بأن الهيكل التنظيمي بمثابة شبكة اتصالات، ووضع سبعة مبادئ في الاتصال:

أ- برنارد   ب- مايو   ج- جانت   د- فايول

19) من عيوب هذه المدرسة أنها غالت في تقدير أهمية العوامل النفسية والمعنوية:

أ-المدرسة السلوكية   ب-العلاقات الإنسانية

ج-المدرسة التقليدية   د- مدرسة النظم

20) إحدى المدارس التالية ليست من المدارس الحديثة والمعاصرة:

أ- الكمية   ب- اليابانية   ج- الأمريكية   د- الإنسانية

الفصل الثاني
العملية الإدارية

الأهداف الأدائية Performance Objectives

يتوقع أن يحقق الدارس الأهداف الأدائية التالية بعد أن يُتم قراءة هذا الفصل:

أولاً: تعريف الإدارة.

ثانياً: الإدارة علم أم فن؟

ثالثاً: عمومية الإدارة.

رابعاً: الإدارة الناجحة.

خامساً: تعريف وتصنيف المديرين.

سادساً: أدوار المدير.

سابعاً: المهارات الإدارية.

ثامناً: المعرفة الإدارية.

تاسعاً: وظائف الإدارة.

العملية الإدارية

تعريف الإدارة:

في بداية حديثنا عن المدارس الإدارية، سبق وأن أوضحنا أنَّ الفكر الإداري منذ نشأته وحتَّى الآن قد تطوَّر واجتاز مراحل متعددة، تميزت كل مرحلة بمفهوم معين تركزت حوله الدراسات والأبحاث. كما أوضحنا الجهود التي بذلها بعض علماء المدارس الإدارية وتجاربهم العلمية وأبحاثهم الفكرية؛ الأمر الذي يدفعنا إلى أن نؤكد على القارئ أننا ونحن سوياً نستعرض تعريف الإدارة... وجدنا أنه مِنَ المفيد أنْ نختار نماذج متعددة في "تعريف الإدارة" وموجهين النظر إلى أنه قد يكون مِن الصعوبة بمكان الإتفاق حول تعريف كامل شامل لمعنى الإدارة، ولهذا اختلف العلماء الإداريين والباحثون فيما أوردوه مِنْ تعاريف لتحديد هذا المعنى.

فقد عرَّف ستانلي فانس Stnley Vance الإدارة بأنها "مراحل اتخاذ القرارات والرقابة على أعمال القوى البشرية بقصد تحقيق الأهداف السابق تقريرها".

"Management is simply The Process of Decision making and control over the action of Human beings of the express purpose of attaining predetermined goals".

والواقع أن مفهوم الإدارة بمنطق العصر الذي نعيش فيه أوسع بكثير مما تضمنه هذا التعريف، فمفهوم الإدارة لم يعد قاصراً على مراحل اتخاذ القرارات والرقابة على أعمال القوى البشرية، بل يشمل الوسائل الصحيحة التي تتخذها المنظمة لأداء الأعمال بقصد الحصول على أفضل النتائج بأقل الجهود الممكنة.

ويقول **Haughton** إن الإدارة هي:

"الاصطلاح الذي يطلق على التوجيه والرقابة ودفع القوى العاملة إلى العمل في المنظمة،، وهي تمثل العنصر الشخصي في حياة المنظمة، ذلك العنصر الذي يقوم بتطويرها وتنسيقها وتوجيهها والإبقاء على كل ظاهرة في مكانها. وهذا العنصر الشخصي لا يمكن استبداله بعنصر آخر يحل محله، ويعتمد نجاح المنظمات إلى حد كبير على المهارة التي تؤدى بها أعمال الإدارة".

لقد اشتمل هذا التعريف على بعض العناصر المكونة للإدارة كالتوجيه والتنظيم، فإنّ قوله "الإبقاء على كل ظاهرة في مكانها" يفهم منه العمل على إيجاد توازن داخل المنظمة وهذه وظيفة التنظيم. كما اشتمل أيضاً على التنسيق، لكنه أغفل التخطيط وأهمية العلاقات الإنسانية والعلاقات العامة.

ويقول **D. S. Dexter & s. Kimball:**

"يدخل في نطاق الوظيفة الإدارية جميع الوظائف والواجبات اللازمة لبدء أي مشروع وتمويله ووضع السياسات العامة الخاصة به وتهيئة المعدات اللازمة له والشكل العام الذي يزاول في ظله نشاطه واختيار من يشغلون الوظائف الرئيسية".

يفهم من هذا التعريف أن الكاتبين أدخلا في نطاق الوظيفة الإدارية كافة الجهود التي تبذل في مراحل التخطيط والتنظيم والتوجيه والتنسيق والرقابة على اعتبار أنها من الوظائف التي يتطلبها قيام المشروع ومزاولته لنشاطه، وبذلك تكون الإدارة عندهما هي الوظيفة الشاملة لكل ما يتطلبه تكوين المشروعات من جهود.

كذلك عرَّف المعهد البريطاني للعلاقات العامة في صحيفة العلاقات العامة عدد آيار 1950م صفحة (2) الإدارة بأنها:

"التفكير المستمر والجهد المتواصل الذي يبذل لخلق علاقات قائمة على الفهم المتبادل، واستمرار بقائها بين الأشخاص في المنظمات أو بين المنظمات والمجتمع بالمعنى الأعم".

أمَّا Plowman and Petersen في كتابهما Business organization فقد عرّفا الإدارة بأنها:

"الوسيلة الفنية التي تستطيع بمقتضاها مجموعة من الأشخاص أن تحدد وتوضح أهدافها وأغراضها وتعمل على تحقيقها".

وذكر Oliver Sheldon في كتابه The Philosophy of management صفحة (51-52) **يمكننا أن نقرِّر أن وظائف الإدارة هي: "الطريقة التي يتم بواسطتها ما يلي:**

أ- تجميع أوجه النشاط المتشابهة أو المتقاربة في وظيفة واحدة.

ب- تمييز كل وظيفة بوضوح عن الأخرى.

ج- خضوع كل وظيفة لرقابة خاصة.

ومن ذلك يتبيّن أن شيلدن لم يذكر شيئاً عن القيادة الحازمة الرشيدة والتوجيه والتنسيق ومراعاة العامل الإنساني أو أهمية العلاقات العامة في إدارة المنظمات.

تعريفات أخرى للإدارة:

واجتهد علماءُ إدارة آخرون في الوصول إلى تعريفات للإدارة عكست طبيعةَ ومستوى الحالة الصناعية في مختلف العصور، ومن هؤلاء العلماء الذين عرّفوا الإدارة:

- فريدريك تايلور Frederick Taylor (1856- 1915) مهندس أمريكي، (أبو الإدارة العلمية ومؤسس المدرسة الكلاسيكية) عمل في مجال صناعة الحديد والصلب.

عرف **الإدارةَ** بقوله: الإدارة هي معرفة ما هو مطلوب عمله من الأفراد، والتأكد من تنفيذه بأحسن الطرق وأقلها كلفة.

- هنري فايول Henrry Fayol (1841- 1925) مهندس فرنسي- وهو رائد المدرسة العلمية في الإدارة وصاحب نظرية المبادئ والتنظيم الإداري عمل في مجال صناعة المعادن والمناجم في فرنسا.

عرف **الإدارةَ** قائلاً: أن تدير فهذا يعني أن تتنبأ وتخطط وتنظم وتصدر الأوامر وتنسق وتراقب.

- عرفها آخرون بأنها: عملية تحقيق أهداف المنظمة من خلال الأفراد، وهي إدارة الناس وليس الأشياء، وهي عملية اتخاذ القرارات، وهي عملية تنظيم واستخدام المواد لتحقيق الأهداف. وعرفها كل من كونتز ودونِّل Koontz and Donnel بأنها توفير البيئة المناسبة لعمل الأفراد في المنظمات. وعرفتها فولييت Follett بأنها فن تنفيذ الأشياء من خلال الآخرين.

- ويرى ستونر Stoner بأنها عملية التخطيط والتنظيم والقيادة والرقابة على جهود الآخرين واستخدام مختلف الموارد لتحقيق أهداف المنظمة.

هكذا لا نكاد نجد تعريفاً جامعاً للإدارة، بل وجدنا كل كاتب يحاول أن يعرِّف الإدارة من وجهة نظره الخاصة، ومن ثم جاء تعريف الإدارة متأثراً بهذه الوجهة.

غير أننا إذا كنا نُفاضل بين تعريف وآخر، فإننا نقترح تعريف الإدارة بما يلي:

"الإدارة تمثل العنصر الشخصي في حياة المنشأة الذي يعمل على تحقيق أهدافها، من خلال استخدام الموارد المتاحة استخداماً أمثل بقصد الحصول على أفضل النتائج بأقل الجهود الممكنة مع مراعاة العامل الإنساني وبالإستعانة بالقيادات الحازمة والقادرة على تطبيق جميع عناصر الإدارة العلمية (تخطيط، وتنظيم، وتوجيه ورقابة)".

الإدارة علم أم فن؟

هل الإدارة علم له مبادئ يمكن تدريسها ودراستها؟ أم فن يعتمد على الخبرة والمهارة الفردية وهي على هذا لا يمكن تدريسها أو دراستها لأنها شيء فطري يولد مع الشخص، أو شيء يكتسب بالخبرة العملية؟

للإجابة على هذا السؤال يجدر بنا تعريف المقصود بالعلم: إذ يرى البعض أن العلم "مجموعة من القوانين والمبادئ ونتائج التجارب التي تؤكد هذه القوانين والمبادئ، ونظريات علمية تحكم الممارسة الإدارية وتسيِّرها، يمكن تعلمها ودارستها في الجامعات والكليات، فإذا كان هناك من يعتقد أن الإدارة هي علم بحد ذاته كما أشار فايول في كتابه "مبادئ الإدارة العلمية Principles of Scientific management" إنَّ الإدارة هي علم يرتكز على مبادئ ونظم وقوانين واضحة وإن هذا العلم يرسي للمدير ما ينبغي أن يلتزم به من قواعد".

فإنَّ برنارد يرى أن الإدارة هي فن إنطلاقاً من اعتقاده بأنَّ التكنولوجيا العملية Technology Practical ممكن لها أن تصبح فناً تطبيقياً من خلال ما يسمى بالمعرفة السلوكية Behavioral Knowledge.

فالفن هو من أكثر إبداعات السعي الإنساني الذي تكمن مهمته الرئيسية في إيجاد استعمالات مفيدة للمعرفة العلمية إذ يعتمد بشكل أساسي على الموهبة الشخصية، فالفن هنا يتيح للمدير تطبيق تلك القواعد بأفضل الأحوال. وعليه فليس كل من درس إدارة الأعمال يستطيع أن يمارسها بكفاءة Efficiency ويحقق الكفاية Sufficiency في عمله إلا إذا كان لديه خبرات عديدة يستند إليها.

فالإدارة هنا تركيب من المعرفة تصحبها مهارة في التطبيق.

خلاصة القول "إن دراسة الإدارة والإلمام بنظرياتها ومبادئها لا تجعل من الدارس مديراً ناجحاً ما لم يمتلك المهارات اللازمة، والتي تستمد من الممارسة العملية. من ناحية أخرى، فإن المهارة يمكن تنميتها من خلال الدراسة؛ ومن ثمَّ فإن المدير الناجح هو المدير الذي يمتلك المهارات الإدارية، ويكون ملماً وقادراً على استخدام المبادئ والنظريات والوسائل العلمية في عملية اتخاذ القرارات.

تعقد العملية الإدارية:

مما سبق يتضح لنا أن العملية الإدارية تعتبر غاية في التعقيد، وإن جزءاً من هذا التعقيد يتمثل في الأنشطة المختلفة التي تتضمنها هذه العملية. وجزءاً آخر مصدره حقيقة أن المديرين عادة ما يغيروا في هذه الأنشطة من وقت لآخر وبطريقة مستمرة، وقد أظهرت بعض الدراسات التي أجريت في الولايات المتحدة الأمريكية أن أكثر من نصف المديرين يغيرون من الأعمال التي يزاولونها كل 9

دقائق، وهذا يعني أن كل مدير يبدأ عملاً ما ثم يتوقف عنه ليبدأ عملاً آخر كل 9 دقائق (من الطبيعي أن يتفاوت هذا المعدل من بلد إلى آخر).

من ناحية أخرى فإن العمل الإداري يتطلب نشاطاً مستمراً ومجهوداً كبيراً، وإن كان يحقق عوائد مرتفعة. ويجمع العديد من الكُتّاب والباحثين على أن العمل الإداري بما يتضمنه من أعباء ومسؤوليات يعتبر أكبر تحدٍ للإنسان.

عمومية الإدارة:

إن الخاصية الأساسية للإدارة هي العمومية. هذه الصفة يقصد بها التأثير على المجتمعات المعاصرة، والتطبيق في مواقف مختلفة ومتباينة، فالإدارة لا تقتصر على المنظمات التجارية فحسب، بل أنها لازمة التطبيق في جميع محاولات الإنسان للوصول إلى هدف موضوع من خلال جهد جماعي، أي أنها (الإدارة) تمارس في الجامعات والمدارس والوكالات الحكومية والمستشفيات والمنظمات الإجتماعية والسياسية. إن الإدارة تصبح عملية حتمية حيثما يوجد تجمع إنساني يجد أن التنسيق بين الأعمال التي يؤديها يصبح أمراً ضرورياً.

إن مفهوم عمومية الإدارة يطبق أيضاً في جميع مستويات المنظمة وليس مقصوراً على المستوى الأعلى فقط، فالكل يعمل لتحقيق الأهداف الموضوعة.

إن الإدارة الناجحة هي الإدارة الكفؤة الفعالة، فما المقصود بذلك؟

الكفاءة Efficiency:

وهي العمل بطريقة معينة يتم فيها الاستخدام الأمثل للإمكانات والموارد المتاحة بالكامل دون إسراف أو ضياع، وتحسين أسلوب الإنجاز من أجل الحصول على منتجات/ خدمات بأقل تكلفة ممكنة.

فعندما تكون المنظمة قادرة على إنتاج سلع وخدمات ذات جودة عالية وبتكلفة منخفضة، فإننا نستطيع القول إن هذه المنظمة تعمل بكفاءة عالية. والمدير

الكفؤ هو الذي يتخذ القرارات الصحيحة التي تضمن الاستخدام الأمثل والسليم للموارد التنظيمية ويحول دون هدر هذه الموارد سواءً كانت مادية أو مالية أو بشرية أو معلوماتية، أي أن كفاءة المدير تقاس بقدرته على إنجاز الأعمال وتحقيق الأهداف التنظيمية بطريقة صحيحة.

باختصار نقول إن الكفاءة: تمثل إنجاز الأعمال والأهداف التي تم اختيارها بطريقة صحيحة (Doing Things Right).

أمَّا الفاعلية Effectiveness :

هي إنجاز الأعمال التي يجب أن تنجز في الزمن المناسب وبالطريقة الملائمة، مع مراعاة الربط والإنسجام بين أهداف المنظمة مع أهداف العاملين فيها. أي أن الأعمال والأهداف لا بد وأن تنجز في وقت معين ومكان معين أيضاً. والمدير الفعّال Effective Managemer هو المدير الذي يتخذ القرارات التي تخطى بثقة العاملين وتثير الحماس لديهم لتنفيذها بحيث يحقق المخرجات المطلوبة.

وباختصار نقول إن الفاعلية تمثل اختيار النشاطات والأهداف الصحيحة الواجب إنجازها. "Doing The Right Things"

المدير:

هو ذلك الشخص الذي يقوم بالوظائف الإدارية أينما وجد، فهو يخطط وينظم ويتخذ القرارات ويوجه ويراقب كافة الموارد المتاحة لديه من مادية ومالية وبشرية ومعلوماتية.

فالمدير هو المسؤول في المقام الأول عن تخطيط عمل ومهمات وواجبات المرؤوسين، ينسق بينهم، ويقوم بتدريبهم وتأهيلهم وتوجيه التعليمات وإصدار الأوامر، ومراقبة عملهم ومتابعة إنجازاتهم، وتقييم أدائهم الوظيفي. وهو الذي يقوم بتصحيح أيه انحرافات سلوكية مهنية كانت أم شخصية قد تكون خارجة عن المسار

الصحيح لمتطلبات العمل. فالعمل في منظمات الأعمال أجبر المديرين- نتيجة للضغوط المختلفة عليهم- لأن يصبحوا رجال تنظيم Organization men. فالطاعة والتضحية والولاء غير المشروط هي ثمن الترقية إلى المستويات الإدارية للوصول إلى أعلى. غير أن نتائج الأبحاث تثبت أن المدير الكفؤ هو ذلك الذي يعتمد على نفسه Autonomous، ويستقل في آراءه وليس رجل التنظيم. والمدير الذي يعتمد على نفسه هو الشخص الذي يتخذ القرار نتيجة لتفكيره الشخصي، بعد أن يأخذ في الاعتبار الظروف الاجتماعية والمتطلبات التنظيمية.

ومن الصفات الرئيسية للمدير الذي يعتمد على نفسه:

- رغبة في تحمل مسؤوليات أكبر.
- رغبة عالية للعطاء من جهده ونفسه.
- رغبة في الأداء والعمل الشاق.
- مقدرة كبيرة على العمل والتعاون مع الرؤساء.
- مقدرة عالية في التنظيم وفهم أهمية ما يقوم بتنظيمه.
- مقدرة على ربط الأحداث ببعضها لاتخاذ القرار الرشيد.

تصنيف المديرين:

إن زيادة وتضخم حجم المنظمات وتعقد أعمالها، وتزايد عدد العاملين فيها أدى إلى تقسيم الأعمال فأصبح هنالك مستويات إدارية:

التقسيم الأول حسب النظرة الأفقية Horizontal Differentiation

والتقسيم الثاني حسب النظرة العمودية Vertical Differentiation

ويتم تصنيف المديرين حسب النظرية العمودية لوظيفة المدير مستخدمين في ذلك التدرج الهرمي الرأسي كما يلي:

1- مديرو الإدارة العليا:

يحتل مديرو الإدارة العليا المستوى الإداري الأعلى في المنظمة، وعلى الرغم من أن التسميات تختلف من حالة لأخرى، إلاّ أن هؤلاء المديرين عادة ما يمثلهم الرئيس أو نائب الرئيس أو المدير العام، أو نائب المدير العام.

والإدارة العليا تختص بتحديد الأهداف الشاملة للمنظمة، كما تحدد الاستراتيجيات والسياسات التشغيلية. كما أنها تمثل المنظمة في البيئة الخارجية، فهي التي تتعامل مع الدوائر الحكومية، والاتحادات والنقابات العمالية والجهات الرسمية الأخرى.

2- مديرو الإدارة التنفيذية Middle managers

يطلقون عليهم "مديرو الإدارة الوسطى"، ويمثلون أكبر مجموعة من المديرين داخل المنظمة ويمتد مدى الإدارة التنفيذية من مستوى الإدارة العليا هبوطاً حتى بداية الإدارة المباشرة. ومن التسميات الشائعة لأفراد الإدارة التنفيذية: مدير المصنع، مدير القسم، مدير العمليات، هؤلاء المديرون يختصون أساساً بتنفيذ الاستراتيجيات والسياسات الموضوعة من قبل الإدارة العليا، كما أنهم ينسقون أعمال الإدارة المباشرة، وفي العادة يكونون مصدر التجديد والابتكار في مجال أعمالهم.

ويلاحظ بصفة عامة أن أعمال واختصاصات الإدارة التنفيذية خضعت في السنين الأخيرة لتغييرات جذرية، إذ إن التطور التكنولوجي وسرعة انتشاره واستخدامه قد أثر سلباً على أعداد هذه الفئة من المديرين، ولكن أهميتهم ازدادت بشكل أكبر نحو بناء وقيادة فرق العمل وإدارة المشاريع.

3- مديرو الإدارة المباشرة First - line Managers

تطلق عليهم تسميات متعددة منها مشرفي الصف الأول وخط الإشراف الأول،
الإدارة الإشرافية، المشرفين. إن مديري الإدارة المباشرة يشرفون مباشرة على العمال
التشغيليين، وعلى عكس مديري الإدارة العليا والإدارة التنفيذية، فإن مديري الإدارة
المباشرة يقضون معظم وقتهم في الإشراف المباشر على العمال المصانع والورش. وكما هو
الحال بالنسبة لأفراد الإدارة التنفيذية فإن الأهمية النسبية لأعمالهم تخضع حالياً
لتغييرات جذرية نتيجة التقدم والتطور التكنولوجي.

والشكل التالي يوضح المستويات الثلاثة السابقة:

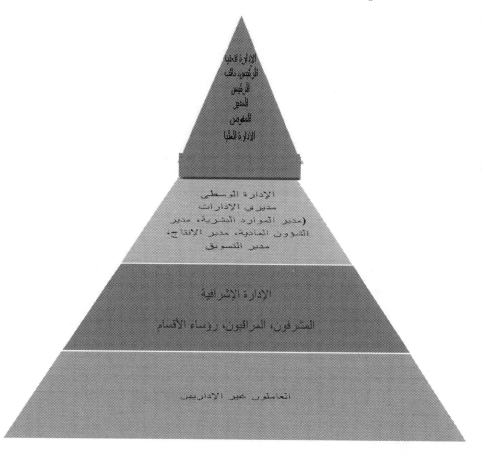

ويمكن تصنيف المديرين حسب النظرة الأفقية Horizontal إلى:

1- مديرو الوظائف الرئيسية Functional Managers

وهم المسؤولون عن مجال محدد من الأنشطة أو عن وحدة تنظيمة تؤدي مهمة وظيفية واحدة مثل: الموارد البشرية، التسويق، الإنتاج والمالية، لديهم من خبرات ومهارات متخصصة ومتميزة تساهم في إنجاز أعمال المنظمة لتحقيق أهدافها.

2- مديرو الخطوط Line Managers

وهم المسؤولون عن تقديم وصناعة السلع والخدمات التي تنتجها المنظمة ومن الأمثلة على هؤلاء المديرين: مديرو المصنع، مديرو التوزيع والمشرفين.

3- المديرون المساندون Staff Managers

هم الذين يستخدمون خبراتهم الفنية لدعم الأفراد العاملين في خطوط الإنتاج، ويديرون الإدارات التي تساعد الإدارة التنفيذية مثل: إدارة الموارد البشرية.

إن المدير في المستويات الثلاثة يقوم بكافة الوظائف الإدارية (تخطيط، وتنظيم، وتوجيه ورقابة) حسب ما ذكرنا سابقاً عند تعريف المدير.

إلاّ أن أهمية كل وظيفة تتفاوت بناءً على المستويات الإدارية المختلفة، فالإدارة العليا تضع أولوياتها في العمل من أجل التخطيط ووضع السياسات العليا، بينما يقوم مديرو الإدارة الوسطى بتنفيذ هذه السياسات والخطط العامة للمنظمة، وتولي جل اهتمامها بالوظائف الإدارية الأربع؛ بينما يقوم مديرو الإدارة الإشرافية بتوجيه العاملين ومراقبتهم.

ويعني ذلك أنه من أجل تحقيق الأهداف وغايات المنظمة لا بد من التكامل والتعاون بين جميع هذه المستويات الإدارية داخل المنظمة.

كما ونلاحظ أن هنالك ارتباطاً بين التقسيم الرأس Vertical والتقسيم الأفقي Horizontal في المنظمة، فقد يكون أحد مديري الإدارة الوسطى مديراً للإنتاج (أي الجمع بين التخصص الوظيفي والرتبة في آن واحد).

أدوار المدير Manager Roles

إن المديرين وإن كانوا يؤدون نفس الوظائف، إلا أنهم يختلفون من حيث الأدوار التي يؤدونها. وقد قسّم (Henry Mintzberg) هذه الأدوار إلى ثلاث فئات هي:

أولاً:- الأدوار التفاعلية Interpersonal Roles:

وتتركز في علاقة المدير واتصالاته وتفاعله مع الآخرين سواءً كانوا أفراداً أو منظمات أخرى، وتشتمل هذه الفئة ثلاثة أدوار هي:

أ- الدور الرئاسي التمثيلي (الرمزية) Figurehead

وهنا يتقمص المدير شخصية ممثل المنظمة فيقوم ببعض الأنشطة التي تعتبر إحتفالية رمزية، ويحدث ذلك عند الاحتفال بقص شريط الافتتاح لأحد الأقسام، حضور حفلة زفاف أحد العاملين، اصطحاب زوار المنظمة إلى العشاء.

ب- الدور القيادي Leadership Role

يمارس المدير دوراً قيادياً عندما يقوم بإصدار التوجيهات والإرشادات إلى المرؤوسين وإثارة دافعيتهم للعمل. كما يتضمن مسؤولية المدير عن تدريب المرؤوسين وتنمية قدراتهم، وهو أبرز الأدوار التي يؤديها المدير.

ج- الدور الإتصالي (الارتباط) Liaison Role

يتضمن هذا الدور التعامل مع أفراد أو جماعات خارج المنظمة بصورة مستمرة ومنتظمة، مما يساعد على تحقيق الإتصال بين المنظمة والبيئة الخارجية، هادفاً من وراء ذلك وجود علاقات متينة وجيدة.

ثانياً:- الأدوار المعلوماتية: Informational Role

وتشتمل على استلام المعلومات والبيانات وإرسالها من خلال قنوات الإتصال المختلفة. وتتضمن هذه الفئة الأدوار الثلاثة التالية:

أ- دور المتابع Monitor Role

في هذا الدور يلاحظ المدير ويتابع التغييرات التي تطرأ على البيئة الخارجية، ثم ينقل إلى منظمته المعلومات التي يمكن أن تؤثر على نشاطها، خصوصاً فيما يتعلق بالمشكلات المحتملة والفرص المؤاتية والاتجاهات السائدة والأفكار الجيدة.

ب- الدور الإعلامي (الناشر) Disseminator

ويعني توصيل المعلومة أو المعلومات إلى من يستفيد منها فقط، أو إلى الذي تمثل المعلومة أهمية خاصة له. على سبيل المثال: عندما يطّلع المدير على بحث تسويقي في أحد المجلات المتخصصة ويعطي نسخة منه إلى مدير التسويق في المنظمة دون سائر المديرين الآخرين، يكون المدير هنا قد مارس دوراً إعلامياً.

ج- دور المتحدث Spoke- Person Role

يتشابه هذا الدور مع الدور الرئاسي التمثيلي ولكن المدير هنا يعرض معلومات أو يجيب على أسئلة نيابة عن المنظمة، وعادة ما ينتدب لهذا الدور مديرون متخصصون أو ذو ثقل إجتماعي أو سياسي. وتظهر أهمية هذا الدور بصفة خاصة وقت المشكلات الكبيرة والأزمات.

ثالثاً:- أدوار صنع القرارات Decisional Role

تمثل الفئة الأخيرة من الأدوار التي يؤديها المدير، وهي تنقسم طبقاً لنوع القرارات الواجب اتخاذها إلى أربعة أنواع هي:

أ- دور المبادر (الريادي) Entrepreneurial Role

طبقاً لهذا الدور يتولى المدير البحث عن الفرص التي يمكن أن تستفيد منها المنظمة، ويأخذ المبادرة في التقدم بها وتحويلها إلى واقع ملموس مما يؤدي إلى تطوير وتحسين العمل.

فعندما يرى مدير العمليات أن عوادم الانتاج يمكن الاستفادة منها في صناعة منتج جديد يمكن تسويقه وبيعه ويتقدم بهذا الاقتراح إلى الإدارة العليا للموافقة عليه وتنفيذه، يكون قد مارس دور الريادي والمبادر.

ب- دور احتواء المشكلات Disturbance – Handler Role

يتضمن هذا الدور قيام المدير بحل النزاعات التي تنشأ بين مجموعتين من العاملين، مندوب المبيعات، وأحد العملاء المميزين، أو بين أحد المديرين وممثل النقابة أو الاتحاد.

ج- الدور التخصصي للموارد (موزِّع الموارد) Resource – allocator Role

يركز هذا الدور على كيفية توزيع الموارد على مناطق النشاط المختلفة في المنظمة. ولما كانت موارد أي منظمة محدودة، فواجب المدير هنا أن يقوم بتخصيص وتوزيع هذه الموارد لأغراض عديدة داخل المنظمة. فعندما يفصل المدير في مشكلة تخصيص مبلغ من المال (مليون دينار أردني) على ثلاث إدارات مختلفة يطلب كل منها (أربعمائة ألف دينار) فإنه يمارس دوراً تخصصياً.

د- الدور التفاوضي Negotiator Role

وهنا يقوم المدير بالمحاورة والمساومة من أجل إبرام الاتفاقيات والعقود بما يحقق أقصى منفعة للمنظمة. ومن أمثلة ذلك: عقود العمل، عقود شراء اللاعبين في الأندية (الاحتراف) وعقود البيع.

التخصص في المجال الإداري:

إن المنظمات المتوسطة والكبيرة الحجم عادة ما تتضمن نوعاً من التفويض الوظيفي، حيث يتم تعيين بعض المديرين للقيام بعملية أو عمليات معينة، وبالتالي يجد المدير نفسه مسؤولاً عن وحدة فرعية أو قطاع فرعي المنظمة.

فمدير المبيعات يتبعه إدارياً مدير الإعلان ومدير الترويج، ومدير الإنتاج يتبعه إدارياً مدير الرقابة على الجودة ومدير جداول الإنتاج.

إن هذا الإجراء ينتج عنه ما يلي:

1- زيادة عدد المستويات الإدارية.

2- زيادة في مدى الاختلافات الإدارية داخل المنظمة.

إن الوضع السابق يتطلب ضرورة التنسيق بين الوحدات والإدارات المساعدة، وبالتالي وضع هيكل تنظيمي يسمح لهذه الإدارات والوحدات أن تعمل بدرجة كافية من الكفاءة. معنى ذلك أن هناك أدواراً متخصصة يؤديها بعض المديرين، علاوة على الأدوار المتخصصة التي يؤديها الاستشاريون.

هذا الوضع أيضاً يوصلنا إلى نتيجة مهمة هي: **إن المسؤوليات الوظيفية للمدير هي التي تشكل طبيعة العمل الإداري الذي يزاوله.**

وبناءً على النتيجة السابقة فإنَّ:

- دور مدير التسويق يكون: دور رئاسي- إتصالي- قيادي.

- دور المدير المالي: احتواء المشكلات، وتخصيص الموارد، ودور تفاوضي ودور إتصالي.

- دور مدير الموارد البشرية: دور قيادي، ودور إتصالي، ودور تفاوضي، ودور احتواء المشكلات.

يعني ما تقدم أن التخصص الوظيفي للمديرين- أي اختلاف المنطقة الوظيفية لهم- يؤدي إلى أن كل مدير يمارس أدواراً إدارية تختلف عن الأدوار الإدارية للمديرين الآخرين.

بنفس المنطق يمكن القول بأنَّ:

اختلاف المستوى الإداري للمدير يترتب عليه اختلاف في دوره الإداري.

ويترتب على هذه النتيجة أن:

1- المديرين في المستوى الأعلى يكونوا أقل تخصصاً، ويوجهون اهتماماً أكبر بالمسائل الاستراتيجية مثل علاقة المنظمة بالبيئة، مع اهتمام أكبر بدور المبادر (الريادي) ودور المتحدث، والدور الرئاسي (الرمزي).

2- المديرين في المستوى الأدنى يكونوا أكثر تخصصا وأكثر اهتماماً بتفاصيل العمل اليومي، ويوجهون اهتماماً أكبر لدور احتواء المشكلات.

بناءً على التحليل السابق، يمكن القول بأن مضمون عمل المدير يتفاوت من حيث الأدوار التي يؤديها طبقاً للمتغيرات الثلاثة التالية:

أ- حجم المنظمة.

ب- المستوى الإداري الذي يشغله المدير.

ج- خصائص الوظيفة التي يديرها.

المهارات الإدارية: Managerial Skills

تعكس المهارات قدرة المدير على اتباع النماذج السلوكية المختلفة التي يحتاجها للقيام بالأدوار المطلوبة بطريقة فعالة. إن المديرين الناجحين يمتلكون خليطاً معيناً من القرارات التي تميزهم عن غيرهم.

وبالتالي فإن هذه القرارات ذات طبيعة سلوكية، والمهارات التي يمتلكها- أو يجب أن يمتلكها- المديرون هي:

1- المهارات الفنية Technical Skills

هي المهارات التي يحتاجها المدير لأداء الأعمال التخصصية داخل المنظمة. ويختلف هؤلاء المتخصصون الفنيون باختلاف نوع النشاط التي تمارسه المنظمة. فالمهارات الفنية في المستشفى هي المهارات التي يمتلكها الأطباء والعاملون في معامل التحليل، أمّا المهارات الفنية اللازمة لبنك استثماري فإنها تتمثل في الأفراد القائمين بتحليل وتفهم الفرص الاستثمارية. إن المهارات الفنية تعتبر في منتهى الأهمية لمديري المستوى الأول، لأنهم يقضون معظم وقتهم مع العاملين، ومن تم يجب أن يتوفر لديهم مستوى واضح من الفهم للعمليات التي يقوم بها العاملون. وتعتبر المهارات الفنية ذات أهمية قليلة لأفراد الإدارة الوسطى، لأن معظم وقت هؤلاء المديرين تخصص للأنشطة الإدارية. أمَّا عند مستوى الإدارة العليا، فإن أهمية المهارات الفنية تتناقص أكثر، ولكنها لا تنعدم.

2- المهارات الإنسانية Human Skills

هي المهارات التي يحتاجها المدير للتعامل مع الآخرين بطريقة جيدة، وتتضمن هذه المهارات القدرة على تفهم مواقف الآخرين والقدرة على حل النزاعات والوصول إلى الحلول المناسبة. تتزايد أهمية هذه المهارات في المستوى التشغيلي ومديري المستوى الأول، وتنخفض الأهمية النسبية للمهارات الإنسانية في كل من المستوى الأوسط والمستوى الأعلى. وعموماً فإنّ امتلاك المهارات الإنسانية تكون أحد العوامل المساعدة في نجاح المدير أيا كان موقعه.

3- المهارات الإدراكية Conceptual Skills

يقصد بها قدرة المدير على التفكير المجرد وبطريقة موضوعية؛ فالمديرون يحتاجون إلى امتلاك القدرة على رؤية العلاقات بين القوى والمتغيرات المختلفة

بصورة أفضل من غيرهم، وإلى تفهم مدى التداخل بين هذه القوى، وأن يكون لديهم القدرة على التفكير الناقد والتحليل ليستطيع تبني مفهوم شامل للمنظمة مع علاقتها بالبيئة.

المعرفة الإدارية: Managerial Knowledge

إن استخدام المهارة يتطلب توفر المعرفة، والتي تمثل نشاطاً معلوماتياً ذهنياً يستخدمه المدير لاختيار السلوك المناسب. يعني ذلك أن المعرفة هي في حقيقتها نشاط ذهني. والجدير بالذكر أن المهارات والمعرفة يعملان مع بعضهما البعض في عملية ذات ثلاثة مكونات هي:

1- توفر المعرفة.

2- وجود طريقة محددة لتقييم المعرفة.

3- القدرة على استخدام نماذج سلوكية مختلفة باسترجاع المعرفة المختزنة لغرض إنجاز عمل ما. (وهو ما يطلق عليه اصطلاح المهارة)

أمّا المكون الأول والثاني فهما أساسيان ضروريان لأي أداء يخصصه المدير، ويطلق عليهما معاً اسم المعرفة. ويجمع السلوكيون على تحديد ثلاث أنواع من المعرفة التي يجب أن يمتلكها الفرد لأداء أي عمل، وهي:

(1) المعرفة الصريحة Declarative Knowledge

تتعامل المعرفة الصريحة مع الحقائق والتعريفات. يعني ذلك أنها تمثل إجابات عن أسئلة تبدأ بكلمة (ماذا). وبدون هذا النوع من المعرفة فإننا لا نستطيع أن نفكر او نتصل بالآخرين. هذا النوع من المعرفة يساعد المدير في توصيف الموقف، كما يساعد على تحقيق نوع من التواصل بين المديرين أو أكثر في مواجهة مشكلة ما من مشكلات المنظمة.

(2) المعرفة الإجرائية Procedural Knowledge

هذه المعرفة تحدد مجموعة الخطوات الواجب اتباعها لإنجاز عمل ما، أي أنها تمثل إجابات لأسئلة تبدأ بكلمة (كيف). إن المعرفة الإجرائية تنشط المهارة الفنية وتزيدها. فالمدير الذي يعد خريطة إجراءات في إحدى شركات البترول، إنما يستخدم المعرفة الإجرائية في تنفيذ هذا العمل الفني، أي أنها تحدد كيفية أداء العمل.

(3) المعرفة الوظيفية Functional Knowledge

إن المعرفة الوظيفية تزود المدير بخريطة ذهنية خاصة بموضوع معين. وهذا يعني أنها إجابة عن (كيف يعمل شيء ما؟) هذه الخرائط الذهنية تساعد المدير في تفهم العلاقات بين العوامل المختلفة عن طريق تزويده بصورة ذهنية للموقف، ولعل أفضل مثال للمعرفة الوظيفية هو مفهوم الإطار المتكامل للإدارة، هذا الإطار يزود المدير بخريطة ذهنية تساعده في فهم العلاقات بين النماذج الإدارية المختلفة. وبصيغة عامة فإن المعرفة الوظيفية تنشط وتزيد من المهارات الإدراكية.

يتضح مما سبق، أنه عندما يمتلك المدير مهارة إدارية ما، فإنها تستخدم للقيام بدور إداري معين، فالمهارات تعتمد على المعرفة والأدوار تعتمد على المهارات.

وظائف الإدارة

Management Function

تقوم المنظمات بدور على جانب كبير من الأهمية في حياة المجتمعات الإقتصادية، إذ يجد فيها العاملين مجالاً لهم للرزق ويتطلعون إلى مستوى أفضل من المعيشة تتحقق معه حياة مملوءة بالتقدم والرخاء والرفاهية. وإذا كانت المنظمات هذه تتوافر فيها عناصر السياسات البناءة الهادفة إلى خير المجتمع، والموارد المالية اللازمة لتشغيلها، والمقومات المادية الأخرى، من آلات وأدوات ومعدات ومواد خام، إلاّ أن الموارد البشرية تعتبر أهم عنصر فيها، والذي بدونه لا يمكن لأي مشروع من المشاريع ولا لأي منظمة من المنظمات ان تحقق أهدافها في النمو والرخاء مهما توافرت العناصر الأخرى. وكم من المنظمات توافرت لديها العناصر المادية والفنية والمالية، وبالرغم من ذلك، أخفقت لانعدام الكفاءة الإدارية فيها، بينما نجد منظمات أخرى حظها من المقومات المادية والفنية والمالية متواضعاً إلاّ أنها حققت نجاحاً ملحوظاً نتيجة لتوافر الكفاءات الإدارية فيها، إنها الإدارة... والعملية الإدارية.

فالإدارة الناجحة هي الإدارة القادرة على الاستخدام الأمثل لجميع الموارد المتاحة لدى المنظمة لتحقيق أهدافها ورفع مستوى معيشة الأفراد العاملين فيها.

إن دراسة الإدارة كمدخل وظيفي يعني النظر إليها باعتبارها عملية معينة، وهذه العملية يمكن تحليلها ووصفها من خلال مجموعة وظائف رئيسية.

وعند القيام بهذا العمل فمن الضروري النظر إلى هذه الوظائف باعتبارها منفصلة، حيث يمارس المدير مجموعة من الوظائف المتداخلة مع بعضها البعض وهذه الوظائف هي: التخطيط، والتنظيم، والتوجيه والرقابة.

(1) التخطيط Planning

وهو مرحلة التفكير في المستقبل والتنبؤ التي تسبق أي عمل، واتخاذ القرارات باتجاهه باختيار مجموعة من الأهداف الواجب تحقيقها والعناصر الواجب استخدامها.

من هذا المفهوم، فإن التخطيط علاقة مباشرة بين عنصرين أساسين:

الأول- المستقبل.

الثاني- وضع الأهداف والطرق المستخدمة لتحقيق هذه الأهداف.

(2) التنظيم Organizing

وضع نظام العلاقات بين الأفراد تمكنهم من العمل معاً بأقصى كفاءة ممكنة من أجل تحقيق الأهداف المشتركة المقررة. وهذا يتطلب الأتي:

- تقييم الهيكل التنظيمي وتنظيم الأعمال.
- تحديد مسؤوليات المناصب الإدارية وتفويض السلطة.
- تحديد العلاقات التنظيمية.

(3) التوجيه Directing

إرشاد المرؤوسين والعاملين وتمكينهم من حسن أدائهم وتنفيذهم للأعمال ضماناً لعدم الانحراف عند تحقيق الأهداف، وهذا يتطلب الآتي:

- القيادة (المبادأة والقدرة والتأثير).
- التحفيز (دراسة دوافع العاملين في المنظمة والعمل على تحفيزهم ورفع روحهم المعنوية).

- الإتصال (إرسال ونقل المعلومات لإحداث التغير المرغوب في سلوك المرؤوسين).

(4) الرقابة Controlling

التأكد من أن النتائج التي تحققت أو تتحقق مطابقة للأهداف التي تقررت، وذلك يتطلب الآتي:

- وجود معايير رقابية.
- قياس الأداء (المتابعة بالتقارير المكتوبة والشفوية).
- تشخيص المشكلات وعلاجها (على اعتبار أن المشكلة ما هي إلاّ انحراف عن المطلوب أو المرغوب).

وتستخدم الرقابة من أجل ضمان تحقيق الأهداف بأقل "انحرافات" ممكنة.

أسئلة الفصل الثاني

1- الإدارة تركيب من المعرفة تصحبها مهارة في التطبيق. ناقش؟

2- العملية الإدارية معقدة من حيث الأنشطة التي تمارسها والمديرون الذين يقومون بها. ناقش؟

3- ما المقصود بمصطلح عمومية الإدارة؟

4- إن الإدارة الناجحة هي الإدارة الكفؤة الفعَّالة. وضح؟

5- ما مفهوم الأدوار التفاعلية التي يؤديها المديرون؟

6- ما مفهوم الأدوار المعلوماتية التي يؤديها المديرون؟

7- ما مفهوم أدوار صنع القرار التي يؤديها المديرون؟

8- المسؤوليات الوظيفية للمدير هي التي تشكل طبيعة العمل الإداري الذي يزاوله. ناقش؟

9- يتفاوت مضمون عمل المدير من حيث الأدوار التي يؤديها طبقاً لمتغيرات: حجم المنظمة، المستوى الإداري الذي يشغله المدير، خصائص الوظيفة التي يديرها. وضح؟

10- ما المقصود بأن يتمتع المدير بمهارات فنية وإنسانية وإدراكية؟

11- ميز بين المعرفة الصريحة والمعرفة الإجرائية والمعرفة الوظيفية لدى المدير؟

اختر الإجابة الصحيحة مما يلي:

1) أبو الإدارة العلمية ومؤسس المدرسة الكلاسيكية، هو:

أ- هنري فايول ب- فريدريك تايلور ج- برنارد تشستر د- ألتون مايو

2) عرَّف الإدارة بقوله: "الإدارة هي معرفة ما هو مطلوب عمله من الأفراد، والتأكد من تنفيذه بأحسن الطرق وأقلها كلفة":

أ- فايول ب- تايلور ج- برنارد د- مايو

3) هو رائد المدرسة العلمية في الإدارة وصاحب نظرية المبادئ والتنظيم الإداري:

أ- فايول　　ب- تايلور　　ج- برنارد　　د- مايو

4) عرّف الإدارة بقوله: "أن تدير يعني أن تتنبأ وتخطط وتنظم وتصدر الأوامر وتنسق وتراقب:

أ- فايول　　ب- تايلور　　ج- برنارد　　د- مايو

5) عندما تنتج المنظمة السلع والخدمات بجودة عالية وكلفة منخفضة فهي منظمة:

أ- تعمل بفعالية　　ب- تعمل بكفاءة　　ج- منضبطة　　د- متطورة

6) شخص يتخذ القرارات التي تضمن استخداماً أمثل للموارد:

أ- مدير كفؤ　　ب- مدير فعّال　　ج- مدير مخطط　　د- مدير منظّم

7) هي: إنجاز الأعمال بطريقة صحيحة:

أ- الكفاءة　　ب- الفعالية　　ج-ضبط الموارد　　د- إدارة العمليات

8) تمثل اختيار النشاطات والأهداف الصحيحة الواجب إنجازها:

أ- الكفاءة　　ب- الفعالية　　ج- التنظيم　　د- الرقابة

9) يقضون جُلَّ أوقاتهم في التخطيط للمنظمة:

أ- الموظفون المتميزون　　ب- المديرون في الإدارة الوسطى
ج- الإدارة العليا　　د- جميع ما سبق

10) قسّم الأدوار التي يؤديها المديرون إلى: تفاعلية، ومعلوماتية، وصنع القرار، هو:

أ- مايو　　ب- مينزبيرغ　　ج- فيدلر　　د- تشستر

11) تعتبر هذه المهارات غاية في الأهمية بالنسبة لمديري الخط الأول:

أ- مهارات قيادية　　ب-مهارات فنية　　ج-مهارات إدارية　　د- جميع ما سبق

12) تعتبر هذه المهارات غاية في الأهمية بالنسبة للمديرين في الإدارة العليا:

أ- التخطيط   ب- التنظيم   ج- التوجيه   د- الرقابة

13) تتضمن هذه المهارات القدرة على تفهم الآخرين والقدرة على حل المشكلات:

أ- فنية   ب- إنسانية   ج- نفسية   د- جميع ما سبق

14) قدرة المدير على التفكير المجرد وبطريقة موضوعية، هذه مهارة:

أ- فنية   ب- إنسانية   ج- إدراكية   ج- وظيفية

15) المدير الذي يستخدم معرفة تساعده في تحديد كيفية وآلية أداء العمل، نقول إنه يمتلك معرفة:

أ- فنية   ب- إجرائية   ج- إدراكية   د- وظيفية

16) هذه معرفة تزود المدير بخريطة ذهنية خاصة بموضوع معين، هي معرفة:

أ- فنية   ب- إجرائية   ج- إدراكية   د- وظيفية

17) عملية تتناول المستقبل تفكيراً وتنبؤاً:

أ- التخطيط   ب- التنظيم   ج- التوجيه   د- الرقابة

18) عملية تتناول ترتيب العلاقات بين الأفراد لتمكنهم من تحقيق الأهداف:

أ- التخطيط   ب- التنظيم   ج- التوجيه   د- الرقابة

19) عملية تتناول إرشاد العاملين لضمان عدم الإنحراف عن الأهداف:

أ- التخطيط   ب- التنظيم   ج- التوجيه   د- الرقابة

20) عملية تتناول التأكد من أن النتائج المتحققة تطابقت مع الأهداف المقررة:

أ- التخطيط   ب- التنظيم   ج- التوجيه   د- الرقابة

الفصل الثالث

التخطيـــــــط

Planning

الأهداف الأدائية Performance Objectives

يتوقع أن يحقق الدارس الأهداف الأدائية التالية بعد أن يُتم قراءة هذا الفصل:

1. توضيح مفهوم التخطيط وأهميته.
2. المركزية واللامركزية في التخطيط.
3. معرفة أسباب الحاجة للتخطيط.
4. التعرف على فوائد التخطيط.
5. شرح عناصر التخطيط.
6. شرح أنواع التخطيط.
7. تحديد خطوات التخطيط.
8. توضيح خصائص التخطيط الجيد.
9. بيان أهم المعوقات التي تواجهها عملية التخطيط.

التخطيط
Planning

مقدمة:

أولى وظائف المدير أن يعرف أين هي مكانة منظمته أو الاعمال التي هو مسؤول عنها، وإلى أين تسير وتتجه، وكيف ستكون خطواته الحركية وتعاقبها، أي أن أولى وظائفه هو التخطيط. ومن هنا، فإن التخطيط يأتي في بداية وظائف العملية الإدارية، كما يعتبر التخطيط من العمليات والمسؤوليات المهمة لأي إدارة تمارس عملها بطريقة علمية منهجية.

والتخطيط يمتاز باستمراريته على مستوى الدولة والمنظمة والأشخاص، حيث تعمل الدولة على وضع الخطط المستقبلية التي تسعى من خلالها إلى توفير سبل العيش الرغيد لمواطنيها وتحقيق المكانه الدولية المتميزة لها بين الدول، وهذا لا يتم إلا من خلال التنسيق بين الخطط التي تضعها الدولة مع جميع الأجهزة وقطاعاتها المختلفة للوصول الى الاهداف العليا للبلاد. وعلى مستوى منظمات الأعمال يعتبر التخطيط أحد أركان الإدارة العامة ويعتبر التخطيط الوظيفة الإدارية الأولى التي يتم من خلالها وضع الأهداف والقرارات والتفكير في المستقبل. أما على مستوى الأشخاص يتضمن التخطيط مايرغب القيام به الشخص هذا الأسبوع أو هذا الشهر أو هذه السنة، مثلا: يخطط الطالب لمساره الوظيفي منذ مرحلة الثانوية حيث يحدد القسم المناسب ويحدد الكلية وبعد تخرجة يحدد الوظيفة المناسبة.

ومن هنا فان التخطيط عملية إدارية تتضمن تحديد الأهداف ووضع الاستراتيجيات والسياسات اللازمة لإنجازها، وتحديد مراحل العمل وأولوياتها والعقبات التي يتوجب تجاوزها، وهو دليل عمل يتيح لكل فرد من أفراد المنظمة

تحديد موقعه وتوجيه جهوده تجاه الأهداف العامة للمنظمة، ويتعلق التخطيط بالمدى البعيد والمتوسط والقريب، كما يتعلق بالموازنات والسياسات والبرامج والقواعد.

مفهوم التخطيط وأهميته: **Planning concept and Importance**

يعتبر التخطيط القاعدة الأساسية التي تقوم عليها كل وظائف العملية الإدارية من تنظيم، وقيادة ورقابة، والتي من خلالها تصل لتحقيق أهداف المنظمة وكما هو ممثل في الشكل التالي:

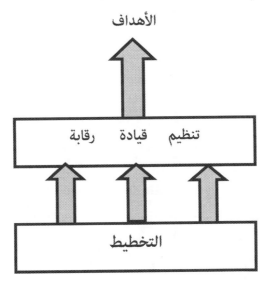

شكل (1-3)
التخطيط القاعدة الأساسية لوظائف العملية الإدارية

بناءً على هذه القاعدة الأساسية التي انطلق منها التخطيط، فإن التخطيط من أهم الوظائف الإدارية Managerial Functions حيث يسبقها في ممارسة مختلف الأنشطة التي تقوم المنظمة بأدائها، كما يمثل الأسلوب الهادف لتوجيه جميع الموارد (مادية، مالية، بشرية، ومعلوماتية) حسب المتغيرات البيئية، ومن هنا فإن التخطيط

حظـي بـاهتمام الكثـير مـن العلـماء والمفكـرين في جميـع المجـالات الإداريـة المختلفة(1). ولاتستطيع أي منظمة أو أي مـدير التنبـؤ بالمسـتقبل دون التخطـيط، لأن التخطيط يمثل حالة التنبؤ بالمستقبل. وبناء على دراسة المتغيرات البيئيـة يـتم التعـرف على الفرص والتهديدات وذلك للاستفادة من الفـرص ومواجهـة التهديـدات. والتخطـيط يلـزم المنظمـة والمـدير للتفكير في مـاهي القـرارات التـي يجـب أن تتخـذها بنـاء عـلى المعلومات والبيانات التي تم جمعها عن البيئة الخارجية، ومن هنا فإن التخطيط عمـل ذهني يعتمد عليه المستقبل بالاستناد على الماضي.

التخطيط يعد أداة فاعلة لتمكين مختلف المنظمات - سـواء مـنظمات خدميـة أم إنتاجية - من أداء عملياتهـا بنجـاح واسـتمرار نموهـا، إذ أصـبح التخطـيط أسـاس بقـاء المنظمة، ولاسيما في ظل العولمة والمنافسة الشـديدة بـين المـنظمات المتماثلـة في تقـديم خدماتها ومنتجاتها. ومن هنا فإن التخطيط يعمل على تحديد الأنشـطة والأعـمال التـي يجب القيام بها، وتحديد المدة الزمنية اللازمة لها، إضافةً إلى تحديد سبل البدء والانتهاء من كل عمل، إذاً التخطيط هو التفكير المنظم الفرعي الذي يسبق أي نشـاط تنفيـذي. عُرف التخطيط بأنه الجزء من العملية الذي يسعى لتحديد مسـتقبل المنظمـة.(2) كـما أشـار روبـنس وكـولتر "بـأن التخطـيط هـو عمليـة تحديـد المنظمـة لأهـدافها وبنـاء استراتيجياتها لإنجاز تلك الأهـداف مـن خـلال تطـوير شـامل في إطـار تنسـيق وتكامـل الأنشطة المختلفة".

وفي تعريف آخر للتخطيط "هو إحدى وظائف العملية الإداريـة الرئيسـية الأربـع وأنـه عمليـة تحديـد أهـداف المنظمـة، ورسـم الاسـتراتيجيات والطـرق والعمليـات لإنجازها(3).

التخطيط يعمل على تحديد الأهداف المراد إنجازهـا، ورسـم الاسـتراتيجيات وبنـاء البرامج والإجراءات والقواعد التي يتم الاسترشاد بها من قبل الأفراد

والجماعـات العاملـة في مختلـف المجـالات الإداريـة والتنظيميـة لتنفيـذ هـذه الاستراتيجية.

ويشير (عقيلي، 1997) إلى مجموعة نقاط تشكل في مجموعها ماهيـة التخطيط: (4)

1- التخطيط نشاط يسبق أي عمل تنفيذي؛ في مقدمته يتم تحديـد الأهـداف وفي آخره تحديد نقطة النهاية وهي تحقيـق الهـدف، وبالتـالي الهـدف هـو نقطـة البداية والنهاية.

2- التخطيط رسم الإطار الذي يتضمن نوع الأنشطة والأعمال التـي يجب القيـام بها والأسلوب الذي يجب اتباعه من أجل إنجاز الهدف وتحديد الوقت الـذي يستغرقه هذا الإنجاز.

3- التنبؤ دعامـة أساسـية يقوم عليهـا التخطيط، والتنبـؤ هـو استقرار وتحليل للماضي وتصور لما سيكون عليه الوضع مستقبلاً؛ فهو يرصد المتغيرات البيئيـة التي تؤثر في نشاط المنظمة ويحاول التنبؤ باتجاهاتها المستقبلية مـن أجل الاستعداد لها.

بناءً على ما تقدم يعتبر التخطيط الأساس الذي يقوم عليه العمل الإداري داخل المنظمة، ولايقتصر التخطيط على وحدة إدارية معينة أو نشاط معين بل يشـمل جميع أنشطة المنظمة، لهذا السبب فإن التخطيط يتصف بالشمولية واستمرارية العمـل نظراً لكون التخطيط مقترناً بالمستقبل.

كما أشار اللوزي وخضر الى مبدأين أساسيين يعتمد عليهما التخطيط وهما:(5)

أ - التنبؤ Forecasting بما ينطوي عليه المستقبل والمتغيرات المقترنة سواء الخارجيـة أو الداخلية ولذلك فإن أسلوب (SOWT) تعتبر أساس الفكر

التخطيطي، لأنها تعمل على دراسة البيئة الداخلية من خلال دراسة عناصر القوة والضعف في المنظمة، ودراسة البيئة الخارجية من خلال تعرُّف الفرص والتهديدات المختلفة، لذا يعتبر التنبؤ من مرتكزات الفكر التخطيطي السليم من خلال دراسة وتحليل المتغيرات الداخلية والخارجية للمنظمة.

ب- تحديد الأهداف ورسم الاستراتيجيات والسياسات المتعلقة بالتنفيذ بناءً على تحليل المتغيرات المحيطة بالمنظمة.

فوائد التخطيط Planning Benefits:

التخطيط حالة فكرية تسمح بالتفكير والتخيل حول وضع المنظمة المستقبلي وعما يرغب به أصحاب القرار، مبيناً المخاطر التي قد تواجهها المنظمة والفرص التي قد تتاح لها، كما يشكل الإطار العام للتفكير ودليلاً للقرارات والتصرفات بالنسبة لكل عضو من أعضاء المنظمة، والـذي سـوف يقـوم بخياراته انسـجاماً مـع إطارعـام يتعلـق بكلٍ متكاملٍ، ويسمح الإطار العام للتفكير بإيجاد لغة مشتركة، مما يحدُّ من مخـاطر فقـدان المعلومات في المنظمة، وهذا بدوره يسهل عملية اتخاذ القرارات وتنفيذها، حيث يعمل التخطيط على توضيح المعطيات الأكثر أهمية والتي من الواجب أخذها بالاعتبار لضمان مستقبل المنظمة.

إن البيئة العالمية للأعمال تتصف بالديناميكية والمنافسة الشديدة، وبالتالي فإن المنظمات تتعرض لتحديات عديدة تدفعها للعمل بطرق وأساليب متجددة لمواجهة مثل هذه التحديات ومن خلال التخطيط الجيد يمكن مواجهة هذه التحديات وتحقيق العديد من الفوائد؛ منها: (6)

1- يؤكد التخطيط على ضرورة التغيير من أجل المستقبل: يساعد التخطيط المديرين والرؤساء في المنظمة على إدراك الإمكانيات التي ستتاح في المستقبل، كما يعمل على تحديد الميادين الأساسية التي يكون من المناسب

التوجه نحوها، ومن هنا فإن التخطيط يعتبر دليلاً لإدارة التغيير الذي تواجهه المنظمة.

2- يعمل التخطيط على إدارة الوقت: التخطيط الجيد يساعد الإدارة على تحديد الوقت المناسب لإنجاز الأعمال بشكل فاعل وحسب الأهمية، وهنالك الكثير من المديرين الذين يعانون من مشكلة موازنة الوقت المتاح لديهم وما الأعمال التي يتوجب إنجازها، مثلاً: هناك أعمال يجب إنجازها (Must Do) وتأخذ (Should Do) وتأخذ أولوية عالية جداً، وهناك أعمال يحبذ إنجازها (Nice to Do) ولها أولوية أقل في الإنجاز، وأخيراً هناك أعمال لا داعي لإنجازها (Not need to Do) وليس لها أي أولوية.(7)

3- يتيح التخطيط للمنظمة فرصة الاستخدام الأفضل لما تمتلكه، كما يخلق نوعاً من التوازن في الاستخدام للمهارات والقدرات.

4- يساعد التخطيط الجيد على تطوير قدرة المنظمة على التركيز على أهدافها، والمرونة في الاستجابة للتغيرات: المنظمة ذات التركيز الجيد تعرف ماذا تريد وماذا يحتاج الزبائن وكيف تخدمهم، كما أن الإداري ذا التركيز الجيد يعرف إلى أين يذهب في العمل وكيف يواجه المشكلات أو الصعوبات في العمل، والمنظمة المرنة هي القادرة على التغيير والتكيف ضمن الظروف المختلفة، فلا تبقى أسيرة الماضي، وتتجلى مرونة الإداريين في قدرتهم على الاستجابة للتغييرات التي تؤثر في عملهم.

5- يساعد التخطيط على تقليل الجهود المادية والبشرية المطلوبة من خلال تحديد أفضل البدائل المتاحة لتحقيق الأهداف المراد إنجازها بأقل جهد وتكلفة.

6- يحسن التخطيط من عملية الرقابة: من خلال قياس الأداء والنتائج وتحديد الانحرافات عن طريق مقارنة ما هو منجز فعلاً بما هو مخطط له، ومن ثم القيام بإجراءات تصحيحية إذا تطلب الأمر.

7- يقلل التخطيط من الاعمال غير الضرورية إلى أدنى حد. مثلاً: الجهود التي ستبذل تُدرس ويتم اختيارها بكل دقة وعناية، حيث يقتصر الاستخدام على تلك الجهود الضرورية.(8)

المركزية واللامركزية في التخطيط:

قد يكون التخطيط مركزياً ولامركزياً.

أولاً: التخطيط المركزي:

كثير من المنظمات تتجه نحو تكوين مجموعة مركزية لعملية التخطيط تكون مسؤولة مباشرة أمام المدير العام، ويرأسها فرد واحد يطلق عليه المشرف على التخطيط طويل الأجل Direct of long range planning.

مزايا التخطيط المركزي:

1- الحد من الازدواجية بين الخطط.

2- العمل على التنسيق بين الجهود المختلفة بالمنظمة.

3- مراجعة الخطط التي يقترحها رؤساء الإدارات والأقسام المختلفة بالمنظمة.

4- يساعد على زيادة كفاءة الجهود التخطيطية في كثير من المنظمات الكبيرة.

5- يتيح هذا النظام فرصة لأعضاء المجموعة لإظهار مواهبهم الخلاقة.

عيوب التخطيط المركزي:

1- الصراع والتداخل الذي قد ينشأ بين المجموعة المركزية من ناحية ومديري الدوائر والأقسام من ناحية أخرى.

2- نجاح التخطيط المركزي يتوقف على مدى مساهمة المدير العام في التنسيق بين جهود الطرفين في عملية التخطيط.

ثانياً: التخطيط اللامركزي:

بعض المنظمات تترك مهمة التخطيط لأفراد متخصصين بالإدارات والأقسام المختلفة، ويعتبر فردريك تايلور أول من نادى بهذا النظام، فصل مهمة التخطيط في مهمة التنفيذ، وعهد بمهمة التخطيط لأفراد غير أولئك الذين يقومون بمهمة التنفيذ بنفس الإدارة أو القسم، وبالرغم من فشل هذا النظام عملياً الصناعة إلا أن مبدأ الفصل بين التخطيط والتنفيذ وتكليف بعض الخبراء بالعمل التخطيطي ما زال قائماً في منظمات الأعمال.

المبالغة في الفصل بين التخطيط والتنفيذ يؤدي إلى وجود خلط وتضارب في المسؤولية بين المخطط والمنفذ إذا وقع خطأ، كما يفقد الرجل التنفيذي الرغبة في العمل ويشعره بضآلة أهميته في المنظمة، كذلك سحب عليه التخطيط منه تخفض من معنوياته في العمل.

المفاضلة بين النوعين:

عملية المفاضلة بين التخطيط المركزي واللامركزي تتوقف على نوعية المشكلات، هناك مشكلات كبيرة تتعلق بكيان المنظمة ككل يفضل أن يكون التخطيط مركزياً. أما بالنسبة للمشكلات غير الرئيسية، فتترك مسؤولية التخطيط للمديرين التنفيذيين بالإدارات المختلفة، مثلاً من الأفضل إنشاء إدارة للأفراد كوحدة متخصصة لعمل التخطيط اللازم ووضع السياسات التي تطبق على الأفراد بالمنظمة، بغض النظر عن الإدارات والأقسام التي يعملون فيها، على أساس أن نظام واحد يجب أن يطبق على جميع العاملين بالمنظمة، ولكن من ناحية أخرى من الأفضل أن يعهد بتخطيط العملية التصنيعية إلى مدير إدارة الإنتاج على أساس أن فصل التخطيط عن التنفيذ قد يضيع المسؤولية ويقلل من كفاءة الرقابة.

الحاجة للتخطيط: Need for Planning

هناك مجموعة من الأسباب تدعو إلى الحاجة للتخطيط، منها:(9)

1- زيادة المنافسة والعولمة: ظهور أسواق جديدة ومستهلكين وهو ما يشكِّل بالنسبة للمنظمة فرصاً وتحديات جديدة ، والتخطيط السليم هو الـذي يمكن من خلاله استثمار تلك الفرص ومواجهة التحديات.

2- إدارة الوقت: سر النجاح لأي منظمة من المنظمات هو تقليل الوقت وسرعة الاستجابة لاحتياجات العملاء والمستهلكين سواء منظمات او أفراداً.

3- زيادة حجم المنظمات: كلـما تزايد حجـم المنظمات تزايدت المسؤوليات الملقاه على عاتق ادارة المنظمة وزادت المنظمـة تعقيـداً، والتخطيـط الجيـد هو الذي يساعد على التعامل مع هذا التعقيد.

4- علاقة التخطيط مع الوظائف الأخرى: يؤثر التخطيط عـلى جميـع الوظائـف الأخرى (التنظيم، والتوجيه، والرقابة) لأن التخطيط يأتي في بدايـة الوظائـف الإدارية، وبدون التخطيط لايمكن للمنظمة تحقيق أهدافها.

عناصر التخطيط: Elements of Planning

بعد التعرف على مفهوم التخطيط وأهميته وفوائده، سنسـتعرض في هـذا القسـم عناصر التخطيط والتي هي بمثابة الأركان التي يعتمـد عليهـا التخطيط، حيث يمكن تصنيف هذه العناصر إلى أربعة عناصر على النحو التالي:

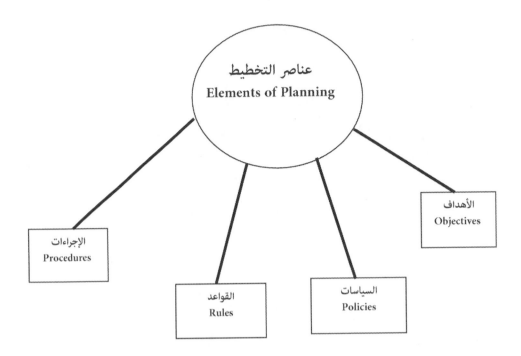

الشكل (2-3) عناصر التخطيط

أولاً: الأهداف Objectives:(10)

المقصود بالهدف هو النهاية المستقبلية التي تطمح المنظمة للوصول إليها، وقد تكون هذه الأهداف عامة أو محددة، طويلة المدى أو قصيرة المدى، أو أهدافاً استراتيجية، أو تكتيكية أو تشغيلية، والأهداف هي الأساس الذي يقوم عليه التخطيط وعلى ضوئها تحدد باقي العناصر مثل السياسات، والإجراءات والقواعد.

توضع الأهداف في المنظمات على شكل هرمي حسب درجة أهميتها، كما هو موضح في الشكل رقم (3-3) حيث توضع في قمة الهرم الأهداف الاستراتيجية

Strategic Objectives، والتي تمثل الأهداف العامة للمنظمة وما ترغب أن تكون عليه المنظمة مستقبلاً، وهي تخص المنظمة بصورة شمولية، ومن ثم تليها الأهداف التكتيكية Tactical Objectives وهي النتائج التي تسعى الوحدات الإدارية للمنظمة (إنتاج، وتسويق، ومبيعات، وموارد بشرية...الخ) إلى تحقيقها، حيث يرتبط مثل هذا النوع من الأهداف بالإدارة الوسطى ويصف ما يجب أن تعمله الوحدات الرئيسة بهدف إنجاز الأهداف الاستراتيجية، والنوع الأخير من الأهداف هو الأهداف التشغيلية Operational Objectives وهي نتائج محددة جداً ومقاسة ومرتبطة بالإدارة الدنيا حيث تكون هذه الأهداف محتواة في خطط العمليات التشغيلية Operational Plans، وتمثل خطوات محددة باتجاه تحقيق أهداف العمليات وتدعيم الخطط التكتيكية، وهي وسيلة الإدارة التشغيلية (الإشرافية) في تنفيذ العمليات اليومية والأسبوعية.

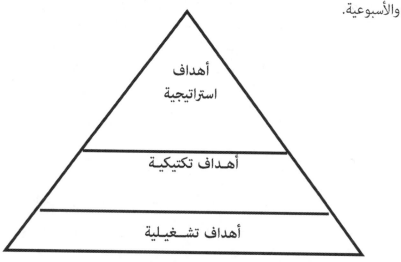

الشكل (3-3) تسلسل الأهداف

ثانياً: السياسات: Policies (11)

هي مجموعة المبادئ والقواعد والقوانين التي تضعها الإدارة العليا في المنظمة لكي تسترشد بها باقي المستويات الإدارية داخل المنظمة، أي هي إطار موجه لعملية تنفيذ وتحقيق الأهداف، وهي المرشد للعاملين حول الطرق والأساليب التي يجب اتباعها للوصول إلى تلك الأهداف المنشودة، ومن صفات السياسات أنها ثابتة نسبياً، ويعتبر اتباعها أمراً ضرورياً وملزماً من قبل جميع العاملين في المنظمة، ويجب أن تكون هذه السياسات واضحة لجميع العاملين، ومتجانسة مع بعضها البعض، وشاملة بحيث يتم تطبيقها على كل الأقسام، ولا تقتصر على قسم دون الآخر.

وتقسم السياسات إلى عدة أقسام منها: **السياسات العامة** (الأساسية): والتي تضعها الإدارة العليا، وهي ذات بعد زمني طويل، وتوضح القواعد العامة في القرارات وإنجاز الأعمال. **السياسات الفرعية:** التي تضعها الإدارة الوسطى وتطبق على نشاط معين مثل: الإنتاج، والمالية، والتسويق...الخ. وهناك **السياسات التنفيذية:** التي تضعها الإدارة الإشرافية وهي أكثر تفصيلاً وتطبق على النشاطات اليومية. وقد تكون هذه السياسات مكتوبةً أو شفويةً وهي موجودة في كل المستويات الإدارية للمنظمة.(12) وحتى تحقق هذه السياسات أهدافها يجب أن يتوفر فيها مجموعة الشروط التالية:(13)

1- المرونة: يجب أن تكون مرنة، بحيث يمكن تعديلها إذا تطلب الأمر.

2- واضحة: أن تكون مفهومة ومقبولة وغير معقدة.

3- واقعية: يمكن تطبيقها في الواقع العملي للمنظمة.

4- التوافق: أن تتوافق مع القيم والمعايير الأخلاقية السائدة.

تأثير السياسات:

تهدف السياسات إلى تنسيق وتوفير الجهود في معالجة المشكلات المختلفة بالإضافة إلى أن السياسات تستمر لفترات طويلة من الزمن وبذلك تحد من احتمالات التغير مما يطمئن الأفراد ويرفع من كفائتهم، كما تعتبر أساساً سليماً لتدريب العاملين الجدد على العمل. كذلك المدير لا يستطيع قيادة العاملين بالمنظمة إلا إذا وضح أفكاره لهم على شكل سياسات.

وفي الواقع أن هناك كثير من الفئات تهتم بنوع وطبيعة السياسات المعمول بها في المنظمة، فهي تبين لهم مدى نجاح أو فشل المنظمة في أعمالها، فتتوقف مصالح المساهمين، الأفراد، المستهلكين، المستثمرين، الموردين، الجمهور العام على سياسات المنظمة. فما دامت هذه السياسات تعكس فلسفة وأفكار الإدارة العليا بالمنظمة بالنسبة للأمور الرئيسية، لذلك فأولئك الذين ترتبط مصالحهم بأعمال المنظمة، يكونون حساسين بالنسبة لها، فمن وجهة نظر أصحاب رأس المال تؤثر السياسات المعمول بها بالمنظمة على مقدرتها الربحية وعلى درجة الأمان بالنسبة للأموال المستثمرة فيها. ومن وجهة نظر المستهلكين تؤثر سياسات في درجة جودة المنتجات، ومنافذ توزيعها حتى تصل إليهم، ومن وجهة نظر الأفراد تحدد السياسات مدى رضاءهم مادياً ومعنوياً عن عملهم فيها.

ثالثاً: القواعد Rules:

هي مجموعة من التعليمات والقوانين التي تصدر عن ادارة المنظمة وقد تتضمن الأمر أو النهي، والتي تبين وتحدد للفرد ماذا يجب القيام به من عمل أو تصرف وما الأعمال التي يجب القيام بها. والبعض يطلق على القواعد القانون أو النظام نظراً لشيوع هذا المصطلح على مستوى الأجهزة الحكومية ومشروعات الأعمال.

هذه القواعد لا يستطيع الفرد تجاوزها، أي غير مرنة، ولا تتيح للفرد حرية التصرف والاجتهاد، لذلك يجب أن تكون القواعد نابعة من السياسات والإجراءات، وأن تكون واضحة ومفهومة ومقبولة لكل العاملين.

رابعاً: الإجراءات Procedures:

هي سلسلة من الأعمال والخطوات أو المراحل التي يجب اتباعها لتنفيذ عمل ما، أي هي المسار الذي يجب اتباعه داخل المنظمة لإتمام عمل من الأعمال، وتختلف الإجراءات عن السياسات بأنها أكثر تحديداً لما يجب القيام به والسياسات تعتبر أعم وأشمل، كما تتصف الإجراءات بأنها متكررة ومتسلسلة وفق خطوات ثابتة. مثلاً: الإجراءات التي يمر بها طالب الوظيفة تختلف عن الإجراءات التي يمر بها موظف يطلب إجازة عمل.(14)

والإجراءات تختلف من منظمة إلى أخرى، مثلاً: إجراءات التوظيف في القطاع العام تختلف عن تلك المتبعة في القطاع الخاص.

أنوع التخطيط: **(15) Planning Types**

يمكن تقسيم الخطط التي تضعها المنظمات المختلفة وفقاً لعدة أسس، وعلى النحو التالي:

أولاً: التخطيط وفقاً للفترة الزمنية:

يمكن أن تضع إدارة المنظمة ثلاثة أنواع من الخطط تندرج في إطار الفترة الزمنية منها:

1- **تخطيط طويل المدى/الأجل (Long - range planning):**

ويغطي ثلاث سنوات أو أكثر، ويشتمل مثل هذا النوع من التخطيط على أهداف عامة ولا يتناول التفاصيل، وعادةً ما تكون الإدارة العليا هي المسؤولة عن

هذا النوع من التخطيط باعتبار أنه يتعلق بوضع المنظمة الشامل وطبيعة المنافسة وصورة المنظمة المستقبلية.

2- **تخطيط متوسط المدى/الأجل (Medium- range planning):**

ويغطي فترة زمنية تتراوح بين السنة وثلاث سنوات (1-3 سنوات) وعادةً ما تكون الإدارة الوسطى هي المسؤولة عن هذا النوع من التخطيط، يركز هذا النوع من التخطيط على أنشطة التخطيط في مجالات مهمة لتحسين الإنتاجية والربحية فيها، وكذلك تسعى إلى تحقيق الأهداف التي تضمنتها الخطط الطويلة المدى.

3- **التخطيط قصير المدى (Short – range planning):**

يغطي فترة زمنية أقصاها سنة أو أقل (شهر – سنة)، وتشكل هذه الخطط أداة تنفيذية لتحقيق الأهداف الواردة في الخطط متوسطة المدى، وتكون أكثر تفصيلاً من الخطط السابقة.

تتوقف عملية تحديد الفترة الزمنية للتخطيط على الإجابة على الأسئلة التالية:

- هل تحتاج المنظمة فعلا لخطة تغطي هذه الفترة الزمنية؟

- هل يمكن التنبؤ بالأوضاع المستقبلية التي سوف تسود تلك الفترة؟

- هل فوائد التخطيط تغطي تكاليفه؟

ثانياً: التخطيط حسب الشمولية:

هنالك ثلاثة أنوع من التخطيط حسب هذا المعيار:

1- **التخطيط الاستراتيجي:**

يغطي فترة زمنية طويلة، ويتم من خلاله تحديد الأهداف بعيدة المدى والأهداف الاستراتيجية، ويقوم بهذه المهمة المستويات الإدارية العليا في المنظمة مثل مجالس الإدارة أو الإدارة العليا، ويركز مثل هذا النوع من التخطيط على

دراسة البيئة الخارجية والتي تؤثر على أهداف المنظمة، وقد تزايد اهتمام المنظمات المعاصرة بهذا النوع من التخطيط نظراً للتحديات الخارجية؛ ومن أهمها العولمة.

2- التخطيط التكتيكي:

تعمل المستويات الادارية الوسطى على هذا النوع من التخطيط بهدف تطبيق الخطط الاستراتيجية، حيث تعمل هذه المستويات على وضع أهداف متوسطة المدى تشمل جميع نشاطات ووظائف المنظمة مثل: الإنتاج، والمالية، والتسويق،...الخ. وهذا يغطي فترة زمنية متوسطة، مثلاً: قيام إدارة التسجيل بالجامعة بوضع نظام تسجيل لتقديم خدمة متميزة بتكلفة منخفضة.

3- التخطيط التشغيلي:

يعمل هذا النوع من التخطيط على ترجمة الأهداف الاستراتيجية إلى أهداف قابلة للقياس، وتكون على مدى قصير، والإدارة الدنيا في المنظمة هي المسؤولة عن هذا النوع من التخطيط. ومن الأمثلة على هذا النوع من التخطيط تقدير حجم الطلب المتوقع على خدمة أو سلعة معينة في السوق.

رابعاً: التخطيط حسب معدل الاستخدام/الاستعمال:

يمكن تصنيف التخطيط في هذا المعيار إلى نوعين:

1- تخطيط متكرر الاستخدام/الاستعمال:

يتصف هذا النوع من التخطيط باستمرارية التطبيق حيث يشمل جميع عناصر التخطيط (الأهداف، والسياسات، والإجراءات والقواعد).

2-التخطيط لمرة واحدة:

هذا النوع من التخطيط يتم تطويره لإنجاز أهداف معينة ولا يتكرر مستقبلاً، مثل قيام المنظمة بوضع خطة معينة لتدريب مجموعة من العاملين على نظام معين

داخل المنظمة، وبعد الانتهاء من تدريب العاملين لا تحتاج المنظمة للرجوع إلى هذه الخطة، وقد يشمل مثل هذا النوع من التخطيط البرامج والموازنات.

البرامج: **Program**

هي عملية تركيب معقدة من الأهداف والسياسات والإجراءات والقواعد والخطوات الواجب القيام بها، ومن ثم تحديد الموارد اللازمة لإنجاز الأعمال، وقد ينتج عن هذه البرامج الرئيسة برامج فرعية، وذلك بالتنسيق فيما بينها. مثلاً: إدخال خط إنتاج جديد، أو تطوير نظام التسجيل في الجامعة.

وهناك مجموعة من الصفات المشتركة تتسم بها مختلف البرامج منها:

أ - وهناك ارتباط بين البرامج والأهداف المراد تحقيقها في المنظمة.
ب- تقلل من النفقات.
ج- ترتبط البرامج بفترة زمنية محددة وواضحة.
د- تساعد على ربط الأقسام داخل المنظمة.

الموازنة: **Budgets**

إن الأنشطة التي يتم تنفيذها في المنظمة لا تنفذ دون وجود موارد مالية، لذا المنظمة بحاجة إلى وضع العديد من الموازنات التقديرية والمتعلقة بإنجاز هذه المهام، مثل: موازنة تقديرية للمشتريات، أو لأي نشاط إنتاجي. إذاً الموازنة عبارة عن أداة تستخدم لتخصيص الموارد المالية لإنجاز اعمال معينة، وغالباً ما تستخدم الموازنة كأداة رقابية من خلال مقارنة النتائج الفعلية بالنتائج المخطط لها سابقاً.

كما يجب أن تكون الموازنة مرنة، ويمكن تغييرها في بعض الحالات إذا اقتضت الحاجة.

مراحل عملية التخطيط Planning Process:(16)

تمر عملية التخطيط بعدة مراحل كما هو موضح في الشكل التالي:

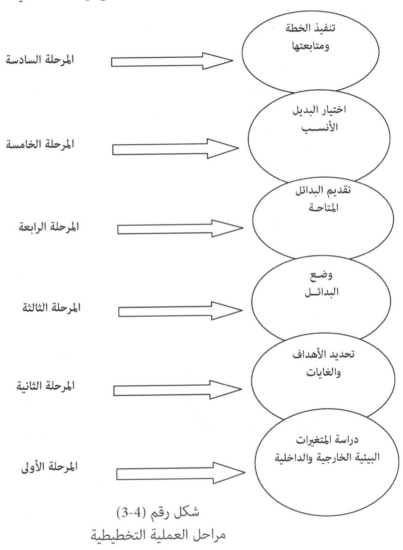

المرحلة السادسة	⟹	تنفيذ الخطة ومتابعتها
المرحلة الخامسة	⟹	اختيار البديل الأنسـب
المرحلة الرابعة	⟹	تقديم البدائل المتاحة
المرحلة الثالثة	⟹	وضع البدائــل
المرحلة الثانية	⟹	تحديد الأهداف والغايات
المرحلة الأولى	⟹	دراسة المتغيرات البيئية الخارجية والداخلية

شكل رقم (4-3)
مراحل العملية التخطيطية

أولاً: دراسة المتغيرات البيئية الداخلية والخارجية:

يتم في هـذه المرحلـة دراسـة وتحليـل البيئـة الخارجيـة والداخليـة للمنظمـة
(SWOT). البيئـة الخارجيـة للمنظمـة تشمل: متغيراتهـا الاقتصادية والاجتماعيـة،
والسياسية وغيرها، والبيئة الداخلية تتمثل في الإمكانات التي تتوفر للمنظمة.

المتغيرات الخارجية تتمثل في الفرص والتهديدات التي تواجهها المنظمة، مـثلاً: في
حال اكتشاف المنظمة فرصة استثمار بناءً عـلى المنافسة أو السلع البديلة المتاحة في
الأسواق، وتقدير إمكانية الدخول للأسواق، هـذا يمثل للمنظمة فرصـة في السـوق. أما
بالنسبة للتهديد في حال تعرض المنظمة لتهديد معين من قبل المنافس مثلاً: طرح أحد
المنافسين سلعة أو خدمة للسوق أفضل من تلك السلعة أو الخدمة يمثل هذا الشيء
للمنظمة تهديداً.

العوامل الداخلية والمتمثلة بعناصر القوة والضعف مثلاً: في حال امتلاك المنظمة
لمجموعة من الكفاءات البشرية الماهرة، وكذلك مستوى تكنولوجي عـالٍ هذا الشيـء
يمثل للمنظمة مصدر قوة داخلية، وفي حال عدم امتلاك المنظمة لهذه المـوارد وغيرها
يمتلكها يمثل هذا الشيء للمنظمة مصدر ضعف.

إذاً هـذه المرحلـة أساسـية للتخطيط ومن خلالها يتم دراسـة البيئـة الداخليـة
والخارجية للتعرف على نقاط القوة والضعف والفرص والتهديدات.

ثانياً: تحديد الأهداف والغايات:

بناءً على دراسة المتغيرات الداخليـة والخارجيـة للمنظمـة يتم تحديد الأهداف
والغايات التي تسعى المنظمة لتحقيقها، والغاية هـي النتائج النهائية التي تسعى
المنظمة إلى تحقيقها خلال مدة زمنية محددة، والأهداف هـي النهاية المستقبلية التي
تطمح المنظمة للوصول إليها. وهذه الأهداف تمثل مجموعة نشاطات تقوم بإنجازها
للوصول للغايات، إذاً الغاية تكون على مستوى المنظمة ككـل، والأهداف عـلى مسـتوى
الأنشطة المنفذة، وتعتبر الأهداف والغايات القاعدة الأساسية لنجاح عملية

التخطيط، لهذا السبب يجب أن تتوفر في الأهداف مجموعة مـن الصـفات حتـى توفر قاعدة ناجحة لعملية التخطيط، منها:

1- الدقة والوضوح.

2- واقعية وقابلة للقياس.

3- المرونة.

4- قابلة للقياس.

5- تتلاءم مع ثقافة المجتمع المحلي.

ثالثاً: وضع البدائل:

بناءً على دراسة المتغيرات البيئيـة يتم وضـع البـدائل أو الاحتمـالات للظروف أو الأوضاع المستقبلية للمنظمة، وهذه الظروف سوف تؤثر على عمل المنظمة خلال الفترة الزمنية التي يتم التخطيط لها. مثلاً: زيادة العائد أو الأرباح بمقدار 10% يمكن أن تضع المنظمة عدة بدائل مثل فتح خط إنتاج جديد أو فتح فرع جديـد للمنظمـة في منطقـة جغرافية جديدة، جميع هـذه البـدائل يـتم تحديـدها بنـاءً عـلى المتغيرات الداخليـة والخارجية التي تمر بها المنظمة.

رابعاً: تقييم البدائل المتاحة:

تبدأ المنظمة بعد الانتهاء من وضع البدائل بتقييم هذه البدائل كل واحد عـلى حدة من خلال بيان مزايا وعيوب كل بديل، ومن ثم المفاضلة بين تلك البـدائل المتاحـة، واختيار الأنسب والأقرب من تحقيق الهدف، مثلاً: إذا كان لدى المنظمة مجموعة بدائل لزيادة نسبة المبيعات وهذه البدائل هي:

– تخفيض الأسعار.

– منتج جديد.

– سوق جديد.

هذه مجموعة بدائل لزيادة نسبة المبيعات حتى يتم اختيار إحداها لابد من تقييم كل واحدة على حدة ومن تم اختيار الأفضل.

خامساً: اختيار البديل الأفضل:

بعد الانتهاء من عملية تقييم البدائل تبدأ المنظمة باختيار أفضل البدائل المتاحة وهي الأقرب من تحقيق الهدف، والتي تحظى برضا وقبول الآخرين، وبعد ذلك يصدر قرار من قبل الإدارة العليا في المنظمة بإقرار الخطة ومن ثم تنفيذها.

سادساً: تنفيذ الخطة ومتابعتها:

بناءً على الاختيار الأفضل للبديل تبدأ الإدارة المعنية بتحديد الأعمال والأنشطة التي يجب القيام بها وعملية التنفيذ تتضمن السياسات والإجراءات والقواعد والبرامج والموازنات التقديرية وغيرها، أي تفويض السلطة وتوزيع الأعمال والإنجاز واستخدام الموارد لترجمة الخطة إلى أفعال، حيث يعمل المدير على توضيح الخطة وشرحها للعاملين وإقناعهم بقبولها ومن ثم تحفيزهم، وفي نهاية عملية التنفيذ يتم تقييم الخطة بشكل نهائي من خلال مقارنة الأهداف المخطط لها مع النتائج التي تم تحقيقها.

خصائص التخطيط: (17)

1- الشمولية: يجب أن يشمل التخطيط جميع الأعمال وأنشطة المنظمة ولا يركز على جانب دون الآخر، كما يجب إعطاء اهتمام مناسب بكل نشاط.

2- الواقعية: أن يكون التخطيط منسجماً مع ظروف المنظمة الداخلية والخارجية، أي يجب الأخذ بعين الاعتبار واقع المنظمة من حيث الموارد المادية والبشرية وغيرها، بعيدا عن التفاؤل أو التشاؤم غير المعقول.

3- المرونة: يجب أن يكون التخطيط مرن، بحيث يمكن تعديله حسب الظروف المتغيرة ودون تسبب أي خسائر كبيرة. مثلاً: المنظمة التي

تعيش في بيئة تتصف بالتغيير والتطور المستمر وتتأثر مباشرة بحسب المتغيرات التي تطرأ على المجتمع المحلي والدولي، لهذا السبب يجب أن تكون الخطة مرنة بحيث تواجه تلك الظروف في حالة تغييرها.

4- البساطة: يجب أن يتميز التخطيط بالبساطة بحيث يمكن للجميع استيعابها وفهمها وتطبيقها على أرض الواقع.

5- التحديد والتوقيت: كلما كان التخطيط محدداً بفترة زمنية، ومحدداً ضمن نسبة معينة زادت فرص نجاح التنفيذ، مثلاً: زيادة نسبة الأرباح خلال عام 2010 وبنسبة 20% هذا يعتبر هدفاً محدداً من حيث الفترة الزمنية، وكذلك محددا من حيث نسبة الربح.

6- التكامل والتجانس: يجب أن يتصف التخطيط بدرجة عالية من التنسيق والتكامل بين جميع الوحدات والأقسام داخل المنظمة، بحيث تشمل عملية التخطيط جميع الأقسام والوحدات بشكل متوازن ولا يطغى جانب على جانب آخر، ولا يهمل جانب ويركز على جانب آخر.

7- التكلفة: أي عملية تخطيط تحتاج إلى موارد (بشرية ومادية) يجب مراعاة التكاليف بحيث يكون المردود يفوق التكاليف.

معوقات التخطيط:

تواجه عملية التخطيط العديد من الصعوبات والمشكلات التي قد تسبب الفشل في تنفيذ ما خطط له، ومن أهم هذه المعوقات: (18)

1- البيئة المتغيرة والمعقدة: تعيش المنظمات المعاصرة في بيئة سريعة التغير والتبديل سواءٌ على صعيد التطور التكنولوجي أو غيرها من التغيرات، لذا فإن هذه التغيرات قد تسبب مشكلة كبيرة أمام المخططين على صعيد إنجاح الخطة.

2- عدم توفر المعلومات اللازمة والدقيقة والتي لها علاقة بالبيئة المتغيرة.

3- عدم توفر الوقت المناسب، لأن عملية إعداد الخطط وتنفيذها يحتاج إلى وقت طويل ونفقات كبيرة.

4- عدم توفر نظام حوافز فعال: يدفع العاملين إلى تنفيذ ما خطط له، مثلاً: تحفيز السلوك الإداري قصير المدى على حساب السلوك بعيد المدى.

5- مقاومة التغيير: هناك الكثير من العاملين ليست لديهم رغبة في التغيير؛ بحيث يعملون على مقاومة أي تغيير لأنهم يشعرون بالخوف من المستقبل ويفضلون البقاء على الخطط المعروفة وفي ظل الظروف المستقرة.

6- عدم توفر الموارد اللازمة للتخطيط مثل قلة المواد المالية، والكفاءات الإدارية، والقدرات الابتكارية وغيرها.

التغلب على عوائق التخطيط:

يمكن الحد من معوقات التخطيط من خلال :(19)

1- تفهم الجميع للاهداف والخطط: حتى تتم عملية التخطيط بنجاح لا بد من تفهم الأهداف الأساسية التي تسعى الإدارة العليا إلى تحقيقها. إذ أن هناك حدود لما يمكن تحقيقة لأن التخطيط ليس دواءً شافياً لكل المشكلات ولا داعي للتمسك بخطط غير ممكن تحقيقها، إذ لا بد من إجراء تعديل على الخطط التي تستلزمها الظروف المستجدة.

2- إشراك جميع المعنيين بعملية التخطيط: لا يمكن أن تنجح عملية التخطيط دون إشراك جميع المعنيين بعملية التخطيط.

3- التكامل والتجانس في الاهداف: لا بد من التجانس في الأهداف بين جميع المستويات الإدارية المختلفة بحيث لاتقوم إدارة من إدارات المنظمة بوضع

الأهداف التي تعيق أهداف وحدات إدارية أخرى، أي يجب أن تتجانس الأهداف الاستراتيجية مع الأهداف التكتيكية مع الأهداف التشغيلية.

4- إيجاد نظام حوافز فعال: لا بد من وجود نظام حوافز فعال يكافئ على عملية التخطيط والتنفيذ على حد سواء.

5- وجود سياسات واضحة لتنفيذ الخطة: يجب أن تحدد الخطة السياسات والتوجهات التي سيتم الالتزام بها من أجل تنفيذ الخطة، وتعتبر السياسات حوافز وتوجهات تسهل وتشجع المعنين على الالتزام بالخطة. مثلا: سياسة تشجيع الاستثمار التي تتبعها الحكومة.

أسئلة للمراجعة

1- وضح مفهوم وأهمية التخطيط؟

2- وضح مراحل العملية التخطيطية؟

3- ناقش أهم فوائد التخطيط؟

4- ما أهم أنواع التخطيط، وضحها مع أمثلة؟

5- قارن بين التخطيط طويل المدى ومتوسط المدى وقصير المدى؟

6- قارن بين الخطط الاستراتيجية والتشغيلية والتكتيكية؟

7- وضح كلاً من المفاهيم التالية:

أ. السياسات.

ب. البرامج.

ج. الإجراءات.

د. القواعد.

هـ الموازنات.

8- إشرح أهم فوائد التخطيط الجيد؟

9- أذكر المعوقات والصعوبات التي يمكن أن تتعرض لها عملية التخطيط؟

حالة دراسية

تعمل شركة أمنية للاتصالات في الأردن على تقديم خدمة الاتصالات اللاسلكية منذ عام 2003. وعين السيد يزن مديراً عاماً للشركة منذ تأسيس الشركة وكان معروفا بنشاطه ومتابعته للأعمال شخصياً، ووضع وتنفيذ الخطط، وتوفير خدمة الاتصال اللاسلكي في كافة المناطق، حيث كان ذلك يأخذ كل وقته، كما كان معروفاً عنه الالتزام بالدوام والعمل لساعات طويلة في العمل حرصاً منه على متابعة أعماله . في عام 2008 حدث خلل كبير في تقديم خدمة الاتصال اللاسلكي مما انعكس بشكل سلبي على رضا العملاء، ومما زاد من تلك الأزمة تخلي بعض الموزعين عن التعامل مع تلك المنظمة. وقد أدت هذه المشكلة إلى اتخاذ قرار من قبل مجلس إدارة هذه المنظمة بالتخلي عن خدمات مدير المنظمة السيد يزن وتحميلة كافة المسؤولية، وبناء على ذلك تم تعيين مدير جديد للشركة لمعالجة تلك المشكلة واتخاذ الإجراءات اللازمة لمنع تكرارها.

أسئلة للنقاش:

1- ماهي فلسفة يزن الإدارية؟

2- كيف تصف اهتمام يزن بالتخطيط؟

3- ما الذي يجب أن يقوم به المدير الجديد لانقاذ الشركة؟

4- ما الاستراتيجية التي يجب وضعها؟

5- حسب رأيك ما السياسة التي يجب على المدير الجديد اتخاذها؟

مصطلحات هذا الفصل

باللغة الانجليزية	باللغة العربية
Planning	تخطيط
long-range planning	تخطيط طويل المدى
Range planning	تخطيط متوسط المدى
Range planning	تخطيط قصير المدى
Strategic planning	تخطيط استراتيجي
Tactical planning	تخطيط تكتيكي
Operational planning	تخطيط تشغيلي
Forecasting	التنبؤ
Rules	قواعد
Policy	سياسة
Program	برنامج
Objectives	أهداف
Budgets	موازنة
Procedures	إجراءات

قائمة المراجع

المراجع العربية:

1- خضير كاظم حمود، موسى سلامة اللوزي (2008) مبادئ إدارة الإعمال، طبعة أولى، إثراء للنشر والتوزيع، عمان.

2-John Ivancevich, Peter Lorenzi, Steven Skinner and Philip B. Crosby 1990 , Management: Quality and Cometitivenss,2ed, McGraw-Hill, Boston.

3-David Holt(1993), Management Principles and Practices, 3ed, prentice Hall, Englewood Cliffs, New Jersey.

4- عمر وصفي عقيلي (1997)، الإدارة أصول وأسس ومفاهيم، دار زهران للنشر والتوزيع، عمان.

5- اللوزي وخضير، مرجع سابق.

6- يونس إبراهيم حيدر (2006) أساسيات الإدارة، مدخل إلى الإدارة الاستراتيجية، دار الرضا للنشر والتوزيع، دمشق.

7- صالح العامري، طاهر الغالبي، الإدارة والأعمال، 2008، دار وائل للنشر والتوزيع، عمان.

8-Ibid

9-Ivancevich et al, op. cit.

8- يونس إبراهيم حيدر، مرجع سابق.

9- أحمد الشميري، 2007, مبادئ إدارة الأعمال، الأساسيات والاتجاهات الحديثة.

10- حسين حريم (2009) مبادئ الإدارة الحديثة، دار الحامد للنشر والتوزيع، عمان.

11- عقيلي، مرجع سابق.

12- الشميري، مرجع سابق.

13- حسين حريم، مرجع سابق.

14- العامري والغالبي، مرجع سابق.

15- عقيلي، مرجع سابق.

16- محمد قاسم القريوتي، 2009، مبادئ الإدارة، النظريات أو العمليات والوظائف، دار وائل للنشر والتوزيع، عمان.

17- المرجع السابق.

أسئلة الفصل الثالث

1- ما علاقة قدرة المنظمة على التغيير باستمرارية عملية التخطيط؟
2- التخطيط هو القاعدة الأساسية لوظائف العملية الإدارية. لماذا؟
3- التخطيط حالة فكرية تسمح بالتفكير والتخيل حول وضع المنظمة المستقبلي. تناول فوائد التخطيط فيما يتعلق بتطوير قدرة المنظمة على مواجهة تغيرات البيئة؟
4- كيف يساعد التخطيط على تقليل الجهود المادية والبشرية المطلوبة لدى المنظمة؟
5- ما الأسباب الموجبة لتبني التخطيط كصمام أمان في مواجهة التحديات؟
6- ما عناصر التخطيط الأربعة؟
7- ميّز بين الأهداف الاستراتيجية والتكتيكية والتشغيلية ورتّبها في هرم إداري؟
8- قارن بين مفاهيم كل من: السياسات والقواعد والإجراءات من حيث تعريفها، واستخداماتها؟
9- قارن بين البرامج والموازنة من حيث تعريفها واستخداماتها؟
10- للتخطيط مراحل ست تشكل مفهوماً متكاملاً لهذه العملية. تناول تلك المراحل؟
11- ما خصائص التخطيط الجيد؟
12- ما معوقات التخطيط. وكيف يتمكن التغلب عليها؟

اختر الإجابة الصحيحة مما يلي:

1) إحدى وظائف العملية الإدارية الأربع المعنية بتحديد أهداف المنظمة:

أ- التخطيط ب- التنظيم ج- التوجيه د- الرقابة

2) وظيفة تعمل على تحديد الاستراتيجيات وبناء البرامج والإجراءات والقواعد:

أ- التخطيط ب- التنظيم ج- التوجيه د- الرقابة

3) عملية رسم الإطار الذي يتضمن نوع الأنشطة والأعمال الواجب القيام بها:

أ- التخطيط   ب- التنظيم   ج- التوجيه   د- الرقابة

4) يعتمد على مبدأين أساسيين: التنبؤ وتحديد الأهداف:

أ- التخطيط   ب- التنظيم   ج- التوجيه   د- الرقابة

5) يساعد المدير على إدراك الإمكانيات التي ستتاح مستقبلاً:

أ- التخطيط   ب- التنظيم   ج- التوجيه   د- الرقابة

6) الحدُّ من ازدواجية الخطط من مزايا التخطيط:

أ- اللامركزي   ب- الفوقي   ج- المركزي   د- جميع ما سبق

7) عندما يعهد المدير بحل المشكلات الموقعية لمديري الإدارات فهو يمارس نوعاً من التخطيط:

أ- المتباين   ب- المركزي   ج- اللامركزي   د- المتداخل

8) تمثل الأهداف العامة للمنظمة وما ترغب أن تكون عليه مستقبلاً؛ هي أهداف:

أ- استراتيجية   ب- تكتيكية   ج- توسعية   د- مختلطة

9) تمثل النتائج التي تسعى الوحدات الإدارية مثل: الإنتاج، والتسويق إلى تحقيقها:

أ- استراتيجية   ب- تكتيكية   ج- تشغيلية   د- تنفيذية

10) تمثل النتائج التي ترتبط بالإدارة الدنيا وتكون الأهداف متضمنة داخل الخطط التشغيلية:

أ- استراتيجية   ب- تكتيكية   ج- تشغيلية   د- تنفيذية

11) هي مجموعة المبادئ التي تضعها الإدارة العليا كي تسترشد بها الوحدات الإدارية:

أ- البرامج   ب- تكتيكية   ج- تشغيلية   د- تنفيذية

12) ترتبط الأهداف التكتيكية عادة بالإدارة:

أ- العليا   ب- الوسطى   ج- التنفيذية   د- الشاملة

13) هي مجموعة من التعليمات والقوانين قد تتضمن أوامر ومحظورات، تحدد للفرد ما يجب القيام به من عدمه:

أ- البرامج   ب- القواعد   ج- السياسات   د- الإجراءات

14) هي سلسلة الخطوات أو المراحل الواجب اتباعها لتنفيذ عمل ما:

أ- البرامج   ب- السياسات   ج- القواعد   د- الإجراءات

15) هي عملية تركيب معقدة من الأهداف والسياسات والإجراءات والقواعد:

أ- البرامج   ب- السياسات   ج- القواعد   د- الإجراءات

16) هي أداة تستخدم لتخصيص الموارد المالية لإنجاز أعمال المنظمة مستقبلاً:

أ- الميزانية   ب- الموازنة   ج-الجدولة المالية   د- جميع ما سبق

17) هي خطة مقترحة لتوزيع الموارد المالية مستقبلاً:

أ- الميزانية   ب- الموازنة   ج-الجدولة المالية   د- جميع ما سبق

18) تعمل كأداة رقابية من خلال مقارنة النتائج الفعلية بالمخططة:

أ- الميزانية   ب- الموازنة   ج-الجدولة المالية   د- جميع ما سبق

الفصل الرابع
التنظيم
Organizing

الأهداف الأدائية **Performance Objectives**

يتوقع أن يحقق الدارس الأهداف الأدائية التالية بعد أن يُتم قراءة هذا الفصل:

1. ماهية التنظيم، تعريفه، عناصره، فوائده، مزاياه، أنواعه.
2. كل ما يتعلق بالهيكل التنظيمي من حيث تعريفه، نماذجه، أشكاله وطرق التقسيم، نطاق الإشراف في الهيكل التنظيمي.
3. الأساسيات والمبادئ في التنظيم الإداري من حيث السلطة والمسؤولية والمساءلة ومصادر السلطة ونطاقها وأنواعها.
4. المفاهيم الأساسية مثل التفويض، والمركزية واللامركزية ومزاياها.
5. القدرة على تحليل التمارين العملية في نهاية الفصل.
6. المصطلحات التي تتعلق بالتنظيم الإداري.
7. التمكن من حل الأسئلة المتعلقة بالفصل.

خلاصة الفصل الثاني

يصعب على الكثير تصور معنى كلمة تنظيم وذلك لأن التنظيم شيء غير
ملموس وغير محدد وإن كان يظهر أحياناً في شكل منتجات أو خدمات يتم بيعها أو
مديرين يتحدثون باسم المنظمة عن صعوبة تصور معنى الكلمة فتجعل دراسته صعبة
أيضاً.

وسنحاول في هذا الفصل بإذن اللـه بتبسيط المعنى من خلال البدء بعرض
العديد من التعريفات والتي وإن اختلفت بالتعبير لكنها اتفقت على المضمون
مستمدين تلك التعريفات من العلوم التراكمية في الإدارة وإلى ما وصلت إليه اليوم
وخصوصاً فيما يتعلق بالتنظيم الإداري كموقع، وكهيكل تنظيمي، وكعمليات وكوسيلة
لتحقيق الأهداف التي وضعت في المنظمة.

ولذلك حاولنا في هذا الفصل دراسة موضوع التنظيم الإداري من جميع جوانبه
النظرية وذلك لتحقيق الأهداف التي وضعت في مقدمة هذا الفصل.

التنظيم

المبحث الأول: ماهية التنظيم وأهميته
- المقدمة
- تعريف التنظيم
- عناصر التنظيم
- فوائد التنظيم
- مزايا التنظيم
- أنواع التنظيم

المبحث الثاني: الهيكل التنظيمي
- نماذج التنظيم
- أشكال التقسيم التنظيمي
- نطاق الإشراف

المبحث الثالث: السلطة والمسؤولية والمسائلة
- تعريف السلطة والمسؤولية
- مصادر السلطة
- نطاق السلطة
- أنواع السلطة
- تفويض السلطة
- فوائد التفويض
- المركزية واللامركزية
  - التعريف
  - الفوائد المحددة لدرجة المركزية واللامركزية
  - مؤشرات المركزية
  - مزايا المركزية واللامركزية

المبحث الأول
ماهية التنظيم وأهميته

مقدمة:

أصبح التنظيم في عصرنا الحالي سر نجاح العديد من منظمات الأعمال، بغض النظر عن طبيعة أعمال هذه المنظمات سواء كانت في القطاع العام أو الخاص أو منظمات خدمية أو ربحية فالتنظيم يمثل العمود الفقري لأي منظمة مهما صغرت أو كبرت، وبقدر ما يكون التنظيم متوافقاً مع المتطلبات الأساسية لأعمال تلك المنظمات بقدر ما يكون محققاً للأهداف المرجوة والتي أنشئ لأجلها مع الانسجام التام لبقية الوظائف الإدارية الأخرى، ويأتي التنظيم في المرتبة الثانية بعد التخطيط في الوظائف الإدارية.

إن مجرد تحديد الوحدات التنظيمية الضرورية وفق الأهداف الموضوعة لا يعني اكتماله بالشكل الجيد، بل يجب ربط هذه الوحدات التنظيمية معاً لخدمة الأهداف الموضوعة في الوظيفة الأولى وهي وظيفة التخطيط. ومن ثم يتمكن الأفراد من العمل بفاعلية وربطهم بعلاقتين إحداهما الرأسية بين الرئيس والمرؤوس والأخرى أفقية بواسطة علاقات السلطة والمسؤولية.

وعلى ضوء ما سبق نرى أن التنظيم يكتسب أهمية خاصة في كل المنظمات على حد سواء، وذلك يعود لعدة أسباب أهمها اختلاف البيئات لتلك المنظمات، وهذا يثبت أنه ليس بالإمكان وضع تنظيم أمثل يصلح لكل المنظمات وأن لكل منظمة خصوصية بها تُحتمها عليها الأهداف التي وضعت لتحقيقها أولاً، واختلاف طبيعة الأنشطة واختلاف المهارات المطلوبة في كل منظمة ثانياً. وهذا يفرض على المنظمات العمل بكفاءة وفاعلية وتطبيق أساسيات التنظيم من الناحية النظرية وربطها بالواقع العملي (التطبيقي).

مفهوم التنظيم Organizing Concept

للتنظيم تعريفات عديدة اكتسبت من خلال وجهات نظر الباحثين في هذا المجال، وسنرى ذلك من خلال عرض تلك التعريفات، وكذلك نرى أن التنظيم يتضمن معنيين أحدهما عام وهو الترتيب وتوزيع الأعمال، والآخر خاص وهو ما يتعلق بالتنظيم كوظيفة إدارية مستقلة ضمن هيكل تنظيمي يتسم بعلاقات متداخلة ومتجانسة مع بعضها البعض مثل السلطة والمسؤولية والاتصال ونطاق الإشراف وغيره.

وبهذا الصدد يقول "ليندال إيرويك"[1] وهو إنجليزي "بأن التنظيم هو تحديد أوجه النشاط اللازمة لتحقيق أي هدف وترتيبها في مجموعات بحيث يمكن إسنادها إلى أشخاص" ويقول شيستر بارنارد بأن "التنظيم نظام من النشاطات المتعاونة عن قصد ووعى لشخص أو أكثر وهو يتطلب نظام الاتصال بين هذه النشاطات ويبرز دور الفرد في المساهمة الفعلية في العمل وتشجيعه على القيام بواجباته على أكمل وجه كما هو مطلوب ضمن شروط ومعايير كل وظيفة سواء كانت إدارية أو فنية.

أما كونتس وأدونيل[2] فقد عرفا التنظيم بأنه "جميع الأنشطة التي يتم إسنادها إلى الإدارات للعمل على تحقيق أهداف المنظمة من خلال تفويض السلطة والتنسيق بين جهود الأفراد".

ونرى أن تيومان عرف التنظيم بأنه "تقسيم العمل الواجب تنفيذه ثم تجميعه في وظائف معينة ثم تحديد العلاقات المقررة بين الأفراد شاغلي هذه الوظائف".

ومن خلال استعراض هذه التعريفات فإننا نستطيع أن نقول "بأن التنظيم عملية إدارية تهتم بتجميع المهام والأنشطة المراد القيام بها في وظائف أو أقسام

---

[1] Anderson and Sweeny: An Introduction to Management Science. CUSA (west 1979).

[2] مبادئ علم الإدارة، د. علي محمد صالح وزميله، مكتبة الرائد العلمية 2000، (ص135).

وتحديد السلطات والصلاحيات والتنسيق فيما بين الأنشطة والأقسام من أجل تحقيق الأهداف مع حل المشكلات والخلافات التي تواجه كافة الأنشطة والأقسام من خلال أفراد التنظيم وبشكل ملائم.

إذن نرى أن التعريفات السابقة نظرت للتنظيم على أنه "مرحلة أو عملية تصميم هيكل تنظيمي وتقسيم العمل بشكل منطقي وكذلك عملية تحديد السلطات والمسؤوليات والعلاقات بين الأجزاء لتحقيق هدف مشترك" وان المعيار في التعريف هو تحقيق الوحدة والتكامل بين وحدات المنظمة باتفاق وانسجام وفاعلية مع امتزاج عوامل الكفاءة والسرعة والاقتصاد في الجهد والآراء والتكلفة بدون اختلاف لتحقيق الهدف المشترك.

وأن تعريف التنظيم فيما بين جميع كتاب الفكر الإداري متشابه مع بعضه البعض إلا أنه يختلف بالتعبير، بمعنى أن للتنظيم عناصر أساسية[1] لابد من توافرها وهي:

1. الأعمال أو النشاطات التي تمارسها المنشأة أو المنظمة لتحقيق أهدافها.
2. الأفراد أو العاملون في المنشأة أو المنظمة على اختلاف مستوياتها العلمية أو الفنية.
3. الإمكانات أو الموارد المادية والمعنوية المتاحة وتشمل الإدارة والمواد والأموال والمعلومات والتكنولوجيا.
4. النظم والإجراءات والخطوات والمراحل المخططة لأداء الأعمال أو الأنشطة المشار إليها.
5. الهيكل أو أسلوب توزيع الأفراد العاملين، وتحديد علاقاتهم الوظيفية وخطوط الاتصال.
6. تحديد الصلاحيات والسلطات والمسؤوليات لكل مركز وظيفي.

---

[1] الإدارة الحديثة، مصطفى الشاويش، عمان، دار الفرقان، 1993 (ص366-367).

ويجب الانتباه إلى أن غالبية الكتاب أغفلوا نقطة جوهرية عند الحديث عن التنظيم وهي التمييز بين معنيين للتنظيم وهما:

(1) التنظيم كبناء تنظيمي يتمثل في الإطار أو البناء المؤسسي في شكل هياكل واختصاصات تنظيمية وهياكل وظيفية ووصف وظيفي وغيرها من الأطر الرسمية وغير الرسمية التي توضح الوحدات التنظيمية والمستويات الإدارية المختصة بأداء الأنشطة والمهام والأعمال بالمنظمة، وهذا الجانب يركز على المبادئ والأسس العامة التي يتم اختيارها لتحديد شكل البناء التنظيمي للمنظمة.

(2) التنظيم كوظيفة إدارية [1] و تتمثل في إحدى الوظائف الإدارية الرئيسة لأي مدير بجانب وظائف التخطيط والتوجيه والمتابعة والرقابة. وأن وظيفة التنظيم تشمل مجموعة من المعارف والمهارات والقدرات التي يجب توفرها لدى المدير لضبط العلاقات بين الأفراد وتحقيق التنسيق والتعاون فيما بينهم لأداء واجباتهم في مناخ عمل محفز ومدعم للسلوكيات الإيجابية التي تحقق رسالة المنظمة وأهدافها.

فوائد التنظيم: Organizing Advantages

بعد استعراضنا للإطار النظري لمفهوم التنظيم وطريقه بنائه فإن ذلك سيحقق العديد من الفوائد ومنها على سبيل المثال لا الحصر [2]:

1. تقسيم الأنشطة والواجبات بطريقة تترجم الأهداف المستوفاة من المنظمة أو المنشأة.

2. تجنب الازدواجية أو التكرار في أداء الأعمال بحيث يقوم كل مستوى بالمهام المسندة له وحسب التقسيم للأنشطة والواجبات.

---

[1] الإدارة والأعمال، د. صالح العامري وشريكه د.طاهر محسن، دار وائل، 2007، (ص328).

[2] أسس الإدارة الحديثة، د. بشير العلاق، دار اليازوري العلمية، 1998، (ص173).

3. يمكّن التنظيم المنظمة أو المنشأة وتحديد العلاقات بوضوح بين الأفراد العاملين في المنشأة مما يساعد كل فرد على معرفة ما هو مطلوب منه وفق الأعمال الموكولة له.

4. تحديد حجم ونوع المسؤولية الممنوحة للأفراد وفق التنظيم وأوجه ممارستها من خلال التنظيم.

5. من خلال التنظيم يتم تحقيق أعلى درجات التنسيق والانسجام التام بين شاغلي الوظائف داخل التنظيم.

6. الاستجابة للمتغيرات الداخلية والخارجية للمنظمة أو المنشأة في محيط الوظيفة والفرد الذي يشغل تلك الوظيفة وجعله يتكيف مع تلك التغيرات.

7. إن وضع وتحديد إجراءات العمل ضمن التنظيم ينشأ عنه إجراءات قياسية لأداء الأعمال وبالتالي يوفر على الأفراد أو العاملين عبء تحديد مثل هذه الإجراءات في كل مرة لا يقومون فيها بالأعمال المنوطة بهم.

8. التنظيم يوفر وسيلة مهمة فيما يتعلق بخطوط الاتصال فيما بين كل المستويات في التنظيم وبالتالي يتيح للمدير وصول كافة المعلومات بالشكل الصحيح وبما لا يخالطه الغموض أو عدم وصول المعلومة.

9. إن ممارسة الأفراد والعاملين لأعمالهم ووظائفهم في التنظيم يصقل مهاراتهم ويمنحهم معلومات ومعارف بشكل يمكنهم من التخصص في ممارسة أعمالهم.

10. وأخيراً إن التنظيم بتطبيقه وضع الشخص المناسب في المكان المناسب، فهو يضمن أعلى درجات الاستخدام الأمثل للموارد المادية والمعنوية المتاحة للأفراد والعاملين في التنظيم.

خطوات بناء التنظيم الإداري[1]:

إن وضع تنظيم إداري حسب الأنشطة والواجبات يخضع لطريقة علمية في بنائه، وهي خطوات لابد من توفرها والتي تتمثل بالتالي:

1. وضع خطة أو إطار عام يتضمن الأهداف العامة والرئيسة بوضوح.

2. على ضوء الأهداف العامة توضع كافة الأنشطة (المهام والواجبات) الرئيسية ويتم تحديدها.

3. تقسيم تلك الأنشطة الرئيسية إلى أنشطة فرعية ومن ثم تجميع الأنشطة المتشابهة كل مجموعة تكون خاصة بوظيفة معينة.

4. توزيع المهام والواجبات الفرعية حسب تجميعها في البند السابق على الأفراد شاغلي الوظائف.

5. تقييم نتائج عملية البناء وتوزيع الوظائف ووضع العلاقات وتوزيع السلطة والمسؤوليات على الأفراد العاملين والشكل رقم (1-4) يبين عملية إعداد وتطوير التنظيم الإداري.

---

[1] المفاهيم الإدارية الحديثة، د. محسن مخامرة وزملاؤه، مركز الكتب الأردني 2007 (ص154).

شكل رقم (4-1) خطوات بناء التنظيم الإداري

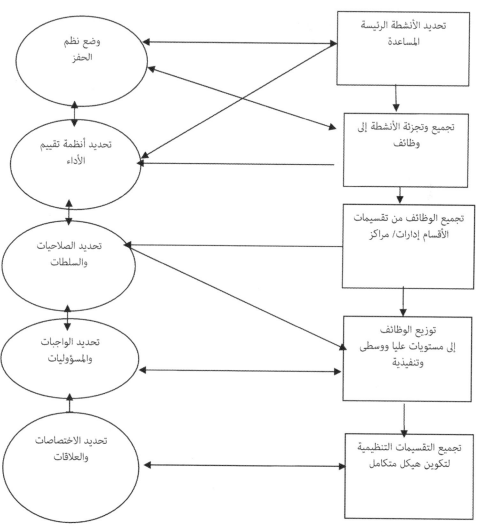

المصدر/ التنظيم الإداري[1]

---

[1] التنظيم الإداري في المنظمات المعاصرة / مصطفى محمد (2005) الإسكندرية: ص(72).

خصائص التنظيم الجيد:

سبق وأن ذكرنا أن التنظيم هو الوظيفة الثانية من الوظائف الإدارية وهو البوتقة التي يتم من خلالها تحقيق تلك الوظائف ابتداءً من التخطيط وانتهاءً بالرقابة والاستمرار بشكل سلسلة أساسها التنظيم، بما فيه من توزيع الأدوار والمسؤوليات، وبالتالي نرى أهمية التنظيم في العمل الإداري. ولقد أجمع العديد من كتاب الفكر الإداري[1] على مجموعة من الخصائص والتي يمتاز بها التنظيم الجيد وهي:

1. تنسيق الجهود:

يعمل التنظيم الجيد على تنسيق الجهود بين الوحدات الوظيفية حيث يمنع هذا التنسيق الازدواجية ويوفر التكاليف ويحقق الاستخدام الأمثل للموارد المادية والمعنوية المتاحة.

2. التخصص:

يقتضي مبدأ التخصص إيجاد وحدة تنظيمية وظيفية يشغلها شخص واحد، وكما نعلم أنه مع مرور الزمن تكبر الوظيفة وتزيد مهامها تعقيداً ولذلك فهي مع الزمن تتجزأ وربما تصبح قسماً فيه عدة وظائف.

3. أولوية الأنشطة البارزة:

تختلف الأنشطة، من حيث أهميتها، فمنها ما هو ثانوي ومنها ما هو أساسي، وعلينا الاهتمام بالنشاط الأساسي أولاً ثم النشاط الثانوي وإذا كان هناك نشاط مهم ويجب إبرازه فيجب تأسيس وحدة إدارية خاصة بهذا النشاط وإعطاؤه المستوى الإداري الملائم له.

4. تجنب الهدر والإسراف:

إن مبدأ التوسع في التخصص يمكن الاستفادة منه في إتقان العمل والتعمق في أدائه، ولكن يجب عدم التوسع في تجزئة الأعمال وخلق وظائف

---

[1] التنظيم، أحمد ماهر، 2005، الدار الجامعية/ الإسكندرية، (ص34).

جديدة لا مبرر لها لأن ذلك يرتب على المنشاة أو المنظمة تكاليف أخرى وتتعارض مع العائد المتوقع تحقيقه.

5. التعاون بين الأفراد أو العاملين:

يضع التنظيم الجيد في توزيع الأدوار والوظائف الأساس الواضح للتعاون فيما بين الأفراد أو العاملين، وهذا من شانه أن يساعد الأفراد والعاملين على التركيز على زيادة إنتاجهم.

6. الاستقرار الوظيفي:

يعتبر الاستقرار والثبات للعاملين والأفراد من سمات التنظيم الجيد، وان التنظيم الذي يمتاز بكثرة التعيينات والاستقالات لا يعطي الأفراد أو العاملين الاستقرار الوظيفي الذي ينشده كل فرد يعمل في أي منظمة.

7. مبدأ وحدة القيادة أو المرجعية:

تضمن وحدة القيادة تنفيذ المرؤوسين لأوامر رئيسهم بشكل أفضل، حيث توفر وحدة القيادة عدم تضارب وحدة الأمر والتعليمات وبالتالي عدم وضع الأفراد أو العاملين في حيرة من أمرهم حال ازدواجية في التوجيه.

8. نطاق الإشراف:

وهو أنه لا يجوز أن يزيد عدد الأشخاص الذين يخضعون لإشراف رئيسين واحد عن القدر الذي يسمح به جهده ووقته وإمكاناته وسوف نناقش هذا المبدأ في نهاية هذا الفصل بإذن الله.

9. المرونة والبساطة:

إن التنظيم الجيد هو الذي يقبل التعديل عليه والتطوير وفقاً للتغيرات البيئية الداخلية والخارجية من غير أن يؤثر على الإطار العام للتنظيم.

10. شبكة اتصالات فعالة:

إن التنظيم الجيد والمبني على الخطوات العلمية يجب أن يضمن اتصالات فعالة تكون نازلة أو صاعدة أو أفقية بين كافة المستويات والوحدات الوظيفية وبكل سهولة ويسر.

مؤشرات التنظيم الرديء[1]:

تكلمنا فيما سبق عن خصائص التنظيم الجيد ولكن هناك مؤشرات إن وجدت في أي تنظيم اعتبر غير فعال ومنها:

1. تعظيم الجوانب الرسمية على حساب الإنجاز وتحقيق الأهداف، حيث يلاحظ في بعض المنظمات تقديس للشكليات والإجراءات الرسمية والتعامل معها كمؤثر للكفاءة بصرف النظر عما تخلفه من قيود أو عوائق أمام متطلبات بسرعة الاستجابة للتغييرات البيئية ولصالح المنظمة.
2. القصور أو الجمود في العمل:

يعتبر الجمود في العمل أو التقصير فيه عيباً خطيراً، ويحدث هذا العيب حينما يستبعد أحد الأفراد من مسؤوليته ويكون ذلك عن عمد في الغالب أو تقصير في أداء مسؤولياته لفترة من الزمن.

3. المغالاة في أنظمة وأساليب التفتيش والمتابعة والرقابة:

تؤكد حالات عملية كثيرة أن المغالاة والإفراط في أساليب التفتيش والرقابة والممارسات المتراكمة في عملية الرقابة تؤدي إلى انحراف الإبداع والابتكار نحو السلبية وذلك لتحدي التنظيم الرسمي ومخالفته.

---

[1] التنظيم الإداري في المنظمات المعاصرة، د. مصطفى محمد، 2005، الدار الجامعية، الإسكندرية، (ص72).

4. تكرار الأعمال أو تكرار الأخطاء:

إن الأخطاء عادة تنشأ جراء عمل الفرد، وقد يكون مرد تلك الأخطاء إلى التنظيم ذاته ويمكن أن تكون الأخطاء ناجمة عن حجم العمل الزائد أو عدم توزيعه بالشكل الصحيح.

5. الهدر في الوقت والموارد والجهد الضائع:

يحدث الهدر والإسراف في المنظمة عندما لا يتم تحديد الأنشطة بالشكل الجيد والتي تخدم الهدف الذي وجدت من أجله.

6. غموض العلاقات وعدم وضوح الأدوار:

تعاني العديد من المنظمات من ظاهرة تداخل المسؤوليات والصلاحيات إلى درجة قد يصعب معها تحديد المسؤول عن مهمة أو نشاط معين وكيف يمارسه ومع من؟ وهذا بالعادة ينتج عن خلل في العلاقات التنظيمية والوظيفية من خلال التنظيم.

أنواع التنظيم:
التنظيم نوعان يعملان جنباً إلى جنب في أي منظمة وهما[1]:

1. التنظيم الرسمي (Formal Organization):

وهو الذي يهتم بالهيكل التنظيمي وبتحديد العلاقات والمسؤوليات الإدارية وتقسم الأعمال والأنشطة وتوزيع الاختصاصات كما وردت بالنظام الأساسي الذي تأسست عليه المنظمة، وبالتالي فهو يشمل القواعد والترتيبات التي تطبقها الإدارة وتعبر عن الصلات الرسمية بين كل وحدة إدارية مع الأخرى أو بين كل فرد وآخر في المنظمة بهدف تنفيذ سياسات الأعمال التكاملية وصولاً للأهداف المتوخاة.

---

[1] مبادئ الإدارة، علي محمد منصور، مجموعة النيل العربية، 1999، (ص160).

2. **التنظيم غير الرسمي (Informal Organizing):**

وهذا التنظيم ينشأ ضمن البناء الرسمي ومنه تتكون الجماعات الإنسانية داخل المنظمة (الشلل) التي تتشكل بطريقة عفوية بمحض الصدفة وكنتيجة لسوء الإدارة في معاملة المرؤوسين أو عدم قدرة المدير على توجيه المرؤوسين نحو تحقيق أهداف المنظمة. والتنظيم غير الرسمي يأخذ شكلين هما:

أ- جماعة المصلحة:

وهم المجموعة الذين تجمعهم أهداف مشتركة.

ب- جماعة الصداقة:

والتي تتشكل نتيجة عوامل جذب شخصية وتكون أهدافهم تحقيق مصالح شخصية لهم لم يستجب المدير لها. وقد ظهر ذلك جلياً في إنكار كل من التون مايو ماري باركر وغيرهم من رواد المدرسة السلوكية والذين تركزت دراساتهم على السلوك التنظيمي الرسمي وغير الرسمي داخل المنظمة، علماً بأن وجود التنظيم غير الرسمي له فوائد كثيرة في حفز وخلق اتجاهات ومفاهيم بين العاملين إذا أحسن استخدام ذلك التنظيم غير الرسمي.

المبحث الثاني
الهيكل التنظيمي
Organizing Structure

مقدمة:

يواجه الفرد الذي يعمل بمفرده مشكلات تنظيمية محدودة فهو مسؤول عن تحقيق أهدافه، وحل المشكلات التي تواجهه، واتخاذ القرارات باتباع الأساليب التي يراها مناسبة، وكذلك جدولة الأنشطة التي يقوم بها سعياً نحو أهدافه، فإذا انضم إليه شخص آخر أو أكثر للمشاركة في إنجاز العمل فينشأ على الفور ضرورة إنشاء التنظيم، وعمل الهيكل التنظيمي اللازم، فالهيكل التنظيمي [1] هو بناء أو إطار يحدد به المستويات والوحدات الإدارية والتنظيمية التي تقوم بالأعمال والأنشطة التي يتطلبها تحقيق أهداف المنظمة، كما أنه يحدد خطوط السلطة فيما بين تلك المستويات.

ونستطيع القول أن الهيكل التنظيمي نظام يحدد في إطاره المهام والأنشطة والعلاقات بين الوحدات وروابط الاتصالات بين أجزائه.

وقد تثور في ذهن القارئ عدة أسئلة منها:

1. هل كل الهياكل التنظيمية متشابهة؟
2. ما الهيكل التنظيمي الأمثل؟
3. إذا لم يكن هناك هيكل تنظيمي أمثل فما العوامل التي من شانها أن تؤثر في اختيار الهيكل التنظيمي المناسب[2]؟

---

[1] جون جاكسون، نظرية التنظيم منظور كلي للإدارة، ترجمة خالد حسن رزوق، معهد الإدارة العامة، الرياض، 1988.
[2] حريم حسين محمود، تصميم المنظمة، الهيكل التنظيمي وإجراءات العمل، مكتبة الحامد، عمان 1996.

وللإجابة على تلك الأسئلة فإنه من المتعذر أن تجد هيكلاً تنظيمياً يتشابه مع هيكل تنظيمي آخر وذلك لاختلاف المنظمات في العديد من العوامل وكذلك فإنه لا يوجد هناك هيكل تنظيمي مثالي يصلح لكل المنظمات بل إن طبيعة الأهداف هي التي تفرض الأنشطة والمهام القادرة على ترجمة وتحقيق تلك الأهداف. وقد أثبتت التجارب العملية للمنظمات أن هناك العديد من العوامل التي تؤثر في اختيار وتصميم الهيكل التنظيمي المناسب ومن أبرز هذه العوامل ما يلي:

1. **حجم المنظمة:**

يلعب حجم المنظمة دوراً رئيساً في حجم الهيكل التنظيمي وأن العلاقة بين حجم المنظمة والهيكل التنظيمي علاقة طردية بمعنى أنه كلما زاد حجم المنظمة كلما كبر حجم الهيكل التنظيمي ولكن لحدود معينة.

2. **دورة حياة المنظمة:**

إن المنظمة عبارة عن كيان وأن لهذا الكيان دورة حياة خاصة وأن علاقة عمر المنظمة يتناسب طردياً مع حجم الهيكل التنظيمي، وكلما قصر عمر المنظمة كلما كان الهيكل التنظيمي بسيطاً. وهنا لابد من الإشارة إلى أنه يتوجب على المنظمة أن تعيد النظر في الهيكل التنظيمي بين كل فترة وأخرى بحيث تحدد وتعيد ترتيب التنظيم بما يتلاءم والظروف الحالية المستجدة.

3. **التكنولوجيا المستخدمة في المنظمة:**

للتكنولوجيا دور مهم في اختيار الهيكل التنظيمي المناسب لأنها تغير من عدد ونوع الوظائف؛ حيث إن علاقات العمل بين الأفراد والوظائف تكتسب درجة تعقيد كلما زادت درجة التكنولوجيا، لأن المطلوب من الأفراد سرعة الاستجابة للتكنولوجيا.

4. **مكان عمل المنظمة:**

إن المنظمة التي يتوزع نشاطها في مناطق جغرافية معينة تحتاج إلى هيكل تنظيمي أوسع ليظهر عليه أماكن عمل تلك المنظمة جغرافياً.

5. **نوع البيئة:**

تُصَنَّف بيئة المنظمات الداخلية والخارجية في نوعين من البيئة أولهما المستقرة وهي التي تحتاج إلى هيكل تنظيمي بسيط ومثالها المنظمات التي تنتج خدمات، وثانيهما البيئة غير المستقرة مثل المنظمات الصناعية حيث يكون الهيكل التنظيمي أكثر تعقيداً وعرضة للتغيير بين فترة وأخرى.

نماذج التنظيم:

يوجد عدة نماذج من التنظيم الرسمي للهيكل التنظيمي وهي[1]:

1. النموذج الكلاسيكي والذي يتألف من ثلاثة أنواع:
   أ- التنظيم التنفيذي.
   ب- التنظيم الوظيفي.
   ج- التنظيم التنفيذي الاستثماري.
2. النموذج العضوي.
3. نموذج تنظيم الفريق.
4. نموذج التنظيم الشبكي.

وسنأتي على تفصيل هذه النماذج على النحو التالي:

أولاً: النموذج الكلاسيكي[2] ويتكون من ثلاثة نماذج فرعية وهي كما يلي:

أ- الهيكل التنظيمي التنفيذي (Line Organization):

---

(1) القريوتي، محمد قاسم، نظرية المنظمة والتنظيم، دار وائل، عمان، 2006.

(2) Mintzberg. Henry, "The Structuring of Organization", prentice- Hall, New Jersey, 1979.

ويعتبر أبسط نوع من طرق التنظيم ويكون فيه مشرف واحد ويلاحظ فيه مجهودات الجماعة وتتبع معظم المنشآت الصغيرة وبعض المنشآت الكبيرة هذه الطريقة التي تتميز بأن السلطة فيها يمكن تتبعها إلى المدير العام وأن منافذ المسؤولية مستقيمة ومباشرة. ويطلق البعض على هذا النوع بالتنظيم العسكري أو السلطوي لأنه يعتمد على تسلسل السلطة وعلاقاتها الرأسية التي تربط المستويات الإدارية بعضها بعض بما يشبه الهرم التنظيمي ومن خلال سلطة الأمر من الأعلى للأسفل.

ب- الهيكل التنظيمي الوظيفي (Organizing Functional):

يتميز هذا النوع بأنه يركز على تقسيم العمل والتخصص فيه، فكل وحدة إدارية تختص بجزء من العمل يقوم به فرد متخصص في مجال الجزء الخاص به. هذا النوع اقترحه فريدريك تايلور 1903 حيث طالب آنذاك باستبدال التنظيم التنفيذي (الرأسي) بالوظيفي أو التخصصي، وميزة هذا النوع أنه يساعد المختصين على إتقان العمل والحصول على معلومات من مصادرها المتخصصة، وكذلك فإنه يشيع روح التعاون بين العاملين، ولكنه يحدث الازدواجية في السلطة ولهذا السبب لم يلقَ هذا النوع من التنظيم القبول في معظم المنظمات.

ج- الهيكل التنظيمي الاستشاري:

يركز هذا النموذج على الاستعانة بالمستشارين أو وحدات إدارية تكون من أهم واجباتها الرئيسية تقديم النصح والمشورة الفنية للإدارات الفنية لمساعدتها على إنجاز أعمالها. ونرى هذا النموذج منتشراً في منظمات الأعمال أكثر من النموذجين السابقين وذلك لأنه يجمع مزاياهما إلا أنه يعاب عليه التسبب ببعض النزاعات الإدارية على السلطة بين الإدارات التنفيذية والاستشارية باعتقادات كل جهة أنها الأقوى، ويضاف لذلك أن هذا النوع، أي الاستشاري، غير مسؤول عن الأخطاء الناجمة عن النصح والمشورة.

ثانياً: النموذج العضوي (Organic Organization):

ويطلق على هذا النموذج المصفوفة التنظيمية، حيث أن هذا النموذج يختلف عن النموذج الكلاسيكي، وطبقاً لهذا النموذج فإن المنظمة تعطي لكل مدير أهدافاً محددة وتطلب إليه تنفيذها خلال مدة معينة، ومقابل لذلك يطلب في نهاية المدة من المدير تقديم تقرير يذكر فيه النتائج التي حققها، علماً بأنه يُعطى الحرية في التصرف ودون الالتزام بالإجراءات الرسمية، ويتميز هذا النوع بالمرونة العالية.

ثالثاً: نموذج تنظيم الفريق[1] (Team Organization):

يُصار في هذا النوع من التنظيم إلى قيام المنظمة بتشكيل فرق عمل يعهد إليها بمسؤوليات حل المشكلات التي تواجهها المنظمات، وهذا النوع برز إلى حيز الوجود نتيجة التغيرات البيئية الواسعة التي غالباً ما تؤثر سلبياً على الهياكل التنظيمية الساكنة ومن هذه الفرق ما هو دائم أو مؤقت وتأخذ مبدأ الشورى والتعاون لحل المشكلات من خلال تبادل الخبرات.

رابعاً: نموذج التنظيم الشبكي (Net- Work Organization):

في هذا النوع من التنظيم تقوم المنظمة بإسناد وظائف رئيسية منها إلى منظمات أخرى مستقلة يتم التعاقد معها من قبل الإدارة العليا للمنظمة. وهذا النوع من التنظيم تلجأ إليه عادة الشركات متعددة الجنسية أو الشركات العالمية التي تزاول نشاطها على نطاق دولي. وتتوزع هذه النشاطات إقليمياً أو محلياً أو كليهما. إلا أن هناك شركات محلية استخدمت هذا النوع لاعتبارات إدارية واقتصادية وقانونية.

يتطلب استخدام هذا النوع درجة عالية من الخبرة والكفاءة ومعرفة بالقوانين الدولية، ويميز هذا النوع من التنظيم قدرته على التعامل مع القوانين الدولية في ظل المنافسة وكذلك المرونة باستئجار الخدمة خارج الحدود. ويعاب

(1) Jones, Goreth R., "Organization Theory, Design and Change" 4thed., persons education Inc, New York, 2004.

على هذا النوع ضعف الرقابة عليه وارتفاع درجة المخاطرة وإعادة التنظيم باستمرار مع المستجدات المتغيرة.

أشكال وطرق التقسيم التنظيمي:

التقسيم عملية يتم من خلالها تجميع أنشطة المنظمة بشكل منطقي وتوزيعها على المديرين أي أنها تعني التقسيم الواسع للعمل داخل المنظمة. والتقسيم عملية مهمة، وكما تحدثنا سابقاً بأنه لا يوجد هيكل تنظيمي أمثل وإن لكل هيكل تنظيمي محدداته لذلك اختلفت التقسيمات حسب العديد من الظروف ومنها:

1. التقسيم الوظيفي.
2. التقسيم حسب نوع المنتَج.
3. التقسيم حسب مراحل العمل.
4. التقسيم حسب فئات المستهلكين.
5. التقسيم حسب المناطق الجغرافية.
6. التقسيم الزمني.
7. التقسيم المركب (المختلط).

وسيتم تناول كل من تلك المحددات على النحو التالي:

1. التقسيم الوظيفي:

يعتبر هذا التقسيم الأساس النموذجي الذي يتم تنظيم الأعمال الجديدة بناء عليه، كما أنه من أكثر طرق التقسيم قبولاً وشيوعاً في الحياة العملية. وبموجب هذا النوع يتم التقسيم إلى إدارات وكل إدارة تقوم بأداء مجموعة من الأنشطة الرئيسية في مجال معين فمثلاً نشاط الإنتاج يخصص له إدارة الإنتاج وهلم جراً. والشكل التالي يوضح التقسيم الوظيفي:

شكل رقم (4-2) التقسيم الوظيفي

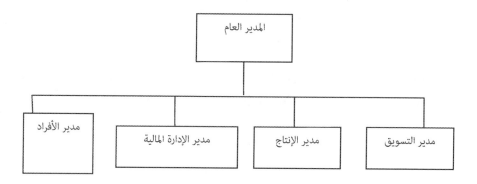

ويعتمد هذا التقسيم على مبدأ التخصص، وهي نافذة تمنح العاملين الفرصة لرفع كفاءتهم. والميزة الثانية لهذا النوع من التقسيم ما يوفره من تنسيق بين الوحدات الإدارية ذاتها. وبالرغم من تلك المزايا إلا أنه يشوبه بعض الانتقادات منها: المركزية الشديدة، والرقابة على العاملين مما يجعله صعب التطبيق على التنظيمات التي لها فروع في مناطق جغرافية متباعدة.

2. التقسيم حسب نوع المنتَج أو السلعة أو الخدمة:

طبقاً لهذا التقسيم يتم تصميم الهيكل التنظيمي للمنظمة إلى إدارات حسب نوع السلعة أو الخدمة أو المنتج، فيتم تخصيص إدارة لكل نوع من أنواع السلع أو الخدمات التي تقدمها المنظمة لزبائنها والشكل التالي يوضح ذلك:

شكل رقم (4-3) هيكل تنظيمي لشركة كهربائية

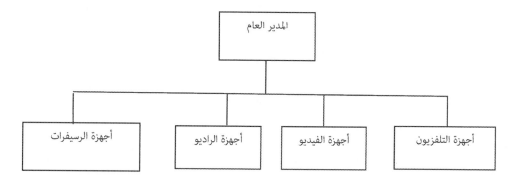

من مزايا هذا التقسيم أنه يعتمد على مبدأ تقسيم العمل والتخصص. أما أهم الانتقادات التي توجه لهذا التقسيم فهو وجود صعوبة في التنسيق بين الأقسام.

3. التقسيم حسب مراحل العمل:

وبموجب هذا التقسيم يقسم الهيكل التنظيمي إلى إدارات؛ من حيث المراحل الإنتاجية، والشكل رقم (4-4) يوضح هذا النوع من التقسيم.

شكل رقم (4-4) التقسيم حسب مراحل العمل

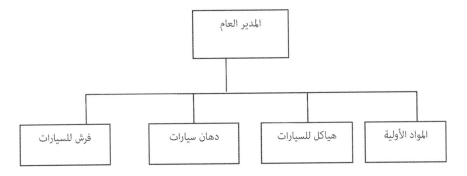

ومن مزايا هذا التقسيم الاستفادة من التخصص وسهولة الإشراف والرقابة على العمل والعيب الوحيد هو صعوبة التنسيق بين الإدارات والعمليات الإنتاجية.

4. التقسيم حسب فئات المستهلكين:

وطبقاً لهذا النوع فإن التقسيم يكون على شكل إدارات أو أقسام حسب فئات المستهلكين كما هو الحال في المولات الكبيرة والشكل التالي يبين ذلك:

شكل رقم (5-4) التقسيم حسب المستهلكين

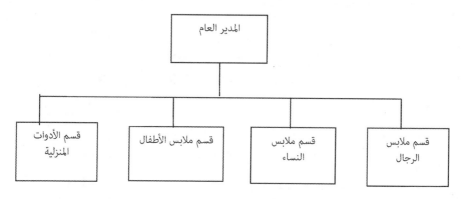

ومن المزايا لهذا التقسيم سهولة التنسيق بين الأقسام إلا أن العيب الوحيد هو صعوبة تحديد سياسة عمل ثابتة للجميع.

5. التقسيم حسب المناطق الجغرافية:

يتم استخدام هذا النوع من التقسيم في المنظمات التي لها فروع في مناطق جغرافية متباعدة مثل البنوك ومديريات الشرطة والمؤسسات التجارية وغيرها. والشكل التالي يوضح هذا النوع من التقسيم:

شكل رقم (6-4) التقسيم الجغرافي

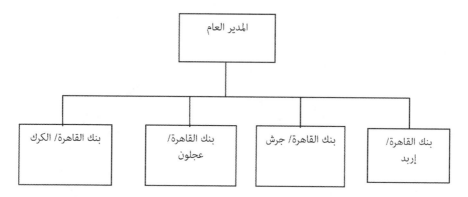

ومن مزايا هذا التقسيم السرعة في اتخاذ القرارات وسهولة التنسيق مع الإدارة العامة للشركة، إلا أنه من الصعب التنسيق بين أعمال المناطق الجغرافية (الفروع).

6. التقسيم الزمني:

ويعتبر هذا النوع من أقدم التقسيمات الإدارية المعروفة اليوم، وهو وسيلة تستخدم لتحقيق العديد من الأهداف وبوقت واحد ومنها:

1. الوفاء بتعهدات المنظمة.
2. الاستثمار وتوظيف الإمكانات المادية والتسهيلات في وقت محدد.
3. إشغال أكبر عدد ممكن من العاملين وخدمة المجتمع.

وطبقاً لهذه الطريقة يتم تقسيم الهيكل التنظيمي إلى ثلاث ورديات وحسب الزمن للإنتاج بحيث تأخذ كل وردية ثمان ساعات، مثل المنظمات الخدمية: شركة الكهرباء والمياه، والاتصالات وغيره.

ومن أهم مزايا هذا التقسيم القدرة على التكيف مع احتياجات السوق وتلبية طلبات الزبائن، إلا أنه لا يخلو من العيوب مثل صعوبة التنسيق بين الورديات، وارتفاع تكلفة الإنتاج والصيانة. والشكل التالي يوضح هذا التقسيم:

شكل رقم (4-7) التقسيم حسب الزمن

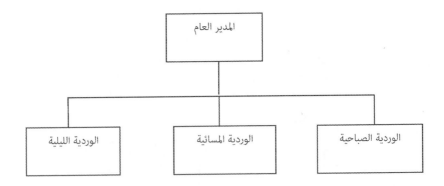

7. التقسيم المركب (المختلط):

تلجأ بعض المنظمات إلى اعتماد خليط من النماذج التنظيمية وذلك طبقاً للظروف التي تمر بها ولمتطلبات العمل. فقد يصبح نموذجٌ ما معرقلاً للنشاط فيتم استبداله بآخر وقد يتوسع نشاط المنظمة مما يضطرها لاستخدام أكثر من تقسيم.

والشكل التالي يبين التقسيم المختلط (المركب)

شكل رقم (8-4) التقسيم المركب

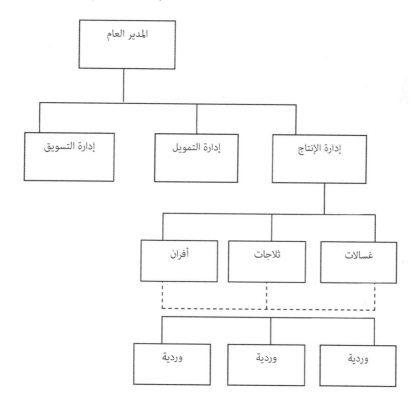

نطاق الإشراف:

يعتبر هذا الموضوع من الموضوعات ذات العلاقة بالتنظيم الهيكلي وتصميمه ويسمى أحياناً "نطاق الرقابة" وهو يشير إلى عدد المرؤوسين الذي يمكن

لرئيس واحد أن يشرف عليهم بكفاءة وفاعلية. ويخضع تحديد هذا العدد لعوامل عديدة لا بد من أخذها بالاعتبار وهي:

1. طبيعة عمل المرؤوسين.
2. مهارات وقدرات المرؤوسين.
3. درجة كفاءة وسائل الاتصال المستخدمة بين الرؤساء والمرؤوسين.
4. مهارة ومكانة وقدرة الرئيس على القيادة والتوجيه.
5. عدد العلاقات التي تنشأ بين الرئيس والمرؤوس.

إن الاهتمام بنطاق الإشراف يعني تقدير عدد الأفراد الذين يمكن لمدير أن يشرف عليهم بفعالية[1] وذلك من أجل استخدام الموارد الإنسانية بفعالية.

والسؤال الذي يطرح نفسه هنا هو: كم عدد الأفراد الذين يمكن أن يشرف عليهم المدير؟

لا يوجد اتفاق بين كتاب الفكر الإداري في هذا الشأن مع أن عدداً من الرواد الكلاسيكيين يعتقدون أن العدد المثالي لنطاق الإشراف يتراوح بين ثلاثة وستة أفراد. والبعض يرى أنه يتراوح بين أربعة وثمانية في المستويات العليا بينما يكون في المستويات الدنيا بين 8-15 وذهب آخرون إلى أن المدير يستطيع إدارة عدد من المرؤوسين يتراوح بين عشرين وثلاثين شخصاً.

---

[1] الإدارة الحديثة، مرجع سابق، د. مصطفى الشاويش.

المبحث الثالث
السلطة والمسؤولية والمساءلة
Authority Responsibility & Accountability

السلطة:

السلطة والمسؤولية توأمان لا ينفصلان عن بعضهما البعض، وتعرف السلطة بأنها الحق القانوني المخول للمدير لإصدار الأوامر والتعليمات واتخاذ القرارات وإلزام المرؤوسين بتنفيذها، فالأساس في السلطة القدرة على إلزام الآخرين للامتثال لما يريده صاحبها.

ويُمنَح الأفراد السلطة بقدر ما يحملون من مسؤولية. ومن هنا نرى هذا التلازم بين السلطة والمسؤولية[1] وهذا يحتم علينا معرفة العديد من التعريفات للسلطة حيث نجد أن "اورويل" قد أكد بأن السلطة تنشأ عندما يتزايد حجم المشروع أو العمل فتتعقد الأمور وتكثر المشكلات نظراً لتوزع العمل بين المالك أو المدير والعاملين بالمشروع.

أما هربرت سايمون فيقول بأن السلطة هي اتخاذ القرارات التي تحكم أعمال الآخرين وعرَّفها رواد الفكر الإداري التقليدي بأنها:

- حق إصدار الأوامر.
- القدرة على الحد من الاختيار.
- حق أعطى للمدير ليتخذ القرار ضمن حدود معينة يتم بموجبها تحديد واجبات المرؤوسين، ومطالبتهم بسلوك معين.

---

[1] السالم، مؤيد سعيد، نظرية المنظمة، الهيكل والتصميم، الطبعة الثانية، دار وائل للنشر، عمان، 2005.

أما رواد الفكر الحديث[1] فعرفوا السلطة بأنها:

القدرة الشرعية التي تناط بشخص ما أو بوظيفة ما والتي يجري قبولها ليس فقط من قبل الممارس للقدرة وإنما من قبل الذين تمارس عليهم والمتأثرين بها أيضاً.

وعليه، يتضح بأن السلطة سواء أكانت في العمل أم الإدارة يجب أن يكون لها حق الجزاء بالمكافأة أو العقاب حتى يكون لها هيبة واعتبار ويتم تقديرها من قبل الخاضعين لها.

أما المسؤولية فهي تعني الالتزام القانوني والأخلاقي من قبل الفرد بشكل ملائم حين أدائه بعض الواجبات لتحقيق نتائج معينة وهي نوعان هما:

1. مسؤولية عامة للحفاظ والقيام بعدة أعمال، وهي في العادة تكون غير واضحة وغير مجدية، وتُظهِر خلافاً كبيراً بين الموظف ورئيسه بالنسبة لمسؤولية هذا المسؤول (المشرف).
2. مسؤولية محددة وهي التي تعطى الفرد عملاً معيناً أو الحفاظ على هذا العمل لحين إنجازه فقط بمعنى أنها محدودة حتى أن فترة إشرافه على الآخرين والعمل تكون خلال فترة قصيرة ولكن من عيوبها:

(1) إن إشرافه على الآخرين والعمل يتم خلال فترة قصيرة.

(2) إن المسؤولية غير كاملة لأن طبيعة تأثرهم محددة ضمن ظروف العمل وكذلك صلاحياتهم محددة مثل التعيين والفصل أو توقيع الجزاءات أو منح المكافآت.

إذن نستطيع التمييز بين السلطة والمسؤولية[2] بأن السلطة يجوز تفويضها إلى شخص آخر يقوم بمهام معينة. أما المسؤولية فهي لا تفوض للغير وهي مطلوبة من صاحبها على أكمل وجه لتحقيق الهدف الذي فوض من أجله.

---

[1] اللوزي موسى، التطوير التنظيمي، أساسيات ومفاهيم حديثة، دار وائل للنشر، عمان 1989.

[2] العلاق، بشير، أسس الإدارة الخدمية، مرجع سابق.

أما المساءلة فهي أمر ضروري لكل مسؤول ولا يمكن تجنبها بتفويضها إلى آخر حيث تكون المساءلة تصاعدية بمعنى كل مستوى إداري مسؤول أمام مسؤول الوحدة التي تسبقه.

مصادر السلطة (Authority Sources):

إن السلطة، وإن كانت مخولة للمديرين لممارسة اختصاصاتهم وعملهم لتسيير المنظمة على الوجه المطلوب، فإنه لابد أن يكون لهذه السلطة مصادر؛ فقد تكون مستمدة من المالك سواء الفرد أو مجلس الإدارة أو من المرؤوسين أنفسهم بقبول تلك السلطة أو القوة المرجعية للشخصية، وبذلك يكون هناك ثلاث نظريات رئيسة تحدد المصادر التي يمكن للفرد أن يستمد سلطته منها وهي:

1- نظرية السلطة الرسمية (The formal theory of Authorty):

وتشير هذه النظرية إلى أن مصدر السلطة هو حق الملكية أو الجهة المالكة للمنظمة أقرته جميع الأحكام المنزلة شرعاً وقانوناً وعرفاً وتتدرج هذه السلطة من أعلى إلى أسفل في الهيكل التنظيمي للمنظمة بحيث يستمد كل مستوى إداري سلطته من المستوى الذي يسبقه.

2- نظرية قبول السلطة (Acceptence Theory of Authorty):

وقد جاء بهذه النظرية رائد الإدارة شستر بارنارد الذي قال إن السلطة في الحقيقة تأتي من الأسفل؛ إذ لا أحد يكون له سلطة ما لم يقبل المرؤوسون توجيهاته. أي أن المدير إنما يستمد سلطته الحقيقية من مرؤوسيه وليس من رؤسائه طبقاً لرأي بارنارد حيث أن السلطة تطاع إذا تم قبولها.

وقد أشار بارنارد إلى أن السلطة يتم قبولها في الحالات التالية:
أ- إذا استطاع الفرد أن يفهم الأمر الصادر إليه.
ب- إذا اعتقد الفرد أن الأمر منسجم مع غرض المنظمة.
ج- إذا ارتأى الفرد أن الأمر منسجم مع اهتماماته الشخصية.

د- إذا كان الفرد قادراً ذهنياً وجسدياً على إطاعة الأمر والاستجابة له.

3- نظرية السلطة الشخصية (Personal theory of Authorty):

يكتسب الفرد سلطته بموجب هذه النظرية حين يكون ماهراً وخبيراً في مجال عمله وقادراً على إبداء الآراء والإرشادات السديدة بحيث يقبل الآخرون آراءه وإرشاداته ويعملون بها. وعندئذ تصبح له سلطة عليهم رغم أنه لا يملك مثل هذه السلطة بحكم مركزه الوظيفي. وبذلك تكون هذه النظرية أقرب إلى نظرية قبول السلطة منها إلى نظرية السلطة الرسمية، ويطلق على هذه النظرية إسم سلطة المعرفة، بمعنى أن الشخص الذي يعرف أكثر عن الموضوع يصبح هو في موقع المسؤولية، أي صاحب السلطة.

هناك نظرية رابعة تعرف بسلطة الموقف، وتستخدم في نطاق محدود، وهو الموقف، ولا ترقى للسلطة بمعناها الحقيقي.

نطاق السلطة:

يرتبط ضيق أو اتساع السلطة الإدارية المفوضة للمدير بموقعه في المستوى الإداري في التنظيم ويكون نطاق السلطة كبيراً واسعاً في قمة الهرم التنظيمي ويقل تدريجياً كلما اتجهنا نحو المستويات الإدارية الوسطى، والشكل التالي يوضح ذلك:

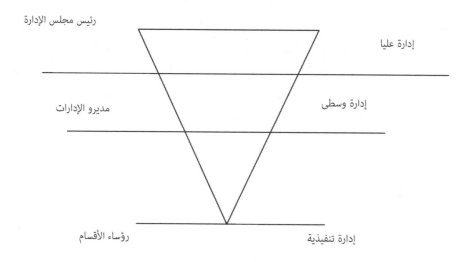

شكل رقم (4-9) تدرج نطاق السلطة

رئيس مجلس الإدارة
إدارة عليا
مديرو الإدارات
إدارة وسطى
رؤساء الأقسام
إدارة تنفيذية

أنواع السلطة الإدارية:

هناك ثلاثة أنواع من السلطة داخل كل منظمة وهي:

1. السلطة التنفيذية والسلطة الاستشارية.
2. السلطة الوظيفية.
3. سلطة اللجان.

1. السلطة التنفيذية:

وبموجبها يحق للمدير اتخاذ القرار وإصدار التعليمات والأوامر الملزمة، وهي تأخذ شكل الخط ويسمى خط السلطة الإدارية الذي تنساب من خلاله الأوامر والتعليمات، أما السلطة الاستشارية فقد يكون صاحبها فرداً ويدعى مستشاراً وقد يكون وحدة إدارية مرتبطة بالمدير العام ويمكن أن تكون ضمن هيكل تنظيمي وأهم ما يؤخذ على السلطة الاستشارية أنها غير مسؤولة عن نتائج أعمالها، وكذلك صراعها الدائم مع السلطة التنفيذية.

2. السلطة الوظيفية:

وهي السلطة المستمدة من الوظيفة نفسها، أي هي السلطة التي يتمتع بها مدير لعمل معين يقوم به الأفراد في أقسام أخرى. والسلطة الوظيفية سلطة مقيدة لأن تفويضها يؤدي إلى إضعاف سلطة المديرين التنفيذيين ويؤدي إلى تعقيد علاقات السلطة الإدارية. وعليه، فإن من الضروري عدم استخدام السلطة الوظيفية بإفراط وعدم امتدادها لمدير معين إلى أكثر من مستوى إداري واحد وذلك للحفاظ على وحدة القيادة للمديرين التنفيذيين.

3. سلطة اللجان:

هناك العديد من المسميات لسلطة اللجان منها المجلس أو الهيئة أو الفريق أو غيرها من المسميات التي وإن اختلفت فإن لها خاصية مشتركة وهي العمل الجماعي لمعالجة موضوع معين أو مشكلة محددة. إن سلطة اللجان غالباً ما تكون استشارية وأهم ما يؤخذ على اللجان أنها مكلفة من حيث الوقت والمال.

تفويض السلطة:

يقصد بتفويض السلطة الإدارية توزيع حق اتخاذ القرارات وإصدار الأوامر ضمن نطاق يحدد مداه المدير العام حسب مستويات الإدارة والتفويض ضروري لأي مدير لإنجاز المهام ولا يمكن تركيز السلطة بكاملها في يد شخص المدير العام. وبتعبير آخر فإن التفويض هو دفع السلطة للأسفل من الرئيس إلى المرؤوس، وكما تحدثنا سابقاً فإن التفويض يقع على السلطة ولا يقع على المسؤولية.

ولتجنب حدوث الأخطاء عند استخدام التفويض يجب على كل مدير أن يأخذ بعين الاعتبار المبادئ الأساسية للتفويض[1] ومنها:

---

[1] عباس، علي عباس وشريكه، مبادئ علم الإدارة مرجع سابق.

1. أن يكون التفويض مكتوباً ويوضح فيه المهام المفوض بها مع ذكر أنها دائمة أم مؤقتة تنتهي بانتهاء المهمة المفوض بها.

2. أن يكون مدى التفويض ملائماً وكافياً لإنجاز المهمة.

3. التنسيق فيما بين الرئيس والمرؤوس لأن المرؤوس مسؤولاً أمام الرئيس.

4. تحديد المهام والواجبات التي يريد المدير من المرؤوس أن ينفذها بتفويض منه.

أما فيما يتعلق بالفوائد المترتبة على استخدام تفويض السلطة الإدارية نذكر منها:

1. السرعة في اتخاذ القرار وسرعة تصريف الأمور وخصوصاً فيما يتعلق بالأعمال اليومية المتكررة باستمرار.

2. تخفيف عبء العمل عن كاهل الرؤساء.

3. تدريب وتأهيل المرؤوسين على تحمل المسؤولية ودفعهم لاستخدام كفاءتهم وأفكارهم لإثراء العمل وتطويره.

4. يبرز التفويض الأشخاص ذوي المواهب من خلال استخدام التفويض وهذا يعطيهم فرصة الترقية إلى المناصب العليا مستقبلاً.

المركزية واللامركزية (Centralization and Decentralization):

تعتبر المركزية واللامركزية من المفاهيم الأساسية والمهمة في التنظيم الإداري[1] وأن استخدام أحد هذه المفاهيم يعود لأمور كثيرة سنتطرق إليها لاحقاً. ويقصد بالمركزية مدى أو درجة تركيز السلطة في يد متخذ القرار أما اللامركزية فهي درجة عدم تركيزها في مستويات الهيكل التنظيمي. فالمركزية إذن هي الاحتفاظ بالسلطات جميعها في يد شخص أو مستوى إداري عالٍ وبالتالي حق اتخاذ القرارات بحيث لا يسمح للمستويات الأدنى بالتصرف إلا بناءً على تعليمات من المستوى الإداري الأعلى أو بعد موافقته. أمّا اللامركزية فتعني تفويض وتوزيع

---

[1] العلاق، بشير، أسس الإدارة الحديثة، مرجع سابق.

السلطة بين الأشخاص أو المستويات الإدارية المختلفة في المنظمة وبالتالي الحق في اتخاذ القرارات، وتبعاً لذلك فإن اللامركزية سياسة إدارية تقوم على مبدأ توزيع وتفويض السلطة بين الرئيس والمرؤوس. وترتبط المركزية واللامركزية بتفويض السلطة أي أنه كلما زادت درجة التفويض في السلطة كلما اتجهنا نحو اللامركزية والعكس صحيح.

ويمكن تمثيل المركزية واللامركزية بالشكل رقم (4-10) والذي يقدم تفسيراً للمفهومين وعلى النحو التالي:

شكل رقم (4-10) درجات المركزية واللامركزية

وتزداد درجة اللامركزية في المنظمات في الحالات التالية[1]:

1. عندما يزداد عدد القرارات التي يتم اتخاذها في المستويات الإدارية الدنيا.
2. عندما تزداد أهمية القرارات التي يتم اتخاذها في المستويات الإدارية الدنيا.
3. عندما يكون هناك عمليات للمنظمة منتشرة جغرافياً ومتباعدة.
4. عندما تقلُّ حالات رجوع المرؤوس لرئيسه قبل اتخاذ القرار.
5. عندما تزداد عدد الوظائف والنشاطات التي تتأثر بالقرارات التي يتم اتخاذها في المستويات الإدارية الدنيا.

[1] Plunkett and Attner, O.P Cit, (p.p 213-214).

العوامل التي تؤثر في اتباع مبدأ المركزية أو اللامركزية:

توجد عوامل كثيرة تؤثر في أتباع الأسلوب المركزي أو اللامركزي في الإدارة دون أن يكون لطبيعة الإدارة إمكانية التحكم فيها ومن هذه العوامل ما يلي:

1. قيمة القرار:

بمعنى أنه كلما زادت قيمة القرار مادياً أو معنوياً وترتبت عليه كلفة عالية أو ينتج عنه آثار مهمة كلما زاد الميل نحو المركزية.

2. توحيد السياسات:

إن رغبة المنظمة في تطبيق السياسة موحدة سبب آخر لاتباع مركزية السلطة في اتخاذ القرار مثل توحيد الجودة "السعر" والاستلام وكل ذلك مفيد لزبائن المنظمة، أما إذا رغبت المنظمة تطبيق اللامركزية فإن كل قسم في المنظمة يكون له سياسة تختلف عن القسم الآخر.

3. حجم المنظمة:

يتناسب حجم المنظمة مع استخدام المركزية أو اللامركزية بمعنى أنه كلما كان حجم المنظمة كبيراً فإنه لابد من اللجوء إلى اللامركزية، وبالمناسبة فإن أغلب المنظمات وبغض النظر عن حجمها تستخدم المركزية في وظيفة التخطيط وتستخدم اللامركزية وبدرجات في بقية الوظائف الأخرى للإدارة.

4. الفلسفة التي تؤمن بها الإدارة العليا:

تختلف المنظمات عن بعضها البعض في درجة المركزية أو اللامركزية ويعود ذلك إلى الأسلوب والفلسفة الإدارية التي تتبعها الإدارة العليا في تلك المنظمات.

5. فلسفة المرؤوسين:

يؤثر سلوك وفلسفة وتطلعات المرؤوسين على استخدام المركزية أو اللامركزية؛ فبإمكانهم أن يشجعوا اللامركزية وأن يدفعوا باتجاه إنجاحها.

فإذا أراد المرؤوسون اللامركزية فإن الإدارة تشعر بأنه لا حاجة لاستخدام المركزية وأن المرؤوسين يتحملون المسؤولية عن أعمالهم.

6. المجال الوظيفي:

في بعض المجالات الوظيفية في الإدارات والأقسام يمكن تطبيق أحد المفهومين؛ إما المركزية أو اللامركزية، فمثلاً إدارة الإنتاج غالباً ما تطبق اللامركزية بعكس بعض الإدارات الأخرى التي تحتاج للمركزية.

مزايا المركزية واللامركزية:

أولاً: مزايا المركزية (Advantages of Centralization):

تتمثل الفوائد والمزايا المتحققة من استخدام المركزية فيما يلي:

1. تشعر الإدارة العليا بالقوة والمكانة الوظيفية.
2. تمكّن الإدارة العليا من وضع التخطيط من خلال السياسات والبرامج.
3. الاستفادة من خبرات وقدرات مديري الإدارة العليا في المنظمة.
4. تخفيف إجراءات الرقابة على الوحدات الإدارية نظراً لحصر اتخاذ القرار بالإدارة العليا.
5. تناسب المنظمات الصغيرة حيث تكون نشاطاتها محدودة وإمكاناتها المالية كذلك، مما يعني أن تكلفة تطبيق المركزية تكون في العادة قليلة.

ثانياً: مزايا اللامركزية [1] (advantages of Decentralization):

تتمثل فوائد تطبيق أسلوب اللامركزية فيما يلي:

1. تخفيف عبء العمل عن الإدارة العليا.
2. الاستفادة من السرعة في اتخاذ القرار.
3. تحقيق التجانس التناغم بين الإدارة العليا والمستويات الإدارية المختلفة.

---

[1] محمود عساف، أصول الإدارة، القاهرة، دار الناشر العربي، 1976، (ص382-383).

4. رفع الروح المعنوية لكل من الإدارة الوسطى والدنيا بإعطائهم صلاحيات اتخاذ القرار.

5. تنمية وتدريب القدرات الإدارية لدى المديرين في المستويات الوسطى والدنيا.

6. القرارات التي تؤخذ من قبل الإدارة الدنيا تكون في الغالب أقرب إلى الواقع والذي يمتاز بالحكمة؛ وخصوصاً إذا كانت المنظمة وفروعها متباعدة جغرافياً.

مبادئ التنظيم [1]:

يجدر بنا، بعد استعراض التنظيم الإداري في جميع المجالات المتعلقة به، معرفة المبادئ التي واكبت التطور التاريخي لعلم الإدارة، بشكل عام، والتنظيم بشكل خاص. ولقد أثبتت التجارب الواقعية أن غالبية المنظمات العامة والخاصة تستخدم تلك المبادئ وفي أغلب الأحيان تكون بمثابة معايير للأداء الجيد لتلك المنظمات؛ والمبادئ التنظيمية هي:

1. **مبدأ الوظيفة:**
   يكون التنظيم بحسب متطلبات الأعمال وليس بحسب الأشخاص الموجودين.

2. **مبدأ التخصص:**
   الاستفادة من التخصص عند تجميع الأعمال في وحدات إدارية.

3. **مبدأ التنسيق:**
   الإقلال من الاحتكاك والتعارض بتجميع منطقي للعمليات واللجان المناسبة.

4. **مبدأ الاهتمام الملائم:**
   إعطاء الاهتمام الملائم للعمل الأهم بتخصيص وحدة إدارية أو بالرفع إلى مستوى أعلى.

---

[1] العلاق، بشير- مرجع سابق.

5. **مبدأ وحدة الهدف:**

تُستمد أهداف كل وحدة إدارية من طبيعة هذه الوحدات وتؤدي إلى تحقيق الأهداف العليا.

6. **مبدأ وحدة الرئاسة:**

لا يكون الشخص مرؤوساً لأكثر من شخص واحد في ذات الوقت.

7. **مبدأ الرئاسة الوظيفية:**

لا يمكن لأي رئيس أن يُلم بجميع الأمور ولذلك يتخصص الرؤساء في نوع الإشراف (فريدريك تايلور).

8. **مبدأ نطاق الإشراف:**

مر ذكره سابقاً وهو ألاّ يزيد عدد المرؤوسين عن سبعة ولا يقل عن ثلاثة إلا في حالات خاصة.

9. **مبدأ قصر خط السلطة:**

تقليص المسافة الإدارية بين أعلى الرؤساء وأدنى المرؤوسين.

10. **مبدأ التسلسل الرئاسي:**

الاتصالات والتعليمات تمر من خلال درجات السلم الوظيفي بالترتيب.

11. **مبدأ تكافؤ السلطة والمسؤولية:**

وهي سلطة الشخص بقدر مسؤوليته.

12. **مبدأ مركزية السلطة وتفويضها:**

تفويض السلطة في النهاية لشخص واحد ويتم إعطاء الحق في اتخاذ القرارات المهمة للمستويات الأقل بقدر الإمكان.

13. **مبدأ التوازن:**

يجب أن يكون عبء العمل موزعاً على الإدارات بالتساوي كلما أمكن ذلك.

14. **مبدأ المرونة:**

توفر إمكانية في التنظيم لاستيعاب تغييرات دون الحاجة إلى إعادة التنظيم.

15. **مبدأ نطاق الإدارة:**

هناك حد معين لحجم العمل يكون بعده العمل غير قابل لإدارته.

16. **مبدأ الرقابة:**

فصل وحدات الرقابة عن وحدات التنفيذ.

17. **مبدأ التوصيف المكتوب:**

توصيف الوظائف وتوصيف شاغلي الوظائف وذلك بوضع الشخص المناسب في المكان المناسب.

18. **مبدأ الاستمرار والتطوير:**

نظرة إلى المستقبل وما يتطلبه من تطوير في الهيكل التنظيمي وفي الإداريين بحيث يكون هناك مجال لخلق صف ثانٍ من المديرين القادرين على الإحلال مستقبلاً (إعداد القائد البديل).

19. **مبدأ المشورة:**

لا يمكن أن تتوافر المعرفة الكاملة في شخص ما، ولذلك ينبغي توفير نظام للمشورة للإدارة العليا.

20. **مبدأ الترشيد:**

تحكم العقل في التصميم الهيكلي وتطوير الهيئة الإدارية.

21. **مبدأ الفاعلية:**

الاختيار الوحيد لفاعلية التنظيم هو تحقيق الكفاءة والانسجام والأبعاد التنظيمية.

تمارين عملية
(دمج المخابز)

السيد عصام العجان، صاحب مكتب استشارات إدارية ويوجد الآن في اجتماع مع أحد الزبائن. وردت مكالمة هاتفية وقامت السكرتيرة (سهام) بإخبار السيد عصام بذلك وذكرت له أن المكالمة من مسافة بعيدة. وكان طالب المكالمة (زكريا دعسان) صاحب مخبز استأذن السيد عصام من الزبون الموجود لديه وأخذ المكالمة الهاتفية ودار الحديث التالي بينه وبين السيد زكريا دعسان وكان على النحو الآتي:

بعد أن رحب عصام بالمتكلم، رد المتكلم على تحيته وقدم نفسه بأنه زكريا دعسان ثم قال أن صديقاً له يدعى (جواد أبو الرز) اقترح عليه أن يتصل بك طالباً نصيحة تتعلق بمشكلة إدارية يواجهها حالياً كما ذكره بأن جواد هو أحد زبائنه.

أجابه عصام نعم أتذكره جيداً حينما كان يحاول تنظيم أقسام المخزن العائد له والمعد لبيع الأدوات المنزلية وكان يرغب في وضع خطة طويلة المدى لمخزونه وكما أتذكر كنا قادرين على حل مشكلته بسهولة كما طورنا علاقة عمل جيدة جداً.

على كل الأحوال أنا مسرور باتصالك، هل حالتك مشابهة لحالة جواد؟

أجاب زكريا دعسان: لا. يا حبذا لو كانت مشكلتي أقل صعوبة، فإنني أملك مخبزاً في وسط المدينة منذ عدة سنوات كنت أعمل جيداً في هذا المخبز الواقع وسط المدينة وحديثاً قررت أن أشتري مخبزاً آخر في مركز تجاري يقع في ضواحي العاصمة.

الآن أواجه مشكلة محاولة تنظيم المخبزين. لا يوجد هيكل رسمي في أي من المخبزين وإنني طيلة حياتي أعمل خبازاً ولست مديراً لذلك لا أعرف كيف أقوم بتنسيق النشاطات في المخبزين ولا كيف أقوم بتنظيم العاملين. أريد أن أعرف ما

الإدارات التي يجب أن أحدثها؟ وكيف أقوم بتقسيم أعمال العاملين عندي؟ كذلك صعب علي أن أكون في المخبزين في نفس الوقت.

أريد أن يكون المخبزان منظمين جيداً. لكل منهما مدير بحيث يعملان دونما حاجة لي. سأكون مقدراً لك إذا قمت بمساعدتي في تطوير استراتيجية تنظيمية، هل تعتقد أنك يمكن أن تساعدني؟

قال عصام إن حالتك ليست صعبة إلى هذه الدرجة مع أنني متأكد أنها تبدو مربكة لك إلى الآن. ولكن لدى الخبرة التي تمكنني من معالجة هذا النوع من المشكلات وخصوصاً الدمج وسأكون سعيداً لمساعدتك على كل الأحوال لا تقلق وكذلك اطمئن بالنسبة للأجرة أنا متأكد بأننا سنتوصل إلى اتفاق معقول بشأن ذلك.

عندي قائمة من الأسئلة المحددة تتعلق بالتنظيم والتي عادة أطرحها على زبائني الذين عندهم مثل مشكلتك. في الحقيقة هذه الأسئلة سوف تمهد الطريق لحل مشكلتك بعد أن تجيب على الأسئلة. سوف أقضي أسبوعاً تقريباً أدرس إجاباتك وبعدها سأحضر إلى المدينة التي نقطن بها لقضاء يومين معك لإنهاء وضع استراتيجيك التنظيمية المطلوبة.

وحيث أنني في اجتماع لغاية الآن فإنه من الصعب أن أتحدث معك لفترة أطول إذا لم يكن لديك مانع فسوف أتصل بك بعد ظهر هذا اليوم لأوجه لك بعض الأسئلة.

أجاب زكريا: يبدو أن اقتراحك لطيفٌ وأنا سعيد أنك ستكون قادراً على العمل معي. سأكون بعد الظهر لهذا اليوم موجوداً في المخبز الواقع وسط المدينة وبذلك يمكن أن تتصل في الوقت الذي يناسبك.

المطلوب من هذه الحالة ما يلي:

1. دراسة الحالة بتمعن وفهم وروية.

2. من خلال اطلاعك على مادة الفصل عرف التنظيم المطلوب في هذه الحالة.

3. ضع أكبر قدر ممكن من الأسئلة التي يمكن أن يوجهها عصام للسيد زكريا من خلال فهمك للفصل.

4. من خلال دراستك لهذا الفصل ضع الحلول المناسبة لطلب زكريا وهي إجابات للأسئلة المتوقعة.

5. باعتقادك لماذا طلب السيد عصام قضاء يومين مع زكريا في المخابز؟

أسئلة الفصل الرابع

أولاً: الأسئلة العامة:

السؤال الأول:
وضح أهمية التنظيم في المنظمات، وهل يمكن أن يكون هناك تنظيم يصلح لكل المنظمات؟ وكيف؟

السؤال الثاني:
للتنظيم الإداري تعريفات كثيرة تناولها الباحثون وكتاب الفكر الإداري وجميعها اختلفت بالألفاظ والكلمات ولكنها اجتمعت على أمور مشتركة تشكل العناصر الأساسية للتعريف. اذكرها؟

السؤال الثالث:
أغلب كتاب الفكر الإداري يغفلون نقطة جوهرية بعدم التمييز بين معنيين للتنظيم. اذكرهما؟

السؤال الرابع:
هناك العديد من الفوائد التي يمكن أن نجنيها من استخدام التنظيم الإداري. اذكر خمساً منها مع الشرح؟

السؤال الخامس:
إن وضع تنظيم إداري حسب الأنشطة والواجبات يخضع لطريقة علمية في بنائه. اذكر الخطوات المستخدمة في بنائه؟

السؤال السادس:
يعتبر التنظيم الوظيفة الثانية بعد التخطيط، وقد أجمع كتاب الفكر الإداري أن التنظيم يجب أن يتسم بالعديد من الخصائص. اذكر خمساً منها مع الشرح؟

السؤال السابع:

من خلال دراستنا للتنظيم علمنا أن التنظيم الجيد يتسم بالعديد من الخصائص. أما التنظيم غير الجيد فيمكن معرفته من خلال مؤشرات عديدة اذكر خمسةً منها مع الشرح؟

السؤال الثامن:

هناك العديد من العوامل التي تؤثر في اختيار وتصميم الهيكل التنظيمي المناسب. اذكرها مع الشرح؟

السؤال التاسع:

يعتبر الهيكل التنظيمي الوظيفي أحد نماذج الكلاسيكية:

1. بماذا يتميز هذا النوع؟
2. من هو الذي اقترحه؟ وكيف؟
3. ما ميزة هذا النموذج؟
4. ما الصفة غير الجيدة فيه؟

السؤال العاشر:

نطاق الإشراف أو نطاق الإدارة يعتبر من الموضوعات ذات العلاقة بالتنظيم الهيكلي وتصميمه وهو مصطلح يشير إلى عدد المرؤوسين الذي يمكن لرئيس واحد أن يشرف عليهم، وأما عددهم فإنه يخضع للعديد من العوامل اذكرها؟

السؤال الحادي عشر:

السلطة والمسؤولية توأمان لا ينفصلان عن بعضهما البعض وأساسيان في التنظيم. ابحث في معنى كلٍ منهما؟

السؤال الثاني عشر:

هناك ثلاث نظريات رئيسة تحدد المصادر التي يمكن للفرد أن يستمد سلطته منها. اذكر هذه النظريات مع الشرح؟

السؤال الثالث عشر:

تعتبر المركزية واللامركزية من المفاهيم الأساسية والمهمة في التنظيم الإداري وأن استخدام إحداهما يخضع للعديد من العوامل. اذكرها؟

ثانياً: أسئلة الرأي والتفكير:

السؤال الأول:

الهيكل التنظيمي الوظيفي يركز على تقسيم العمل والتخصص ويساعد على إتقان العمل والحصول على معلومات من مصادرها المتخصصة وإشاعة روح التعاون إلا أن هذا النوع لم يلق القبول في معظم المنظمات. فسر ذلك؟

السؤال الثاني:

الهيكل التنظيمي الاستشاري انتشر في منظمات الأعمال أكثر من الهيكل الوظيفي والتنفيذي لأنه يجمع مزاياهما إلا أنه يعاني من سلبيتين. فسر ذلك؟

السؤال الثالث:

هناك العديد من المبادئ المستخدمة في التنظيم، وهي ظهرت خلال تطور مفهوم التنظيم في الإدارة حسب اعتقادك ما هي أهم خمسة منها؟ مع التفسير؟

ثالثاً: أسئلة الخيارات المتعددة:

اختر الإجابة الصحيحة من العبارات التالية:

1- إحدى العبارات التالية لا تعتبر من خطوات بناء التنظيم الإداري:

أ.   وضع خطة أو إطار عام.

ب. وضع الأنشطة (المهام والواجبات).

ت. توزيع المهام والواجبات الفرعية.

ث. التوسع في التخصص الدقيق.

2- من خصائص التنظيم الجيد:

أ.   تنسيق الجهود.

ب. الهدر والإسراف.

ت. التخصص.

ث. أ + ت.

3- العبارات التالية هي مؤشرات التنظيم الرديء عدا واحدة:

أ.   تعظيم الجوانب الرسمية على حساب الإنجاز.

ب. القصور أو الجمود في العمل.

ت. التنظيم الرسمي.

ث. تكرار الأعمال أو الأخطاء.

4- التنظيم غير الرسمي يأخذ شكلين هما:

أ.   جماعة المصلحة والصداقة.

ب. جماعة المدراء والعاملين.

ت. جماعة الموظفين والجمهور.

ث. كل ما سبق.

5- من العوامل التي تؤثر في اختيار وتصميم الهيكل التنظيمي:

    أ.   حجم المنظمة.

    ب. دورة حياة المنظمة.

    ت. نوع البيئة.

    ث. جميع ما سبق.

6- النموذج الكلاسيكي يتألف من الأنواع التالية عدا واحداً هي:

    أ.   التنظيم التنفيذي.

    ب. التنظيم الاستشاري.

    ت. التنظيم العضوي.

    ث. التنظيم الوظيفي.

7- التقسيم الزمني للهيكل التنظيمي وسيلة لتحقيق العديد من الأهداف وبوقت واحد منها:

    أ.   الوفاء بتعهدات المنظمة.

    ب. استثمار الإمكانات المادية والمعنوية بوقت واحد.

    ت. إشغال أكبر عدد ممكن من العمال وخدمة المجتمع.

    ث. جميع ما سبق.

8- تحديد عدد المرؤوسين في نطاق الإشراف يخضع للعديد من العوامل منها:

    أ.   طبيعة عمل المرؤوسين.

    ب. درجة كفاءة وسائل الاتصال المستخدمة.

    ت. أ + ب.

    ث. لا شيء مما سبق.

9- هناك نظريات للمصادر يستمد منها الفرد السلطة. منها:

أ. نظرية قبول السلطة.

ب. نظرية السلطة الرسمية.

ت. نظرية السلطة الشخصية.

ث. جميع ما سبق.

10- هناك أنواع للسلطة الإدارية منها:

أ. السلطة الاستشارية.

ب. الوظيفية.

ت. اللجان.

ث. جميع ما سبق.

11- توجد عوامل كثيرة تؤثر في اتباع الأسلوب المركزي أو اللامركزي في الإدارة إلا أن أحدهما ليس من العوامل التالية:

أ. قيمة القرار.

ب. حجم المنظمة.

ت. فلسفة المرؤوسين.

ث. نطاق الإشراف.

12- من مزايا المركزية:

أ. قوة الإدارة العليا.

ب. وضع الخطط والسياسات.

ت. أ + ب.

ث. لا شيء مما سبق.

هوامش الفصل الرابع

1. Anderson and Sweeny: An Introduction to Management Science. CUSA (west 1979).

2. مبادئ علم الإدارة، علي محمد صالح وزميله، مكتبة الرائد العلمية 2000، (ص135).

3. الإدارة الحديثة، مصطفى الشاويش، عمان، دار الفرقان، 1993 (ص366-367).

4. التنظيم الإداري في المنظمات المعاصرة، مصطفى محمد، 2005، الدار الجامعية، الإسكندرية، (ص72).

5. الإدارة والأعمال، د. صالح العامري وشريكه د. طاهر محسن، دار وائل، 2007، (ص328).

6. أسس الإدارة الحديثة، بشير العلاق، دار اليابوري العلمية، 1998، (ص173).

7. المفاهيم الإدارية الحديثة، محسن مخامرة وشركاه، قرر الكتب 2007 (ص154).

8. التنظيم، أحمد ماهر، 2005، الدار الجامعية/ الإسكندرية، (ص34).

9. مبادئ الإدارة، علي محمد منصور، مجموعة النيل العربية، 1999، (ص160).

10. جون جاكسون، نظرية التنظيم منظور كلي للإدارة، ترجمة د. خالد حسن رزوق، معهد الإدارة العامة، الرياض، 1988.

11. صريح حسين محمود، تصميم المنظمة، الهيكل التنظيمي وإجراءات العمل، مكتبة الحامد، عمان 1996.

12. القريوتي، محمد قاسم، نظرية المنظمة والتنظيم، دار وائل، عمان، 2006.

13. Mintzberg. Henry, "The Structuring of Organization", prentice- Hall, New Jersey, 1979.

14. Jones, Goreth R., "Organization Theory, Design and Change" 4thed., persons education Inc, New York, 2004.

15. الإدارة الحديثة، مرجع سابق، د. مصطفى الشاويش.

16. السالم، مؤيد سعيد، نظرية المنظمة، الهيكل والتصميم، الطبعة الثانية، دار وائل للنشر، عمان، 2005.

17. اللوزي موسى، التطوير التنظيمي، أساسيات ومفاهيم حديثة، دار وائل للنشر، عمان. 1989.

18. العلاق، بشير، أسس الإدارة الخدمية، مرجع سابق.

19. عباس، علي عباس وشريكه، مبادئ علم الإدارة مرجع سابق.

20. العلاق، بشير، أسس الإدارة الحديثة، مرجع سابق.

21. Plunkett and Attner, O.P Cit, (p.p 213-214).

22. محمود عساف، أصول الإدارة، القاهرة، دار الناشر العربي، 1976، (ص382-383).

23. العلاق، بشير- مرجع سابق.

مصطلحات الفصل الرابع

.1	**التنظيم: (Organizing)**	مرحلة أو عملية تصميم هيكل تنظيمي وتقسيم العمل بشكل منطقي وكذلك عملية تحديد السلطات والمسؤوليات والعلاقات بين الأجزاء لتحقيق هدف مشترك.
.2	**الهيكل التنظيمي: (Organizational Structure)**	عبارة عن نظام يحدد في إطاره المهام والأنشطة والعلاقات بين الوحدات وروابط الاتصالات بين أجزائه.
.3	**نطاق الإشراف: (Span Of Control)**	"نطاق الرقابة" وهو يشير إلى عدد المرؤوسين الذي يمكن لرئيس واحد أن يشرف عليهم بكفاءة وفاعلية.
.4	**السلطة: (Authority)**	القدرة الشرعية التي تناط بشخص ما أو بوظيفة ما والتي يجري قبولها ليس فقط من قبل الممارس للقدرة وإنما من قبل الذين تمارس عليهم المتأثرين بها أيضاً.
.5	**المسؤولية: (Responsibility)**	الالتزام القانوني والأخلاقي من قبل الفرد بشكل ملائم حين أدائه بعض الواجبات لتحقيق نتائج معينة.

6.	تفويض السلطة: (Delegation Authority)	توزيع حق اتخاذ القرارات وإصدار الأوامر ضمن نطاق يحدد مداه المدير العام حسب مستويات الإدارة والتفويض ضروري لأي مدير لإنجاز المهام ولا يمكن تركيز السلطة بكاملها في يد شخص المدير العام.
7.	المركزية: (Centralization)	الاحتفاظ بالسلطات جميعها في يد شخص أو مستوى إداري عالٍ وبالتالي حق اتخاذ القرارات بحيث لا يسمح للمستويات الأدنى بالتصرف إلا بناءً على تعليمات من المستوى الإداري الأعلى أو بعد موافقته.
8.	اللامركزية: (Decentralization)	سياسة إدارية تقوم على مبدأ توزيع وتفويض السلطة بين الرئيس والمرؤوس.
9.	عناصر التنظيم: (Organize Events)	أ. الأعمال أو النشاطات التي تمارسها المنشأة أو المنظمة لتحقيق أهدافها. ب. الأفراد أو العاملون في المنشأة أو المنظمة على اختلاف مستوياتها العلمية أو الفنية. ت. الإمكانات أو الموارد المادية

	والمعنوية المتاحة وتشمل الإدارة والمواد والأموال والمعلومات والتكنولوجيا. ث. النظم والإجراءات والخطوات والمراحل المخططة لأداء الأعمال أو الأنشطة المشار إليها. ج. الهيكل أو أسلوب توزيع الأفراد العاملين وتحديد علاقاتهم الوظيفية وخطوط الاتصال. تحديد الصلاحيات والسلطات والمسؤوليات لكل مركز وظيفي.	
10.	الصلاحيات: (Validities)	------------------
11.	المهام: (Tasks)	------------------
12.	الاستقرار الوظيفي: (Functional Stabilities)	الاستقرار والثبات للعاملين والأفراد يعتبر من سمات التنظيم الجيد. وان التنظيم الذي يمتاز بكثرة التعيينات والاستقالات لا يعطي الأفراد أو العاملين الاستقرار الوظيفي الذي ينشده كل فرد يعمل في أي منظمة.

13. **التنظيم الرسمي:** **(Formal Organization)**	يهتم بالهيكل التنظيمي وبتحديد العلاقات والمسؤوليات الإدارية وتقسم الأعمال والأنشطة وتوزيع الاختصاصات وكما وردت بالنظام الأساسي الذي تأسست بها المنظمة وبالتالي فهو يشمل القواعد والترتيبات التي تطبقها الإدارة وتعبر عن الصلات الرسمية بين كل وحدة إدارية مع الأخرى أو بين كل فرد وآخر في المنظمة يهدف بتنفيذ سياسات الأعمال التكاملية وصولاً للأهداف المستوفاة.
14. **التنظيم غير الرسمي:** **(Informal Organization)**	ينشأ ضمن التنظيم الرسمي ومنه تتكون الجماعات الإنسانية داخل التنظيم (الشلل) التي تتشكل بطريقة عفوية بمحض الصدفة وكنتيجة لسوء الإدارة في معاملة المرؤوسين أو عدم قدرة المدير على توجيه المرؤوسين نحو تحقيق أهداف التنظيم.
15. **المنظمة: (Organization)**	-----------------
16. **البيئة التنظيمية: (Organizational Environment)**	-----

17.	التنظيم العضوي: (Organic Organizational)	يعطي لكل مدير أهدافاً محددة وتطلب منه تنفيذها خلال مدة معينة ومقابل لذلك يطلب في نهاية المدة من المدير تقديم تقرير يذكر فيه النتائج التي حققها علماً بأنه يعطي الحرية في التصرف ودون الالتزام بالإجراءات الرسمية.
18.	التنظيم الشبكي: (Network Organization)	تقوم المنظمة بإسناد وظائف رئيسية منها إلى منظمات أخرى مستغلة يتم التعاقد معها من قبل الإدارة العليا للمنظمة.
19.	الهيكل التنظيمي التنفيذي: (Line Organization)	أبسط نوع من طرق التنظيم ويكون فيه مشرف واحد ويلاحظ فيه مجهودات الجماعة وتتبع معظم المنشآت الصغيرة وبعض المنشآت الكبيرة هذه الطريقة التي تتميز بأن السلطة فيها يمكن تتبعها إلى المدير العام وأن منافذ المسؤولية مستقيمة ومباشرة.
20.	الهيكل التنظيمي الوظيفي: (Functional Organizational)	يركز على تقسيم العمل والتخصص فيه فكل وحدة إدارية تختص بجزء من العمل يقوم به فرد متخصص في مجال الجزء الخاص به.

21. **الهيكل التنظيمي الاستشاري:** **(Counseling Organization)**	يركز هذا النموذج على الاستعانة بالمستشارين أو وحدات إدارية تكون من أهم واجباتها الرئيسية تقديم النصح والمشورة الفنية للإدارات الفنية لمساعدتها بإنجاز أعمالها.
22. **نظرية السلطة الرسمية:** **(The Formal Theory of Authority)**	أي أن مصدر السلطة هو حق الملكية أو الجهة المالكة للمنظمة أقرته جميع الأحكام المنزلة شرعاً وقانوناً وعرفاً.
23. **نظرية قبول السلطة:** **(Acceptance Theory of Authority)**	أي أن السلطة في الحقيقة تأتي من الأسفل. إذ لا أحد يكون له سلطة ما لم يقبل المرؤوسين توجيهاته.

الفصل الخامس

التوجيــــه

Directing

الأهداف الأدائية Performance Objectives

يتوقع أن يحقق الدارس الأهداف الأدائية التالية بعد أن يُتم قراءة هذا الفصل:

1. استيعاب مفهوم التوجيه من حيث مضامينه واستخداماته.
2. التمييز بين مفهومي الإداري والقيادي.
3. القدرة على التمييز بين نظريات القيادة من حيث استخداماتها.
4. استيعاب آليات عمل كلٍ من: الدافعية والحافز.

التوجيه
Directing

مقدمة:

يعتبر التوجيه إحدى الوظائف الإدارية الرئيسة في المنظمة، فهو يمثل الوظيفة الثالثة من وظائف المدير بالإضافة إلى وظيفتي التخطيط والتنظيم، إلا أن التوجيه يتميز بأنه وظيفة مركبة تنطوي على العديد من الأنشطة الذهنية والمعنوية والإنسانية إلى جانب كونها وظيفة صعبة لأنها تتعامل مع الإنسان بشكل أكثر قرباً.

تظهر صعوبة التعامل مع الإنسان كونه يجمع بين كل المتناقضات فقوى الخير كامنة في النفس البشرية وكذلك قوى الشر، وإذا كان الإنسان يتهرب من المسؤولية فإنه في نفس الوقت يمكن أن يسعى إلى تحمل المسؤولية .

أي أن الإنسان يمكن أن يُظهر أحسن ما فيه إذا وُضع في ظروف ملائمة وبيئة مناسبة، كما وأنه يُظهر أسوأ ما فيه إذا كانت الظروف أقل ملائمة.

ولما كانت الإدارة بمفهومها التقليدي هي تنفيذ الأعمال باستخدام جهود الآخرين، فإن هؤلاء الآخرين هم مجموعات من الأفراد الذين تنطبق عليهم جميع الصفات الإنسانية السابقة.

مما تقدم فإن وظيفة التوجيه تتطلب من المدير تهيئة الجو المريح الذي يستطيع مرؤوسوه من خلاله إظهار وتوظيف قدراتهم الإنتاجية بالكامل.

ومما يزيد من صعوبة هذه الوظيفة أنَّ المدير نفسه إنسان تنطبق عليه أيضاً جميع الصفات الإنسانية ومن ثم يكون من الصعب على المدير أن يعزل نفسه عن الموقف، وأن يتجرد من مشاعره تجاه بعض العاملين، وأن يُبدي تعاطفه مع بعضهم وتحيزه تجاه البعض الآخر.

ومع ذلك، إذا لم ينجح المدير في وظيفة التوجيه فإنه يكون قد فشل في الاضطلاع بمسؤوليته الأساسية وهي تنفيذ الأعمال باستخدام جهود الآخرين.

مفهوم التوجيه Directing Concept

تتضمن هذه الوظيفة الكيفية التي تتمكن بها الإدارة من تمكين (Empowerment) العاملين في المنظمة من إتقان أدائهم لأعمالهم، وتنشيط علاقات العمل مع المرؤوسين على كافة المستويات، ويتطلب ذلك حُسن تفويض السلطة لمعاونيهم على أن لا يحدث تضارب أو تداخل في اختصاص العمل.

من أجل ذلك ينبغي أن نتأكد من وضوح الاختصاص في التفويض، وأن يكون المدير راغباً في منح هذا التفويض لأن ذلك سيؤدي حتماً إلى أن يتعلم المرؤوسون عن طريق الممارسة، وقد يرتكبون الأخطاء إلا أن الأخطاء يمكن دائماً تقويمها وتصحيحها وهذا التقويم يسهم في تشكيل شخصية المرؤوسين بحيث يمكن الاستفادة مستقبلاً في تقليل هذه الأخطاء وتنمية القيادة الإدارية.

ولعل من أهم أركان التوجيه والتفويض توافر كفاءة اتصالات العمل بين الرئيس ومرؤوسيه باستخدام أسلوب فعال لنقل البيانات والتعليمات من كافة مستويات التنظيم داخل المنظمة وخارجها. إن وسائل الاتصال هذه ينبغي أن تسمح بتنمية ملكة الخَلق والإبداع لدى العاملين وتمنحهم الثقة في أنهم دائماً قادرون على الإبداع والابتكار، وأن ما ابتكروه سيصل في الوقت الذي يرونه مناسباً لرؤسائهم بحيث تنعكس آثار مقترحاتهم على العمل- إذا كان ما يقدمونه مفيداً على مستوى المنظمة- ومما لا شك فيه أن إلمام الرئيس بطبيعة مرؤوسيه يكون له أثر كبير في حسن توجيههم خاصة وأنه من خلال هذا الإلمام يكون على دراية بالدوافع التي تُحرك المرؤوسين باستخدام الأسلوب الأمثل لخلق درجة كبيرة من الانسجام والاستجابة، الأمر الذي يسهم في تحسين وتنمية قدراتهم الفنية.

لذلك يجمع علماء التنظيم والإدارة على أن الرئيس المباشر هو الأقدر على توجيه مرؤوسيه.

وعليه، فإن وظيفة التوجيه الإداري تتضمن الإرشاد والتعليم وخلق الحوافز للأفراد للعمل بأقصى طاقاتهم من خلال توفير بيئة عمل ملائمة تمكّن هؤلاء العاملين من إشباع حاجاتهم وبالتالي تحقيق الأهداف المرجوة. وممارسة هذه الوظيفة تعني إصدار أوامر وتعليمات لتمكّن الوظائف من إنجاز أعمالها، ويمكن تحقيق جانب من ذلك بالمسؤولية الإدارية التي تهتم بتنمية قدرات العاملين إلى أقصى حد ممكن عن طريق التوجيه والتعليم ومراقبة العاملين بفعالية. وتمارس الإدارة داخل المنظمة وظيفة التوجيه من خلال عمليات القيادة والدافعية والاتصال واتخاذ القرارات.

القيــادة

Leadership

تعتبر عملية القيادة من أكثر العمليات تأثيراً على السلوك التنظيمي، فهي تـؤثر على كلٍ من واقعية الأفراد، واتجاهاتهم النفسية، ورضاهم عن العمل.

وتشكل القيادة محوراً رئيساً للعلاقة بـين الرؤساء والمرؤوسـين، كـما تعد مـن أوجه التأثير المتبادل بين الفرد والجماعة، فالقائد الكفؤ يمد أفراد الجماعة بما يساعدهم على إشباع حاجاتهم ورغباتهم وتحقيق أهـدافهم، ويـدافع عـن مصالحهم وحقـوقهم، ويهتم بمشاكلهم. وفي المقابل يقدم المرؤوسون بدورهم للقائد الـولاء والطاعـة والقبـول والتقدير. ومن خلال عطاء المرؤوسين يكتسب القائد شرعيته وسلطته كقائد.

يتضح مما سبق أن دراسـة القيادة – كإحدى الظواهر السـلوكية – يعـد أمـراً ضرورياً ولابد أن تتصف بالعلمية والمنهجية وذلـك لضـمان التوصـل إلى استنتاجات صادقة حول طبيعة السلوك القيادي ومحدداته، ومدى تأثيره على سلوك الآخرين.

مفهوم القيادة   Leadership Concept

يمكن تعريف القيادة بأنها القـدرة في التـأثير عـلى أفكـار الآخـرين واتجاهاتهم وسلوكهم، وتوجيههم لتحقيق أهداف محددة.

يتضـح مـن التعريـف السـابق أن القيادة قـدرة التـأثير في الآخـرين لتحقيـق الأهداف المشتركة، وأن أساس هذه القدرة هو الارتفاع بـالروح المعنويـة لـدى التـابعين ومع ارتفاع الروح المعنوية ترتفع القدرة الإنتاجية.

والروح المعنوية اتجاه أساسه الثقة والمثابرة في العمل، والتمسك بفهم الجماعـة ومثلها. فإذا كانت هذه الجماعة متماسكة فهذا دليل على ارتفاع روحها المعنوية، ومـما لاشك فيه أن القائد الماهر هو الذي يحتفظ بروح تماسك الجماعة بل

إنه يعمل على تدعيمها وتنميتها. إن الروح المعنوية Moral تشـير إلى مسـتوى فاعليـة الجماعـة Level of group functioning كـما تشـير إلى اتحـاد الجماعـات وتضامنها أو الحالة المعنوية Esprit de Corps التي تسودها. وواضح أن المسـؤول عـن هذا الجانب الأساسي من دينامية الجماعة هو قائدها، فهو أكثر مـن أي عضـو آخـر بهـا الذي يدخل ضمن اختصاصه رفع الروح المعنوية للجماعة، وأهم دلائل الـروح المعنويـة المرتفعة ما يلي:

1. ميل الجماعة إلى التماسك عن طريق التقارب الداخلي.

2. وجود أقل مستوى من الاحتكاكات التي تفرق أو تفصل بين الأعضاء.

3. قابلية الجماعة للتوافق خلال الظروف المتغيرة كدليل على تمكينها من طرح الخلافات الداخلية وتحقيق التكامل بين الأعضاء.

4. وجود العلاقات الاجتماعية القوية القائمة على المشاعر والحالات النفسية لا العلاقات الشكلية.

5. أن تكون أهداف الجماعة مشتركة بين أعضائها كأفراد في فريق واحد.

6. رغبة الأفراد في الإبقاء على الجماعة والنظر إليها كقيمة إيجابية.

وعليه، فإن جوهر وأساس عملية القيادة تقوم على العناصر الرئيسية التالية:

1. **القائد الفرد** الـذي لديـه ملكـة التـأثير عـلى الآخـرين مـن خـلال تـوجيههم والتفاعل معهم.

2. **الأفراد التابعون** وما يملكون من تماسك جماعي يوظفونه في إتباع قائدهم.

3. **الأهداف المشتركة** التي تسعى المنظمة إلى بلوغها.

القيادة والإدارة: Leadership and Management

إن مفهوم الإدارة قائم على أساس قدرة المدير على إنجاز الأعمـال عـن طريـق الآخرين، ولا يمكن أن ينجز أعمالاً عن طريق أشخاص آخرين إلا إذا كان ذا قدرة علـى التأثير فيهم، حتى يتمكن من تحقيق أهداف المنظمة.

ومن هنا تتضح أهمية صفة القدرة التعليمية التي ينبغي أن يتصف بها القائد، وكذلك قدرته التأثيرية على مرؤوسيه.. وذلك حتى يتمكن مـن توضيح لهـم أعمالهـم، وحفزهم على التفكير الإيجابي.. وتوجيه جهودهم بالأسلوب الـذي يريـده ويقتنع بـه.. وهذه هي القيادة.

آرثر ويمر يعترف بأن القيادة قدرة علـى التأثير، ويُفرق في نفس الوقت بـين المدير والقائد المدير، إذ أن القائد المدير هو الذي يملك هـذه القـدرة التأثيريـة بحيـث يجعل المرؤوسين العاديين يرتفعون في مستويات أدائهم إلى كفاءة إنتاجيـة أعـلى. هـذه الجوانب التأثيرية في شخصية القائد تشكل في مجموعها الصفات الحسـية التـي يصعب تحديدها غير أننا يمكننا أن ندركها عن طريـق النتـائج التـي تتحقـق مـن هـؤلاء الـذين تأثروا بها.

مما تقدم من تحليلات وتعريفات لمفهوم القيادة تتضح لنا عوامـل مشـتركة تتمثل في القدرة على التأثير في المرؤوسين وتوجيه سلوكهم، وحفزهم لخدمـة الأهداف التي تعمل القيادة الإدارية من أجل تحقيقها.

وللوصول إلى صورةٍ أكثر تكاملاً للقيادة علينا أن نستعرض المفاهيم الأساسية لفكرة القيادة وهي:

1- القدرة: Ability

إحدى المقومات الأساسية للقيادة التي تـدعم وتسـاند عناصر السـلطة بصـورة فعالة وواضحة فتمكن هـذه العنـاصر - وتمـارس وظيفتهـا القياديـة - مـن التأثير في المرؤوسين مما يسمح بتفاعلهم والتزامهم نحو تحقيق الأهداف المحددة.

2. السلطة: Authority

قـوة قانونيـة شرعيـة Institution Alized power أو أنهـا حـق وقـوة اتخـاذ القرار. وقد كـان **ويبر وبرنـارد** أول مـن ناقشـا السـلطة والقـوة في الأوضـاع التنظيميـة وكانت معطياتهما في هذا الميدان مفيدة، حيث ساعدتنا في فهم أسباب قدرة القائد على التأثير في الآخرين، وقد أشار **ويبر** إلى أن السلطة لا تعتمد بالضرورة على القوة القهرية، حيث ترتبط بشكل أقوى بتكامل القوة الشرعية والقوة المرجعيـة والقوة الناتجـة عـن الخبرة .

كما وأن **ويبر** في مناقشته للسلطة أشار إلى أنه قـد تُرفض الأوامـر إذا لم تعتمـد بشكل واضح على القوة الشرعية وقوة الخبرة والقوة المرجعية ويتم الرفض بغض النظر عن العوائد أو الجزاءات.

3. القوة: Power

القيـادة هي أحد مظاهر القوة، فهي القدرة على التأثيـر في الآخرين وجعلهـم ينفذون ما هو مطلوب منهم. وقد عرف كـل مـن **فرنش ورافين** (French & Raven 1959) القوة (النفوذ) على أنها الرقابة التي يملكها الفرد ويمكن أن يمارسـها على الغـير، لذلك قد تكون القوة مستقلة عـن المركز التنظيمي والمكانـة. وهناك خمسـة مصـادر للقوة.

1- قوة الحوافز (المكافأة): Reward Power

وهي إمكانية تقديم حوافز ماديـة أو معنويـة ذات قيمـة تـتمكن مـن خلالهـا التأثير على الآخرين ودفعهم للإنجاز بشكل جيد.

2- القوة الناتجة عن الخبرة: Expert Power

وتعني المعلومـات القيمـة والمعرفة التي يمتلكهـا فـرد ويحتاجهـا الآخـرون في منظمات الأعمال.

3- القوة المرجعية: Referent Power

يستمدها من الشخصية والصفات والخصائص المتميزة التي يمتلكها المدير ويستطيع من خلالها كسب ود وولاء الأفراد العاملين معه.

4- القوة الشرعية: Legitimate Power

وهي القوة التي تنبع من القيم الداخلية التي تؤيدها السلطة القانونية والتي تتيح للمدير التأثير الذي يكفله له موقعه الوظيفي.

5- قوة الإكراه والعقاب: Coercive Power

القدرة على التأثير في الآخرين من خلال التهديد وإنزال العقوبات والمحاولة من أجل تغيير سلوك العاملين من خلال التلويح باستخدام العقوبة.

4. التأثير: Influence

محاولة تغيير سلوك العاملين في المستوى الأدنى ومستوى الزملاء المناظرين أو حتى الرؤساء في المستويات الأعلى، والتأثير قد يكون إيجابياً أو سلبياً، مما قد يساهم في زيادة الفاعلية المنظمة أو إضعافها، والمدير الناجح هو الذي يتمكن من ممارسة التأثير الإيجابي والصحيح في الوقت المناسب.

ويمكن أن يحدث التأثير بواحد من الأساليب التالية:

1- **الإقناع العقلاني:** وذلك بمحاولة إقناع الآخرين من خلال معلومات وبيانات وخطط تفصيلية مدعمة بأساليب موضوعية مقنعة للآخرين.

2- **إستراتيجيات تحالفية:** وذلك من خلال عقد تحالفات مع الآخرين تبحث عن مساعدتهم وعونهم.

3- **استخدام أساليب الضغط بالتهديد والتخويف:** مما قد يؤدي إلى الحصول على دعمهم ومؤازرتهم.

4- **تبادل المنافع:** من خلال تقديم خدمات ومنافع للآخرين مقابل الحصـول على دعم، وإحداث التأثير فيهم.

5- **الاستشارة:** من خلال دعوة الآخرين للمشاركة في اتخاذ القرارات وخاصـة المتعلقة بالتغيير داخل المنظمة.

6- **مساندة الإدارة العليا:** حيث يتم اللجوء إلى الإدارة العليـا في المنظمـة مـن أجل الحصول على مساعدتهم في إحداث التأثير.

5. التمكين Empowerment

مشاركة القائد أتباعه في أعمال السيطرة والتأثير واتخاذ القرارات المتعلقة بعمل الجماعة.

كما وأن المدير الفاعل يمكّن العاملين الآخرين من امتلاك القوة لتحقيق تأثير في الجوانب المختلفـة للمنظمـة وذلـك مـن خـلال تزويـدهم بالمعلومات، وتحمـيلهم المسؤوليات، ومنحهم الصلاحيات التي تزيدهم ثقة في المشاركة في صنع القرارات، ممـا يزيد من التزامهم بالعمل، ومحافظتهم على نوعية العمل والأداء في المنظمة.

ومن الوسائل المختلفة لتمكين العاملين:

1- تشجيع العاملين على القيام بالمبادرات واتخاذ القرارات.

2- استخدام المعرفة Knowledge بصورها المختلفة لتحقيق الأهداف.

3- اختيار طرق العمل وإنجاز المهام.

4- خلق بيئة تعاونية من خلال المشاركة في المعلومات ومناقشتها.

النظريات التقليدية في القيادة: Classical Theories In Leadership

شغل مفهوم القيادة الكثير من علماء الاجتماع والباحثين الآخرين لسنوات عديدة، وقد اتجهت الكثير من دراساتهم إلى دراسة خصائص القائد وسلوكه، وفي الآونة الأخيرة اتجهت أنظار هؤلاء الباحثين إلى دراسة جماعات العمل وباقي المؤثرات التنظيمية الأخرى التي تؤثر على القيادة ودرجة فاعليتها.

ومن الوجهة النظرية الإجمالية الخاصة بأنماط القيادة فهناك الكثير من الاختلافات بين مدير وآخر من حيث طبيعة طرق الحفز المستخدمة، وكذلك من حيث المدى الذي يقوم فيه بمنح السلطات إلى مرؤوسيه.

وفي هذا المبحث سنقوم بالتركيز على النظريات المختلفة التي تفسر ـ الجوانب السلوكية والقيادية المطلوبة لدى المدير وكيف يستطيع أن يحدث التأثير الإيجابي في الآخرين العاملين معه، وهذه النظريات هي:

أولاً: نظرية الرجل العظيم: The Great Man Theory

الرجل العظيم هو إنسان لديه قدرات فردية وراثية، ويتمتع بشخصية كاريزمية، تمكّنه من التأثير الكبير على أعداد كبيرة من الناس والآخرون ينقادون طوعاً ويقدمون التضحيات من أجل تحقيق أهداف وإنجازات كبيرة.

هذه النظرية تبين بأن القائد "يولَد ولا يصنَع" Born Rather Than Made وبالتالي فإن أساس فاعليته أمر لا يصبح بالإمكان اكتشافه من خلال دراسته هو أو دراسة طريقته في العمل.

إن الافتراضات التي تنادي بأن القائد أو سلوكه أمر لا يمكن إخضاعه للتحليل، كما أن القائد يصبح قائداً لأنه يولد كذلك، افتراضات تتسق مع نظرية الرجل العظيم في دراسة القيادة.

وعليه، فإن المنظمات التي تؤمن بهذه النظرية تميل إلى التركيز على ضرورة الاختيار السليم للمديرين كونه يولد بطبيعته قائداً، وهذا يزيد بدوره من أهمية حُسن الاختيار.

ثانياً: نظرية السمات Traits Theory

تفترض هذه النظرية وجود ارتباط بين القيادة الفعالة من ناحية وبين خصائص وسمات شخصية القائد من ناحية أخرى وأنه بالإمكان دراسة كل منها.

وهذه النظرية تقدم أساساً يمكن استخدامه في اكتشاف العوامل التي تُبنى عليها مفاهيم القيادة الفعالة. وعليه، فإن تحليل الخصائص أو السمات الشخصية للقائد مثل: القوة البدنية، والذكاء، والثقة بالنفس، والاعتماد عليه في تحمل المسؤولية، والحزم، والتصرف الحاسم في المواقف الحرجة، والاستقامة والأمانة، والدافعية العالية، والتفكير الإبداعي يمكن اعتبارها صفات ضرورية لنجاح القائد وربطها بالفاعلية الإدارية أمر يتضمن استخدام وتطبيق نظرية السمات في القيادة.

وبشكل عام، فقد اختلفت وتعددت السمات أو الخصائص التي تمت دراستها من بحث لآخر، وأن هذا التباين في عدد الخصائص والسمات المدروسة يجعل من الصعوبة بمكان إجراء المقارنات بين هذه الدراسات المختلفة الخاصة بهذه النظرية.

أضف إلى ذلك أن هناك صعوبة أخرى تتمثل في ماهية التعريف الخاص بهذه السمات ذاتها، فعلى سبيل المثل فإن السمة المرتبطة (بالأمانة) قد تتعلق بقول الحق كما أنها قد تتعلق باحترام حقوق ملكية الغير.

وعليه، فإنها تحمل أكثر من معنى، الأمر الذي يؤدي إلى احتمال انعدام الدقة العلمية المرتبطة بعملية القياس والمقارنة.

وبالرغم من الاختلاف في الأهمية النسبية لسمات الشخصية من دراسة لأخرى، إلا أنه وجد أن السمات الخاصة بالذكاء، والقدرة على الاتصال والقدرة

على معرفة وتقييم أهداف جماعات العمل ترتبط بالقيادة الفعالة في العديد من المواقف، وعليه، فإنه بالمقارنة بباقي أعضاء جماعات العمل الذين يتولون قيادتها فإن القادة يميلون إلى أن يكونوا أكثر ذكاءً، وأكثر قدرة على الاتصال وأكثر قدرة على معرفة وتقييم أهداف جماعة العمل ذاتها.

إنه من الأهمية بمكان القول أن الخصائص العامة للقيادة لا تحدث فرادى ولكن في شكل حُزَمٍ متجانسة حتى يكون بينها وبين الفاعلية ارتباطاً.

النظريات السلوكية: **Behavioral Theories**

نظراً لإخفاق نظرية السمات في تقديم تفسير واضح لفاعلية القيادة نتيجة الصعوبات التي تتمثل في عدم وجود مجموعة من السمات الموحدة التي يمكن دراستها كذلك بالإضافة إلى عدم وضوح التعاريف (المعاني) الخاصة بهذه السمات فقد تحول اهتمام الباحثين والكتاب إلى السلوك القيادي بدلاً من السمات حيث يفترض مؤيدو هذه النظريات إلى أن أفعال القائد وتصرفاته أثناء العمل والأنشطة التي يقوم بها وكيفية تعامل القائد مع أتباعه والتركيز على أنماطه السلوكية، هي التي تشكل أساساً محدداً لقيادته.

أي التركيز على ما يفعله القائد بدلاً من تعريف من هو القائد تعتبر أمراً متسقاً مع المنهج السلوكي للقادة.

وقد أشار مؤيدو هذه النظرية، أن مثل هذه السلوكيات يمكن تعلمها وتعليمها والتدرُّب عليها، مما يجعل بالإمكان صناعة القائد. وهنا يتم التحول الكبير في النظرة نحو القائد فبعد أن كان الاعتقاد بأنه يولد ولا يصنع أصبح الأمر منصباً نحو تدريب وتعليم موجه لصنع قائد كفؤ.

ولقد أجريت دراسات عديدة مكثفة في هذا المجال من أهمها:

- دراسة جامعة ميتشغان Michigan University Study.

- دراسات جامعة أوهايو Ohio Studies .

- نظرية الشبكة الإدارية The managerial Grid Theory .

لقد افترض مؤيدو النظريات السلوكية في القيادة أن هناك علاقة بين أسلوب القيادة Leadership Style وفعالية الجماعة وأن هناك أسلوباً قيادياً محدداً قد يكون ناجحاً ومؤثراً في مختلف المواقف.

دراسة جامعة ميتشغان: Michigan University Study

تتكون الأفكار الخاصة بهذه الدراسة والتي قام بها باحثون عديدون من جامعة ميتشغان على مجموعة كبيرة من المديرين ومرؤوسيهم، حيث ركزت هذه الدراسة على أساليب القيادة التي يمارسها المديرون استناداً إلى بعدين رئيسين متعلقين بأنشطة وأعمال المديرين:

1-التركيز أو الاهتمام بالعمل Job- Centered Behavior

2-التركيز أو الاهتمام بالعاملين People - Centered Behavior

فالمديرون الذين يعتمدون سلوكاً يركز على العمل لديهم الاهتمام العالي في كيفية أداء العمل، وتوصيف الأعمال وتوزيعها بين الأفراد العاملين، وتوضيح إجراءات العمل، والأداء العالي من أجل إنجاز الأعمال في المواعيد المحددة مما سيحقق الأهداف المرجوة.

أما المديرون الذين يعتمدون سلوكاً يركز على العاملين فإن جل اهتمامهم ينصب على إنشاء علاقات جيدة بين العاملين والتأكيد على رضا العاملين وبالتالي رفاهيتهم من خلال الاهتمام بمشكلات العاملين وأمورهم الشخصية.

وفي إطار هذه الدراسة تم بحث هذين الأسلوبين باهتمام وتعمق شديد مفترضين أن سلوك القائد الذي يركز ويهتم بالعاملين أكثر فاعلية من التركيز والاهتمام بالعمل.

دراسات جامعة ولاية أوهايو: Ohio State University

ركزت هذه الدراسة التي قام بها الباحثون في هذه الجامعة على التصرفات التي يقـوم بها القـادة مستخدمين في ذلك أسلوبي الملاحظة (Observation) والمقابلـة (Interviewing) وبعد تحليل هذه الدراسة تبين لهم أن معدل دوران العمـل (Work Load Analysis -) (وهو أحد الأسـاليب المستخدمة للتخطيط للمـوارد البشرـية في المنظمات والذي يعني نسبة عدد العاملين الذين يتركون العمل خلال فترة زمنية معينـة ويتم تعيين بدلاً منهم) كان منخفضاً مما يعني أن رضا العاملين عالياً من خـلال عملهـم مع قادة لديهم اعتبار واهتمام شديد Consideration للمرؤوسين ومشاعرهم.

في الوقت الذي يرتفع معدل دوران العمل وبالتالي ينخفض رضا الأفراد عن العمل مع قادة لديهم توجه هيكلي عالٍ Initiating structure نحو العمل بتحديد الإجراءات التي يفرض على المرؤوسين إتباعها بدقة. وفي هذا السلوك يتم تركيز القادة فيه على تنظيم الأشياء وكيفية إنجاز العمل.

كـما وأن البـاحثين وجـدوا أن المرؤوسـين أنفسـهم يصـنعون قـادتهم حسـب كفاءتهم في أداء العمل؛ معتمـدين في ذلك عـلى الظرف الـذي استخدم فيه النمط القيادي، فإذا كانت المنظمة تمر في ظروف حرجة وصعبة فإن النمط القيادي الموجه للعاملين سيكون أقل جدوى من ذلك النمط القيادي الموجه نحو العمل حيث الحاجة ملحة وحاسمة نتيجة تلك الظروف الحرجة، لأنه مع هذا الظرف يكون من غير المجدي توجه القائد نحو العلاقات والعاملين.

إن أنماط القيادة التي بحثت في جامعة أوهايو يوضحها الشكل التالي:

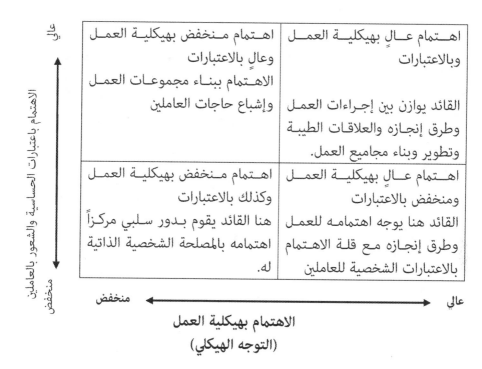

الاهتمام باعتبارات الحساسية والشعور بالعاملين (عالٍ ← → منخفض)

اهتمام عالٍ بهيكلية العمل وبالاعتبارات القائد يوازن بين إجراءات العمل وطرق إنجازه والعلاقات الطيبة وتطوير وبناء مجاميع العمل.	اهتمام منخفض بهيكلية العمل وعالٍ بالاعتبارات الاهتمام ببناء مجموعات العمل وإشباع حاجات العاملين
اهتمام عالٍ بهيكلية العمل ومنخفض بالاعتبارات القائد هنا يوجه اهتمامه للعمل وطرق إنجازه مع قلة الاهتمام بالاعتبارات الشخصية للعاملين	اهتمام منخفض بهيكلية العمل وكذلك بالاعتبارات هنا القائد يقوم بدور سلبي مركزاً اهتمامه بالمصلحة الشخصية الذاتية له.

عالي ← → منخفض

الاهتمام بهيكلية العمل

(التوجه الهيكلي)

بعد تحديد الاهتمامين الرئيسين لأي موقف قيادي، (هيكلية العمل، والاعتبارات والشعور بالعاملين)، يصبح السؤال ما هو أفضل نمط للقيادة؟

انتهت بعض الدراسات التي تمت بهذا الصدد إلى أن أفضل نمط هو نمط القائد الذي يهتم كثيراً بالعمل ويهتم كثيراً بالاعتبارات والعلاقات مع العاملين في نفس الوقت، وأن أسوأ نمط قيادي هو الذي يكون اهتمامه بالعمل قليلاً واهتمامه بالاعتبارات والعلاقات مع العاملين قليلاً أيضاً في نفس الوقت؛ إلا أنه من المتوقع أن تكون هناك اختلافات في النتائج حول أفضل نمط قيادي، وترجع هذه الاختلافات إلى الاختلاف في الظروف الحضارية لكل بلد؛ وبصفة خاصة التقاليد والعادات وكذلك مستوى التعليم ومستوى المعيشة.

وعلى ذلك، يمكننا القـول أن الـنمط القيـادي الفعـال Effective Leadership Pattern يختلف باختلاف الموقـف، وأن القائـد الفعـال يجـب أن يـدرس الموقـف بكـل عناصره:

1- المرؤوسون.
2- تكنولوجيا العمل.
3- البيئة الداخلية والخارجية للمنظمة.

ثم يتخذ الـنمط القيـادي المناسـب. ويمكننـا أن نفـرق بـين الـنمط الفعـال (أو النمط الأكثر فاعلية)، والنمط غير الفعال (أو الـنمط الأقـل فاعليـة) في المواقـف الآتيـة. حسب نظرة الناس إليه.

النمـط	جوانب إيجابية	جوانب سلبية
اهتمام عالٍ بالعمل وعالي بالاعتبارات والعلاقات التعليمية.	يحقق حاجات المجموعة من أجل تحديد الأهداف وتنظيم العمل، ويقدم مستويات مرتفعة من الدعم الإنساني والاجتماعي.	ــــــــ
اهتمام منخفض بالعمل واهتمام منخفض الاعتبارات وعلاقات العاملين.	ــــــــ	سلبي وغير ملتزم ويهتم بالشكل وباللوائح بصرف النظر عما يحدث للعمل أو العاملين.
اهتمام عال بالعمل واهتمام منخفض بالاعتبارات وعلاقات العاملين.	يعرف ما يريد ويضغط على الآخرين لتنفيذ طريقته من أجل إنجاز العمل دون أن يخلق استياء	لا يثق في الآخرين يهتم فقط بالعمل والإنتاج في الأجل القصير.
اهتمام عال بالاعتبارات وعلاقات العاملين واهتمام منخفض بهيكلية العمل.	يثق في التابعين والمرؤوسين ثقة تامة مهتم بتطوير قدراتهم وإشباع حاجاتهم.	ينظر إلى أن وظيفته هي تحقيق "الانسجام" ويجب أن ينظر إليه الناس على أنه شخص محبوب، غير مستعد للمخاطرة في مضايقة العاملين من أجل تنفيذ العمل.

وبالرغم من ذلك فإنه قد يكون من المفيد وضع حد أدنى من الصفات يجب توافرها في القائد الإداري، وهذه الصفات هي:

1- فاعليته مع الأفراد الآخرين:

قدرة على معاملة الأفراد وتوجيههم والحصول على تعاونهم وتكييف سلوكهم مع ظروف العمل. إنها تشمل اهتماماً بالآخرين وفهمهم ومهارة في العلاقات الفردية والجماعية مع مختلف أنماط الناس.

2- الحكم الصائب على الأمور والمعرفة:

قدرة على معرفة الأهداف والوسائل وما يتطلب ذلك من استخدام متكامل للذكاء والمعرفة والنجاح في مواقف معينة وعلى مستويات مختلفة، وحكم صائب في المواقف الإدارية والتنظيمية التي تحوى أكثر من تخصص.

3- ثقة في النفس ونضوج:

ويظهر ذلك في الحالات الآتية:

- تقبل النقد من الرؤساء والمرؤوسين.

- السعي وراء أفكار جديدة ودعم التغييرات المهمة.

- مقاومة الضغوط بكافة اتجاهاته.

- اعتماد على النفس وعدم طلب المعونة الناتجة عن الضعف.

- تجنب التصرفات الإنفعالية.

- اتخاذ القرارات في الوقت المناسب.

- الحصول على احترام وثقة الآخرين.

- قدرة على المساواة والتفاوض الفعال مع الآخرين.

4- المعرفة الفنية الإدارية:

الإلمام بالمعرفة الفنية دون الإفراط فيها، كما وأن الإلمام بالمعرفة الإدارية والتنظيمية ضروريٌّ جداً، لا سيما في المنظمات الكبيرة، والعبرة ليست في المعلومات ولكنها دائماً وأبداً في كيفية استخدام وتوظيف هذه المعلومات في مواقف معينة.

5- الخبرة السابقة:

إن طول الخبرة السابقة ومستواها ضروري للمدير، فالنجاح السابق يؤدي إلى الثقة بالنفس كما أنه يؤدي إلى السمعة الحسنة والتي هي ضرورية لثقة الآخرين. وثقة النفس وثقة الآخرين تعتبران من الأصول اللازمة لنجاح المدير.

نظرية الشبكة الإدارية: The Managerial Grid Theory

قام بإعداد نظرية الشبكة الإدارية الباحثان Robert Blake و Jone Mouton هادفين من ذلك وصف الأنماط القيادية المختلفة للمديرين باستخدام بُعدين أساسين هما الأفراد العاملين والعمل (الإنتاج).

فالقائد الذي يركز على الأفراد العاملين يحترمهم ويثق بهم ويرغب في توطيد العلاقات الاجتماعية معهم.

أما القائد الذي يركز على مهام العمل فإنه يقوم بذلك من خلال تحديد العمل وإجراءات وطرق إنجازه واضعاً المعايير المحددة لذلك، وبالتالي فهو يراقب الأداء والنتائج.

والشكل التالي يبين الأنماط القيادة متبعاً لهذين البعدين:

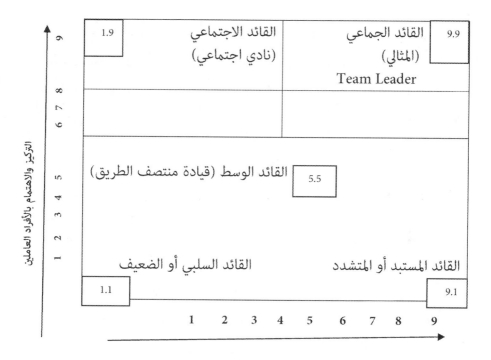

الاهتمام بالعمل (الإنتاج)

الشكل رقم (1-5) أسلوب الشبكة الإدارية

1- القائد السلبي أو الضعيف (1.1)

اهتمام قليل بالعمل والمهام وكذلك اهتمام قليل بالأفراد العاملين حيث لا يهتم المدير هنا بالعاملين الأفراد واحتياجاتهم ولا بالعمل والإنتاج، ووفقاً لهذا النمط يتخلى المدير عن دوره القيادي بل إنه يترك الأمر للمرؤوسين لاتخاذ ما يرونه مناسباً من الطرق والمهام في إنجاز الأعمال والحرية التامة في اتخاذ القرارات دون أن يكون له موقف محدد.

2- القائد المستبد أو المتشدد (9.1) Alithoritarian

اهتمام قليل بالأفراد العاملين، مع التركيز والاهتمام بالعمل ومتطلباته، وتحديد المهام في ضوء الأهداف المحددة لإنجازها من قبل العاملين، يحاول جهده توسيع وظائفه المطلقة، ويقاوم بحدة أي نشاط يرمي إلى الحد منها، كما ويمنع الأفراد من وضع أهداف العمل.

3- القائد الاجتماعي (1.9) Country Club

اهتمام عالٍ بالأفراد والتركيز عليهم وحاجاتهم وإقامة العلاقات الاجتماعية بينهم، يتصل بهم ويشجعهم باستمرار إذ أنهم قادرون على تنظيم أعمالهم بألسنتهم ويؤدي وكأنه في نادٍ اجتماعي (الاهتمام بالعلاقات الإنسانية) دون الاهتمام بالعمل والمهام.

4- القائد المثالي (قائد الفريق الجماعي) (9.9) Team Leader

يعطي القائد اهتماماً كثيراً لكل من الأفراد والإنتاج، ويركز على العمل بروح الفريق مع توفير الثقة والاحترام والمشاركة معهم في التخطيط للعمليات ومتابعة تصحيح الانحرافات في التنفيذ.

ويعتقد الباحثان أن هذا النمط القيادي هو الأكثر فاعلية وسيؤدي إلى تحسين وتطوير الأداء بما يحقق أهداف المنظمة، وسيؤدي إلى تدني نسبة دوران العمل وغياب العاملين وبالتالي تحقيق رضا وولاء العاملين في المنظمة.

5- القائد الوسط (5.5) Mid Road

هنا يعطي القائد اهتماماً معتدلاً ومتوازناً لكل من الأفراد العاملين والإنتاج معاً، وبالتالي فهو مدير اعتيادي غير مبدع. وفي رأينا ومن واقع الحياة العملية فإننا قد لا نجد نمطاً قيادياً متطرفاً أي أننا لا نجد النمط القيادي الإيجابي بالكل كما وإننا لا نجد النمط القيادي السلبي كلياً.

فيما يلي جدول رقم (1-5) يبين مقارنة بين أنواع القادة المختلفة.

متغيرات التجربة	القائد المستبد أو المتشدد (المجموعة الاستبدادية)	القائد الاجتماعي وقائد الفريق المثالي (المجموعة الديمقراطية)	القائد السلبي أو الضعيف (المجموعة المجردة من السلطة)
دور القائد في رسم السياسة والتخطيط	السياسة يحددها القائد.	السياسة تحددها المناقشات بين أفراد الجماعة بمساعدة القائد.	السياسة متروكة لحرية الأفراد أو بقرار الجماعة، واشتراك القائد ضئيل.
الوسائل وطرق العمل	الفاعليات وطرق العمل يمليها القائد على الأفراد خطوة فخطوة	يرسم القائد مقدماً خطط العمل ووسائله ويعطي فكرة عنها كما يرجح الآراء المتكافئة ويقدم المعونة الفنية اللازمة.	لا معونة من جانب القائد فيما عدا الإمداد بالمواد والمعلومات لمن يريد.
تعيين القائمين بالعمل ومهمة كل منهم	مهمة كل شخص وزميله أو زملائه في العمل يحددها أمر من القائد	تقسيم العمل وتوزيع المهام تحددها الجماعة ذاتها كما يختار الأفراد زملاءهم في العمل.	القائد لا يشارك في تعيين المهام أو اختيار الزملاء.
دور القائد في الحفز إلى العمل	القائد ذو طابع "شخصي" سواء في الثناء والنقد، يعتزل الجماعة، واشتراكه معها قاصر على شرح أوامر العمل.	القائد "موضوعي وذو عقلية واقعية" في الثناء والنقد ودوره في الجماعة دور العضو المشترك في العمل.	لا محاولة من جانب القائد للثناء أو تنظيم الوقائع، ولا تعليق له على نشاط الأفراد إلا إذا طلب إليه ذلك.

رابعاً: النظريات الموقفية للقيادة Situational Theories of Leadership

في إطار النظريات السابقة بدا واضحاً أن القيادة الفعالة تعتمد على متغيرات عديدة أكثر من مجرد سمات القائد أو سلوكه، وأن القيادة الفعالة هي محصلة التفاعل بين القائد ومرؤوسيه في المواقف التنظيمية المختلفة.

وطبقاً لذلك فإن النمط السلوكي القيادي الواحد الذي يبرز دائماً قد لا يكون النمط الفعال في مختلف الظروف والمواقف، كما وأن النمط المحدد للسمات قد لا يؤدي إلى زيادة فاعلية القائد في أي موقف.

وقد يرجع أحد أسباب ذلك إلى وجود اختلافات جوهرية في متطلبات القيادة وفقاً للمستوى التنظيمي للقائد ذاته داخل المنظمة. وعليه، فإنه من المتوقع أن نجد اختلافات جوهرية تتعلق بمتطلبات القيادة بين المجموعات الوظيفية المختلفة داخل المنظمة مثل الإشراف على عمالة الإنتاج مقارنة مع الإشراف على الموظفين الاستشاريين على سبيل المثال. وحتى في نفس المستوى التنظيمي الواحد فإن المتطلبات المرتبطة بالقيادة الفعالة قد تتغير مع مرور الوقت، مما يعني أن القائد الفعال ليس مجرد تابع أعمى لأساليب قيادية محددة، ذلك أنه يجب عليه اختيار تلك الأساليب القيادية التي تتناسب والموقف المعين الذي يوجد فيه.

وعليه، فإن المنهج الموقفي للقيادة لا يعني أن جميع المواقف تختلف كلياً عن بعضها البعض؛ إلا أنه يعني أن كل موقف يختلف عن المواقف الأخرى إلى حد ما، الأمر الذي يتطلب ضرورة اتباع أساليب قيادية معينة أكثر ملاءمة من غيرها.

وهنا على القائد أن يبدأ بتحليل المواقف الذي تواجهه إجمالاً وليس اختيار الأسلوب القيادي ذاته، وبعد تحليل الموقف الإجمالي يقرر اختيار أسلوب القيادة آخذاً بعين الاعتبار المتغيرات الموقفية التي تؤثر بشكل كبير على النمط القيادي المستخدم، وهي كالتالي:

الإدارة العليا وتطلعاتها وسلوكها:

إن سلوك الإدارة العليا وتطلعاتها نحو مفردات ومهام العمل داخل المنظمة سينعكس إيجاباً أو سلباً على سلوكيات المديرين في المستويات الأخرى.

▪ القائد شخصيته وخبرته:

لكل قائد فلسفته القيادية وسماته التي تميزه عن غيره ولها تأثير على نمطه القيادي في علاقته ورؤيته للمرؤوسين ومدى استعداده لمنحهم المشاركة في اتخاذ القرارات وتحديد أهدافهم.

▪ ثقافة المنظمة واستراتيجياتها:

وهي إحدى العوامل التي تؤثر على سلوك القائد الإداري وتطلعات مرؤوسيه من خلال تمسكه بالقيم والعادات الخاصة بالمنظمة وعلاقتها مع متغيرات البيئة الداخلية والخارجية، أما إستراتيجيات منظمة الأعمال فهي دليلٌ مرشدٌ يحدد نمطاً إدارياً معيناً.

▪ الجماعة والأفراد المرؤوسون وخصائصهم:

إن خبرة ومهارة وسلوكيات المرؤوسين لها تأثير عالٍ في النمط القيادي الذي يستخدمه المدير، إذ أن المستويات الإدارية العليا تحتاج إلى نمطٍ أقل في التوجيهات إذا ما تمت المقارنة مع المستويات الإدارية الأدنى التي قد تحتاج إلى تحديد وتوجه مختلف في التدخل بشؤون المرؤوسين.

▪ العمل ومتطلباته:

ويشمل صعوبة وتعقد العمل ووضوح المهام والإجراءات وهيكلية المنظمة والتكنولوجيا التي تستخدمها، والقدرات والمهارات التي يتطلبها هذا العمل الذي قد يستلزم أداؤه أمراً محدداً وبالتالي يفرض نمطاً قيادياً معيناً مقارنة بالأعمال الأخرى.

وسنناقش فيما يلي أهم النظريات الموقفية للقيادة:

نظرية فيدللر: Fiedler's Theory

يقوم هذا النموذج الذي قدمه Frederic Fiedler من جامعة النيوى في الولايات المتحدة الأمريكية، على توضيح أن الانجازات العديدة لبعض الأنماط القيادية تختلف من موقف لآخر وذلك من خلال الأخذ بالاعتبار تفاعل كل من:

- **شخصية وخصائص القائد** مع **متغيرات الموقف**، وما يعكسه هذا الموقف من مقدار السيطرة والنفوذ على الوضع الذي يتوفر للقائد.

مطابقة أسلوب القيادة مع الموقف

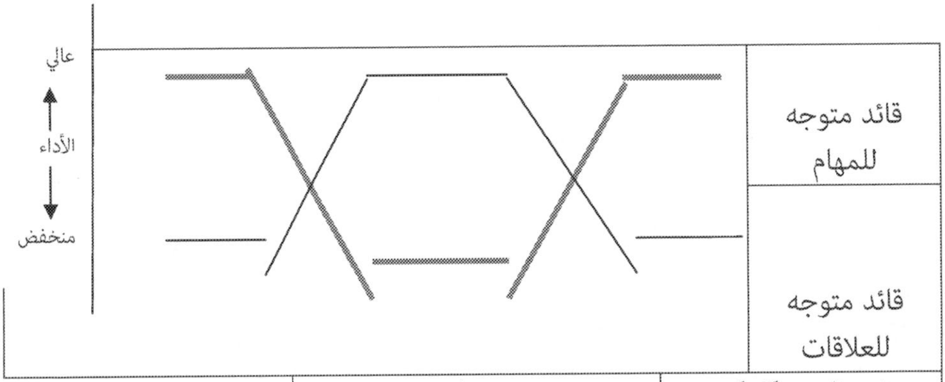

غير مؤاتٍ بشكل كبير			وسط				مؤاتٍ بشكل كبير	
ضعيف	ضعيف	ضعيف	ضعيف	جيد	جيد	جيد	جيد	علاقات القائد بالمرؤوسين
غير مهيكلة		مهيكلة		غير مهيكلة		مهام مهيكلة	هيكلة العمل	هيكلة العمل
ضعيفة	قوية	ضعيفة	قوية	ضعيفة	قوية	ضعيفة	قوية	السلطة الرسمية
8	7	6	5	4	3	2	1	

وقد قام فيدلر بوضع تشكيلات متعددة الموقفية حيث وجد أن القائد المتوجه للمهام يكون فاعلاً وينجز بشكل أفضل عندما يكون الموقف مؤاتياً. فعند الموقف المؤاتي تكون سلطة ونفوذ القائد عالية وعلاقة جيدة بين القائد والعضو.

أما الموقف غير المؤاتي فهو حيث سلطة ونفوذ القائد ضعيفة وهيكلية العمل غير مهيكلة وعلاقة ضعيفة بين القائد والمرؤوس.

يتبين من ذلك أن القادة المدفوعين بهيكلية العمل أو العلاقة (يعبر عنه الخط المتصل العريض في الشكل أعلاه) ينجزون بشكل أفضل في ظل بعض الظروف والمواقف، لكن ليس في ظل كل الظروف والمواقف، فالقائد الجيد في موقف معين قد لا يكون كذلك في موقف آخر أو إذا ما تغير ذلك الموقف.

افترض فيدلر أسلوبين للقيادة من خلال شخصية وخصائص القائد:

1- **أسلوب القيادة الموجه:** الذي يهتم بمهام العمل ويولي اهتمامه لإنجاز المهام قبل كل اعتبار وخاصة علاقته بالمرؤوسين حيث يكون اهتمامه بها أقل بكثير من اهتمامه بالعمل وإتمام المهمة. ويستثمر القائد نفوذه وعلاقاته ويطوعها في خدمة العمل وإنجاز مهمته، مما يولد لديه شعوراً بالراحة والسعادة.

2- **الأسلوب المشارك:** الذي يهتم بالأفراد العاملين والعلاقات الإنسانية؛ ففي الموقف الغامض يبحث القائد عن الأفراد الآخرين من أجل مساعدتهم وتوطيد العلاقة معهم، مما يخلق لديه شعور بالرضا لأنه في نظره قد يكون حقق أهدافه الرئيسة التي يسعى إليها من خلال هذه العلاقة الوطيدة مع المرؤوسين، مما ينعكس على تقدير الآخرين وإعجابهم بهذا القائد.

أما المتغير الثاني الخاص بالموقف أو ظرف القيادة وما يوفره هذا الظرف من قدرة على التنبؤ بنتائج سلوك القائد فيعرض فيدلر في نموذجه العوامل الموقفية الثلاثة التالية:

(1). **العلاقة الموقفية بين القائد ومرؤوسيه Leader-Member Relations:** والتي تبين مدى تشجيع القائد ودعمه لمرؤوسيه، مما يعكس مقدار ثقة المرؤوسين وولائهم لهذا القائد.

(2). **المنصب والسلطة الرسمية Position Power:** التي يتمتع بها القائد والمستمدة من مركزه الوظيفي.

(3). **هيكلية العمل Work Structure:** ووضوح المهمة والإجراءات ومدى روتينية العمل والمهام التي يقوم بها المرؤوسين وبذلك تكون هذه الهيكلية منظمة أو غير منظمة.

نظرية المسار - الهدف: Path - Goal Theory

تنسب هذه النظرية إلى Martin G. Eavans و Robert J. House حيث تقوم على مفهوم نظرية التوقع التي قدمها Vroom في الدافعية، والمرتكزة على فكرة أساسية هي أن القوة الكافية التي تدفع الفرد للقيام بعمل معين هي دالة من توقعاته بأن هذا السلوك سيترتب عليه نتائج معينة وبالتالي حصوله على منافع معينة، أي أن سلوك الأداء للفرد تعيقه عملية مفاضلة بين عدة بدائل قد تتمثل في القيام بالسلوك أو عدم القيام به، كما قد تتمثل في أنماط الجهد المختلفة التي يقوم بها، وأساس تلك المفاضلة هي قيمة المنافع المتوقعة من بدائل السلوك ويفترض House أن فعالية القائد تتحدد بمقدرته على التأثير على عناصر الدافعية المختلفة.

كما يحاول أن يحلل الكيفية التي يؤثر بها القائد على مدركات المرؤوسين المتعلقة بكل من أهدافهم الخاصة وأهداف العمل، وأيضاً المسار الموصل لتحقيق هذه الأهداف.

وقد قام House بدراسة تأثير أربعة أنماط للسلوك القيادي على ثلاثة اتجاهات للمرؤوسين تتمثل في:

1. رضا المرؤوسين.

2. قبولهم للقائد

3. توقعاتهم بأن الجهد المبذول في العمل سيؤدي إلى الأداء الفعال وبالتالي الحصول على مكافأة.

أما أنماط السلوك القيادي فهي كما يلي:

1. **القيادة الموجهة Directive Leadership**: وفيه يحدد القائد التصرفات المتوقعة من المرؤوسين بإرشادهم وتوجيههم من خلال تفاصيل وجداول لإنجاز العمل مع تحديد معايير التقييم للأداء.

2. **القيادة المشاركة Participative Leadership**: حيث يقوم القائد بالتشاور مع مرؤوسيه، وأخذ آرائهم ومقترحاتهم وأفكارهم بعين الاعتبار، ويهتم بمشاكلهم وحاجاتهم ومشاعرهم وتشجيعهم للمشاركة في اتخاذ القرارات.

3. **القيادة المهتمة بالإنجاز Achievement-Oriented Leadership**: وفيها يحدد القائد أهدافاً طموحه لمرؤوسيه، ويتوقع منهم أن يبذلوا أقصى جهد، وأن يُظهروا أفضل ما لديهم، ويُبين القائد لمرؤوسيه ثقته في قدرتهم على الوصول إلى تلك الأهداف الطموحة التي يتوقع منهم إنجازها.

4. **القيادة المساندة Supportive Leadership**: ويظهر هذا النمط القيادي بجعل العمل أكثر متعة من خلال معاملة المرؤوسين كأصدقاء وباحترام، والاهتمام بمشاكلهم وحاجاتهم دون أي تمييز.

ولعل أهم ما أضافه House في نظرية المسار - الهدف هو الافتراض بأن القائد يمكنه ممارسة الأنماط الأربعة المختلفة من السلوك القيادي في المواقف المختلفة.

وتفترض النظرية أيضاً أن متغيرات الموقف تلعب دور المتغيرات الوسيطة، فهي لا تؤثر على واقعية ورضا المرؤوسين مباشرة وإنما على العلاقة بين متغيرات أنماط القيادة ودافعية ورضا المرؤوسين. وتتمثل متغيرات الموقف في:

- الخصائص الشخصية للمرؤوسين.

- الخصائص الموقفية لبيئة العمل.

وقد قامت نظرية المسار - الهدف على فرضين أساسيين هما:

الفرض الأول:

يتوقف قبول المرؤوسين لسلوك القائد ودرجة تحقيق هذا السلوك لرضاهم على درجة إدراك المرؤوسين، إن هذا السلوك هو مصدر للرضا الحالي والمستقبلي.

الفرض الثاني:

يتوقف أثر سلوك القائد في تحريك دافعية المرؤوس لبذل الجهد على:

1. درجة توقف سلوك القائد المشبع لحاجات المرؤوس على فعالية أداء المرؤوس.

2. درجة كون سلوك القائد مكملاً لبيئة عمل المرؤوس، وذلك بتقديمه التدريب والتوجيه والعون، والثواب اللازم لتحقيق أداء فعال في حال نقص هذه المعلومات في بيئة عمل المرؤوس أو نقصها لدى المرؤوس ذاته.

والشكل التالي رقم (5-2) يوضح العلاقات الأساسية بين المتغيرات المكونة لنموذج المسار – الهدف لهاوس.

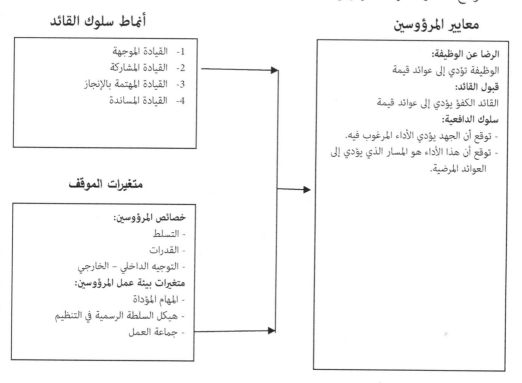

أنماط سلوك القائد

1- القيادة الموجهة
2- القيادة المشاركة
3- القيادة المهتمة بالإنجاز
4- القيادة المساندة

متغيرات الموقف

خصائص المرؤوسين:
- التسلط
- القدرات
- التوجيه الداخلي – الخارجي
متغيرات بيئة عمل المرؤوسين:
- المهام المؤداة
- هيكل السلطة الرسمية في التنظيم
- جماعة العمل

معايير المرؤوسين

الرضا عن الوظيفة:
الوظيفة تؤدي إلى عوائد قيمة
قبول القائد:
القائد الكفؤ يؤدي إلى عوائد قيمة
سلوك الدافعية:
- توقع أن الجهد يؤدي الأداء المرغوب فيه.
- توقع أن هذا الأداء هو المسار الذي يؤدي إلى العوائد المرضية.

R.N. Obsorn, I.G. Hunt, L.R Jauch op. CIT. p464.

وقد خضعت نظرية المسار - الهدف لهاوس للعديد من الاختبارات التجريبية وأمكن من خلالها التوصل إلى النتائج التالية:

أولاً: بالنسبة للمرؤوسين الذين يعملون في ظل مهام غامضة وإجراءات وسياسات غير واضحة يكون هناك ارتباط طردي بين الرضا وتوقعات هؤلاء المرؤوسين وبين نمط القيادة الموجهة.

أما في حالة المرؤوسين الذين يعملون في ظل مهام واضحة فإن الارتباط بين المتغيرات السابقة يكون عكسياً.

ثانياً: بالنسبة لنمط القيادة المهتم بالإنجاز:

هناك علاقة موجبة بين سلوك القائد الموجه وتوقعات المرؤوسين بأن جهدهم سيؤدي إلى أداء فعال عندما يعمل المرؤوسون في مهام غامضة وغير متكررة.

أما بالنسبة للمرؤوسين الذين يعملون في مهام واضحة نسبياً ومتكررة فلم يجد هاوس علاقة واضحة ين هذا النمط القيادي وتوقعات المرؤوسين.

ثالثاً: بالنسبة لنمط القيادة المساندة:

يوجد ارتباط طردي بين الرضا والنمط الإنساني المساند للقيادة في ظل عمل الأفراد في مهام تدعو للإحباط والاستياء.

رابعاً: بالنسبة لنمط القيادة المشارك:

فيجب تحديد خصائص المرؤوسين وخصائص الموقف التي تجعل هذا النمط يحقق الرضا والأداء الفعال.

من النتائج السابقة تتضح أهمية نظرية المسار - الهدف ولعل أهم ما تحتويه النظرية استخدام مفاهيم ومتغيرات تتعلق بالدافعية باعتبارها الأساس في عملية التأثير التي يمارسها القائد على المرؤوسين.

وهذه المفاهيم تقدم تفسيراً للتفاعل الذي يحدث بين سلوك القائد وخصائص المرؤوسين وخصائص بيئة العمل.

نطاق التوجيه ووحدة القيادة

لعل من المناسب قبل أن نختتم هذا الفصل الذي خصصناه لموضوع القيادة أن نوضح ما يلي:

1- أن وحدة القيادة تعني أن التوجيه يكون فعالاً إلى أقصى حد ممكن عندما يكون المرؤوسون مسؤولين أمام مدير واحد.

2- أن مصطلح "نطاق الإشراف" Span Of Supervision يحمل نفس المعنى للمصطلح "نطاق الإدارة" Span Of Management وكذلك نفس المعنى للمصطلح "نطاق الرقابة" Span Of Control وأن هناك اتجاهاً لدى علماء التنظيم والإدارة لاعتبار الحدود النظرية للنطاق العملي للإشراف، أن يكون للمدير عدد محدد من المرؤوسين. إلا أنه في رأينا نرجح عدم التقيد بعدد معين بالنسبة للمرؤوسين وذلك لأن تحديد هذا العدد يتوقف على عوامل كثيرة منها التدريب، ورغبة المدير في تفويض السلطة، ومدى الوضوح أو الغموض في الخطط والسياسات، وفعالية أساليب الاتصال وقدرتها على شرح الأهداف وحفز العاملين على تحقيقها.

3- ينبغي أن يكون واضحاً أن مبدأ وحدة القيادة لا يعتبر مبدأً تنظيمياً فحسب، بل أيضاً من مبادئ التوجيه الإداري Directing Principle ومن مقتضى هذا المعنى، أن يبذل المديرون، على اختلاف المستويات التنظيمية، أقصى طاقاتهم وجهدهم للتوجيه والتوضيح والإرشاد، وأن يتأكدوا من أن المرؤوسين على علم تام بأعمالهم، وأن يتوافر الود والفهم المتبادل بين الجميع من أجل الهدف العام للمنظمة الذي ينبغي التأكد من أنه يتلاقى مع أهداف الأفراد العاملين.

4- إن مصطلح "الإدارة" ليس مرادفاً لمصطلح القيادة Management is not Synonymous لأن الإدارة تُعين في مراكزها بحكم اللوائح والقوانين،

ومهمتها إنجاز الأعمال عن طريق الآخرين، فإذا استندت إلى سلطة المنصب فهي "إدارة" أو رئاسة بمفهوم التنظيم الرسمي للمنظمة. أما إذا استندت إلى حُب المرؤوسين والفهم المتبادل والتعاون من أجل تحقيق الأهداف، فهي "قيادة". وهذا المفهوم نؤكد عليه ونُطالب بتوافره في جميع المستويات التنظيمية. وعليه، فإن الاستناد إلى سلطة المركز ليست كافية، ومن أجل تحقيق أفضل النتائج فإن الناس بحاجة إلى "من يقودهم" وليسوا في حاجة إلى "من يسوقهم". "People Need to be led not driven".

الدافعية

Motivation

تشكل عملية البحث عن طبيعة الإنسان الفرد نقطة الانطلاق في التعامل معه وتوجيهه، ونقطة الانطلاق بطبيعة الحال هنا هي دراسة السلوك Behavior الذي يرتبط بالدوافع Motives.

وأن حفز الأفراد من خلال معرفة دوافعهم ودرجة قوتها واستخدامها لتنشيط السلوك عملية أساسية وضرورية لتحقيق الأهداف المشتركة.

فنادراً ما يكون السلوك البشري عشوائياً، ذلك أنه يوجه إلى الحصول على حوافز معينة تعتبر مصدر جذب، نظراً لما تستطيع أن تقدمه للفرد من إشباع لحاجاته وأهدافه.

وعليه، فإن سلوك الفرد يتحدد وفقاً لدوافعه والتي تعتبر بمثابة القوى الداخلية المعبرة عن هذه الأهداف والحاجات.

فالدافعية هي المؤثر الداخلي الذي يحرك وينشط ثم يوجه السلوك الإنساني نحو تحقيق أهداف معينة.

يرى Sangord and Wrightsman أن الدافعية تمثل حالة من القلق والتوتر والشعور الجامح والنقص والرغبة الملحة والقوة التي تسيطر على الفرد وتدفعه إلى فعل شيء ما لتقليل أو تخفيض أو القضاء على تلك المظاهر.

في حين أن **الحوافز** Incentives التي تعتبر بمثابة أشياء خارجية تحيط ببيئة الفرد، هي التي تقدم له الفرص المختلفة لإشباع هذه الدوافع.

وإذا كانت الدافعية بالمعنى السابق تعني وجود رغبة أو تصرف إرادي من جانب الفرد لأداء العمل، فإن الدافعية في الدوائر الإدارية التقليدية عملية إغراء العاملين لبذل مجهود أكبر لإنجاز الأهداف المطلوبة أي أنها (الدافعية) تصبح شيئاً

مفروضاً على العاملين باعتبارها وظيفة يؤديها المدير لحث المرؤوسين على إنجاز الأهداف المطلوبة.

وفي سياق تفسير كون الدافعية وظيفة يؤديها المدير يقول Lawler إذا لاحظنا عدداً من العاملين أثناء تأدية عملهم فسوف نندهش من التباين الكبير في الوسائل والعادات التي يؤدونها؛ فبعضهم يلتزم التزاماً تاماً بمواعيد العمل وتحقيق معدلات أداء مرتفعة، أما البعض الآخر فهو أقل حماسة ويتعمد بذل أقل مجهود ممكن. والأسباب الأكثر شيوعاً والتي تعطي تفسيراً لها التباين تتمثل في عوامل المهارة والقدرة واختلافها من فرد إلى أخر، إلا أن هناك ما هو أكثر من ذلك.

فالعامل ذو الإنجاز الجيد هو ذلك الذي يرغب في أداء العمل بطريقة جيدة، على العكس من العامل الآخر الذي لا تتوفر لديه هذه الرغبة ومن ثم فإن الاختلاف في الإنتاجية يكون مبعثه الدافعية، حيث نقول إن العامل الأول لديه دافعٌ أقوى من العامل الثاني، وعندئذٍ يتعين على إدارة المنظمة العمل على تقوية الدوافع.

إن مسؤولية إدارة المنظمة عن تقوية دوافع العمل لدى العاملين، لا يمكن النهوض بها إلا من خلال الفهم الواضح والتفسير الكافي لأبعاد الدافعية. وإذا كانت التعاريف السابقة وغيرها تجمع على أن الدافعية هي قوة داخلية أو شعور كامن يدفع الفرد لأداء العمل، فهذا يعني أن المدير لا يمكنه رؤية الدافعية بل يمكنه فقط افتراض وجودها أو عدم وجودها عن طريق ملاحظته لسلوك العاملين.

فالسلوك الإيجابي من جانب العاملين تجاه العمل يعني ارتفاع الدافعية، والعكس في حالة السلوك السلبي الذي يعني انخفاضاً في الدافعية.

وبشكل عام فإنه يمكن القول أن الدوافع التي تعتبر أكثر أهمية من غيرها في توجيه سلوك الأفراد في لحظات زمنية معينة هي تلك الدوافع التي لم يتم إشباعها، وأن تلك الدوافع التي تحمل في طياتها تأثيراً أقل على سلوك الفرد هي تلك الدوافع المشبعة.

نظريات الدافعية:

في محاولة لتفسير دوافع العمل والحاجات الإنسانية المختلفة، ظهرت العديد من النظريات التي تفسر الدوافع، وكيفية استخدامها لدفع الأفراد للعمل. وتتدرج هذه النظريات بين المنهج النظري والعملي. وأهم هذه النظريات التي سنتناولها ما يلي:

1. نظرية التدرج الهرمي للحاجات لماسلو Masloo Theory
2. نظرية X و Y لدوجلاس ماكجروجر McGreoger's Theory X and Y
3. نظرية الدوافع الوقائية (هيرزبيرج) Two Factor Theory
4. نظرية التوقع Expectancy Theory
5. نظرية الحاجات الثلاث Three –Needs Theory

وفيما يلي شرح هذه النظريات:

نظرية التدرج الهرمي للحاجات لماسلو:

اختبر إبراهام ماسلو حاجات الفرد بالتفصيل، وأشار إلى أن هذه الحاجات يمكن ترتيبها هرمياً، حيث يجب إشباع الحاجات الدنيا مباشرة قبل البدء بالحاجات الأعلى في الترتيب الهرمي، وذلك تبعاً لإلحاح الحاجة أو ضرورة إشباعها. ومن المبادئ الأساسية لنظرية ماسلو ما يلي:

1- يوجد على الأقل خمس مجموعات من الحاجات وهي:

الحاجات الأولية (الفسيولوجية)، وحاجات الأمان، وحاجات الانتماء (الاجتماعية) والحاجة إلى التقدير وأخيراً حاجات تحقيق الذات.

2- تعتبر هذه الحاجات متدرجة هرمياً وأكثرها إلحاحاً يسيطر على الشعور، ويحرك الفرد نحو الطريق المناسب لإشباعها، أما الحاجات المشبعة فتقل أهميتها وقد تُهمل. ولكن عندما تشبع حاجة معينة تظهر

الحاجة التالية لتأخذ دور سابقتها في تنظيم السلوك، لأن الحاجة المشبعة لا تعد دافعاً.

وتتضح الحاجات الخمس التي حددها ماسلو وأسلوب إشباعها من الناحية التنظيمية أو الناحية العامة كما يلي:

1) الحاجات الفسيولوجية Physiological Needs: تأتي هذه الحاجات في قاعدة الهرم كما في الشكل، وتتضمن الحاجات الإنسانية للفرد من أجل البقاء والاستمرار وتشمل (الغذاء والماء والمأوى والحياة العائلية). ويميل الفرد لإشباع هذه الحاجات بدرجة أقوى من غيرها إلى أن يتم إشباعها، عندها يتحول إلى الحاجات الأخرى.

2) حاجات الأمان Safety Needs: تأتي هذه الحاجات في المرتبة الثانية من حيث الأهمية، وتتمثل هذه الحاجات في عدم تعرض الفرد للأذى الجسدي، والأمان في الاستقرار الوظيفي وعدم فقدان الدخل.

3) الحاجات الاجتماعية (الانتماء) Affiliation Needs: تظهر هذه الحاجات بعد أن تم إشباع الحاجات السابقة، ويقصد بالحاجات الاجتماعية تلك المتعلقة بالانتماء والقبول من قبل الآخرين وتكوين الصداقات معهم. وهذه من الظواهر الطبيعية التي تنم عن الحاجة إلى تفاعلات اجتماعية وإنسانية توطد العلاقة والصلة بين الأفراد داخل المنظمات، وأن يصبح فرداً في مجموعة معينة كعضو نافع، لديه القدرة على التعامل معهم والتأثير فيهم وتكوين علاقات وصداقات، وهو يسعى لإشباع هذه الحاجات مدفوعاً بإدراكه ضرورة العيش في جماعة Need To Live In Society.

4) الحاجة للتقدير والاحترام Esteem Need: يلي إشباع الحاجات السابقة، ظهور الحاجة للاحترام والتقدير، وهذا يتعلق بحاجة الإنسان

الفرد بأن يشعر أنه معترف بوجوده من قبل الآخرين Recognized، وأنـه يُصغى إليـه To be paid attention، وأن يلقـى تقـدير رؤسـائه وأقرانـه، فهذا يولد لديه الشعور بالمسؤولية، والقدرة على تحمل عبء الغير.

5) حاجـات تحقيـق الـذات Self – Actualization Needs تظهـر الحاجـة لتحقيق وإثبات الذات بعد أن تكون بقية الحاجات الأخرى قد تم إشباعها بصفة أساسـية، وتتمثـل هـذه الحاجـات هنـا في رغبـة الفـرد في أن يصبـح متميزاً عن غيره من الأفراد من خلال رفع القيود التـي تحـد مـن إنطلاقـه، واستخدامه لجميع قدراتـه ومواهبـه في تحقيـق أهـداف يعتـرف الآخـرين بأهميتها، وتحقيق الصورة التي يتخيلها لنفسه.

والشكل الآتي يوضح الحاجات الخمس التي حددها ماسلو:

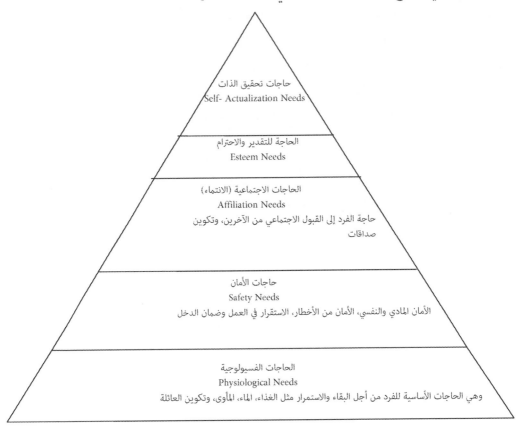

حاجات تحقيق الذات
Self- Actualization Needs

الحاجة للتقدير والاحترام
Esteem Needs

الحاجات الاجتماعية (الانتماء)
Affiliation Needs
حاجة الفرد إلى القبول الاجتماعي من الآخرين، وتكوين
صداقات

حاجات الأمان
Safety Needs
الأمان المادي والنفسي، الأمان من الأخطار، الاستقرار في العمل وضمان الدخل

الحاجات الفسيولوجية
Physiological Needs
وهي الحاجات الأساسية للفرد من أجل البقاء والاستمرار مثل الغذاء، الماء، المأوى، وتكوين العائلة

التطبيق الإداري لنظرية ماسلو:

يمكن للمديرين الاستفادة من مبادئ نظرية ماسلو في دفع الموظفين وحفزهم للعمل من خلال تعرفهم على احتياجات الأفراد ودرجة إشباعها والتركيز على الحاجات غير المشبعة عند اختيار أسلوب الحفز حتى يكون لهذا الحفز دوره المؤثر في دفع العاملين واستثارتهم للعمل.

نظرية X و Y لدوجلاس ماكجروجر:

في كتابه "الجانب الإنساني في المنظمة"، ركز دوجلاس على أهمية فهم العلاقة بين الدافعية وفلسفة الطبيعة البشرية؛ إذ بنى نظريته تلك على أن معظم المديرين يميلون إلى وضع الافتراضات عن العاملين معهم، واختيار الأسلوب المناسب لدفعهم من خلالها. وقد قام بوصف مجموعتين من الافتراضات المتناقضة التي يحملها المديرون حول الطبيعة البشرية، والتي تستخدم في تحفيز المرؤوسين تجاه العمل على رفع إنتاجيتهم.

وقد قام ماكجروجر بالتعبير عن هاتين المجموعتين من الافتراضات بإطلاق نظرية X على واحدة وإطلاق نظرية Y على الأخرى.

وعادة ما ينظر إلى هاتين النظريتين على أنهما وسائل مُقنعة لوصف ما يترتب على نظريات الدافعية التي يؤمن بها المديرون من آثار.

تمثل **نظرية X** النظرة التقليدية لوظيفتي التوجيه والرقابة، في حين تمثل **نظرية Y** مفهوم التكامل بين الفرد والمنظمة التي يعمل بها، وعليه فإن محور التركيز الخاص بنظرية Y يكون على الرضا المرتفع والإنتاجية العالية.

يفترض المدير الذي يستخدم منهج نظرية X أن الفرد العادي يكره العمل ويحاول أن يتجنبه قدر المستطاع، لهذا فإنه يجب إجبار معظم الأفراد على العمل حتى يمكن تحقيق أهداف المنظمة.

أي أن العمل ذاته لا يشكل أي دافع للفرد، وعليه فإن نظرية X تقول أن هناك ارتباطاً بين الأسباب الحقيقية لأداء العمل وبين الإشباع المادي الذي يمكن الحصول عليه والذي لا يرتبط بالعمل ذاته.

ومن الافتراضات الأخرى التي تلتصق بنظرية X أن الفرد العادي يفضل أن يُقاد كما أنه يرغب في تجنب المسؤولية وأن مستوى طموحه محدود، ودائماً ما

يطلب المزيد من الضمانات، وبالتالي فإن ما ينتج عن هذه الافتراضات من آثار هو أن الفرد لا يمكن حفزه من خلال محتوى أو مضمون العمل ذاته.

وبالرغم من أن نظرية X تعطي وصف لاتجاهات الأفراد تجاه عملهم، إلا أن (ماكجروجر) يقول أنها تميل أكثر إلى وصف النتائج التي تترتب على الافتراضات التي يحملها المديرون، وهي أن العمل يعتبر مركز طرد وليس مركز جذب؛ وبالتالي حينما يتم حرمان الأفراد من الفرص الممكنة لإشباع حاجات القاعدة والتي تعتبر هامة بالنسبة لهم فإنهم يميلون إلى أن يستجيبوا لذلك بعدة طرق مختلفة تحمل في طياتها جميعاً معنى الإحباط.

وعليه يرى (ماكجروجر) أن المصدر الحقيقي لمشكلات الدافعية المرتبطة بنظرية X يكمن مباشرة في طبيعة الموقف.

وتقترح **نظرية Y** أن العمل شيء طبيعي شأنه في ذلك شأن اللعب أو الراحة، كما أن الفرد العادي بطبيعته لا يكره العمل، بل على العكس من ذلك فإذا ما ارتبط الفرد بالأهداف المتعلقة بعمله فإن أداءه لا يمكن توجيهه بشكل فعال على أساس من الرقابة الداخلية.

لكن السؤال كيف يمكن تحقيق وإحداث ارتباط الفرد بالأهداف المتعلقة بعمله؟.

يقول ماكجروجر، بهذا الصدد أنه طالما كانت حاجات القمة هي أكثر الحاجات أهمية لمعظم الأفراد، فإن الارتباط بين الفرد وعمله يمكن زيادته حينما تكون طرق العمل وإجراءاته موضوعة بشكل يسمح بحرية الحكم والاختيار، بدلاً من أن توضع بشكل تفصيلي لا يسمح بهذه الحرية.

إن المدير الذي يتبع منهجية نظرية Y في الإدارة يقوم بتشجيع مرؤوسيه على تنمية واستخدام طاقاتهم وخبراتهم ومهاراتهم وذكائهم لتحقيق أهداف المنظمة، إن هذا التشجيع هو الذي يقدم الفرص لإشباع الحاجات النفسية.

يتضح مما سبق أن نظرية Y تعني أن منهج الإدارة يجب ألا يكون قاسياً أو مرناً ومن الناحية الأخرى فحيث أن الحاجات النفسية هي تلك الحاجات التي عادة ما تكون أقل إشباعاً فإنه من خلال نظرية Y تزداد احتمالات الفرص المتاحة لاستخدام طرق الحفز الإيجابية.

إن قبول نظرية Y في الإدارة لا يعني بالضرورة عدم وجود أي توجيه أو رقابة خارجية، إلا إنها تعني زيادة الاعتماد على الرقابة الداخلية وعليه فإنه يجب ملاحظة أنه في ظل بعض الظروف، كما في حالة العمال غير المهرة الذين يعملون في ظل أجواء عمل محددة ومحكمة، فإن الفرصة المتاحة لوضع نظرية Y موضع التطبيق العملي تصبح ضئيلة. مثل هذه المواقف تميل إلى خلق الكثير من المشكلات الدافعية، نظراً لعدم وجود الفرص المناسبة للأفراد لإشباع حاجاتهم النفسية المرتبطة بالعمل.

وحتى في ظل وجود مثل هذه المصاعب فإن تطبيق نظرية Y يصبح أمراً ممكناً إذا ما قمنا بتحديد مسؤوليات العمل إذا كانت هذه المسؤوليات غير محددة نسبياً.

ويلخص الجدول الآتي المقارنة بين النظريتين.

مقارنة بين نظرية X ونظرية Y

افتراضات نظرية × حول طبيعة الإنسان	افتراضات نظرية Y حول طبيعة الإنسان
1. إن الإنسان بطبيعته سلبي ولا يحب العمل.	1. معظم الناس يرغبون في العمل ويبذلون الجهد الجسمي والعقلي تلقائياً كرغبتهم في اللعب والراحة.
2. الإنسان كسول ولا يرغب في تحمل المسؤولية في العمل.	2. يميل الفرد العادي للبحث عن المسؤولية وليس فقط قبولها.
3. يفضل الفرد دائماً أن يجد شخصاً يقوده ويوضح له ماذا يفعل.	3. يمارس الفرد التوجيه الذاتي والرقابة الذاتية من أجل الوصول إلى الأهداف التي يلتزم بإنجازها وأن الرقابة الخارجية والتهديد بالعقاب لا تشكل الوسائل الوحيدة لتوجيه الجهود نحو الأهداف.
4. يعتبر العقاب أو التهديد به من الوسائل الأساسية لدفع الإنسان للعمل، أي أن الإنسان يعمل خوفاً من العقاب والحرمان وليس حباً في العمل.	4. يعمل الفرد لإشباع حاجات مادية ومعنوية ومنها حاجات التقدير وتحقيق الذات.
5. تعتبر الرقابة الشديدة على الإنسان ضرورية كي يعمل، حيث لا يؤتمن الفرد على شيء مهم دون متابعة وإشراف.	5. يمارس أعداد كثيرة من الأفراد درجة عالية من الابتكارية والإبداع في العمل.
6. يعتبر الأجر والمزايا المادية أهم حوافز العمل، ويبحث الفرد عن الأمان/ الضمان (security) قبل أي شيء آخر.	6. يرغب الإنسان في استثمار إمكاناته وطاقاته.

وفيما يأتي قائمة بالافتراضات الأساسية من الإنسان الفرد في ظل كل نظرية.

عناصر الاختلاف	نظرية X (الاتجاه التشاؤمي)	نظرية Y (الاتجاه التفاؤلي)
النظرة إلى العمل	العمل غير مريح بالنسبة لمعظم الأفراد وشعارهم (العمل شر لا بد منه).	العمل شيء طبيعي مثله مثل اللعب إذا كانت ظروف العمل مناسبة.
القدرة على الابتكار	معظم الأفراد يفتقرون إلى القدرة على الابتكار في حل المشكلات ويميلون إلى الحلول التقليدية في مواجهتها.	القدرة الابتكارية موزعة على الأفراد توزيعاً طبيعياً. ومعظمهم لديه القدرة على الابتكار.
حجم العمل	معظم الأفراد يميلون إلى أداء الحد الأدنى من المطلوب إنجازه والذي يعفيهم من المساءلة عن عدم الإنجاز.	معظم الأفراد يحاولون بذل أقصى ما في وسعهم لأداء أكبر حجم ممكن من العمل.
الطموح وتحمل المسؤولية	معظم الأفراد غير طموحين وليسوا على مستوى المسؤولية. ودائماً يحتاجون إلى من يراقب عملهم في كل خطوة.	معظم الأفراد يميلون إلى الرقابة الذاتية من أجل تحقيق الأهداف باعتبار أنهم جديرون بالثقة.
مستويات التحفيز	يركز الحفز على مستوى الحاجات الفسيولوجية والأمان (الحفز المادي).	يركز الحفز على مستوى الانتماء للمجموعة والتقدير وتحقيق الذات (الحفز المعنوي).
التوجيه	لا بد من إشراف مباشر ودقيق والضغط بالقوة لتحقيق الأهداف.	يقوم الأفراد بتوجيه أنفسهم والالتزام لديهم شيء مرتبط بشخصيتهم إذا تم حفزهم بشكل مناسب.

التطبيق العملي لنظرية (Y و X):

يمكن للمديرين والأفراد العاملين أن يستفيدوا من مبادئ دوغلاس في هذه النظرية وذلك بدفع العاملين من خلال تحليلهم لشخصية هؤلاء العاملين، بتحييد العاملين الذين تنطبق عليهم أفكار نظرية (X) والآخرين الذين تنطبق عليهم أفكار نظرية (Y) فعلى سبيل المثال:

يعتمد المدير على الحافز المادي بشكله الإيجابي والسلبي (المنح والمنع) في حفز العاملين الذين تنطبق عليهم النظرية (X) أما الذين تنطبق عليهم أفكار النظرية (Y) فيتم الاعتماد على الحافز المعنوي في حفزهم من خلال تشجيعهم على المشاركة والإنجاز وتحقيق الذات.

نظرية الدوافع الوقائية Two Factor Theory:

في 1959 قام Fredrich Herzberg وزملاؤه في جامعة ويسترن (Western Reserve university) في كليفلاند بإجراء دراسة على 203 من المحاسبين والمهندسين في مقاطعة Pittsburgh - في بنسلفانيا بأمريكا، مستخدمين في ذلك طريقة المقابلات الشخصية والتي تقوم على وجود مجموعتين منفصلتين من العوامل التي تؤثر على الشعور بالرضا العام والاستياء العام وكذلك على الأداء.

المجموعة الأولى: وتسمى العوامل الدافعة وهي التي تحدث الشعور بالرضا وهي المتعلقة بالعمل نفسه (Factors are more concerned with Actual Job itself Motivators).

المجموعة الثانية: وتسمى العوامل الصحية: Hygiene Factors

وهي التي تحدث الشعور العام بالاستياء وهي متعلقة ببيئة العمل (Factors which surround the Job Rather than the job Itself).

قام Herzberg وزملاؤه بسؤال كل فرد أن يفكر في وقت ما شعر خلاله بالرضا التام عن عمله، ثم يصف الظروف التي أدت إلى هذا الشعور، وبالتالي يقوم بتقدير طول الفترة الزمنية التي كان لهذا الشعور فيها تأثيراً واضحاً على أدائه لعمله.

ثم سئل كل منهم بعد ذلك أن يفكر في وقت ما شعر خلاله باستياء شديد تجاه عمله، ثم وصف الظروف التي أدت إلى هذا الشعور ثم تقدير طول الفترة الزمنية التي كان لهذا الشعور فيها تأثيراً على أدائه لعمله.

وفي هذه المقابلات وجد الباحثون أن أفراد الدراسة قاموا بتحديد ظروف وعوامل مختلفة لكل من الشعور الإيجابي (الرضا) والشعور السلبي (الاستياء)، وذلك بدلاً من ذكر نفس العوامل ونقائضها في الانتقال من الشعور الإيجابي إلى الشعور السلبي أو العكس. على سبيل المثال نجد أن عامل (التقدير) قد تم ذكره كأحد العوامل التي أدت إلى الشعور الإيجابي تجاه العمل، فإن عدم وجود التقدير لم يتم ذكره كأحد العوامل التي أدت إلى الشعور السلبي تجاه العمل.

وعليه فقد انتهى Herzberg إلى القول بأن العوامل التي تؤدي إلى إحداث الشعور الإيجابي تجاه العمل أي الرضا التام، وتلك التي تؤدي إلى إحداث الشعور السلبي تجاه العمل أي الاستياء العام تعتبر عوامل مختلفة.

إن العوامل التي تؤدي إلى إحداث الشعور العام بالرضا هي تلك العوامل التي أطلق عليها العوامل الدافعية (Motivator Factors). وهي الإنجاز، التقدير، العمل ذاته، والمسؤولية، والترقي والتنمية الذاتية) ولقد وجدوا أن غياب هذه العوامل أمر مرتبط بالرضا عن العمل ولا علاقة له بالشعور بالاستياء منه.

ومن الناحية الأخرى فإن العوامل الصحية (Hygiene Factors) اشتملت على (سياسات الشركة والإدارة، والإشراف، والأجور والمرتبات، وظروف العمل، والعلاقات الشخصية).

وقد وجد Herzberg أن الاهتمام الزائد بالعوامل الصحية من جانب الإدارة لم يؤد إلى درجة عالية من الشعور الإيجابي أي الرضا التام عن العمل، إلا أن عدم الاهتمام بها أدى إلى الشعور بالاستياء العام من العمل.

كما سبق أن أشرنا فقد تم سؤال كل فرد من أفراد الدراسة أن يقوم بتقدير طول الفترة الزمنية التي خلالها كان للشعور سواء أكان إيجابياً أم سلبياً تأثيراً ما على أدائه للعمل، وبالرغم من أن النتائج جاءت غير واضحة تماماً، إلا أنه اتضح وجود ثلاثة عوامل بارزة كان لها تأثيراً ملموساً في تغيير اتجاهات الأفراد تجاه عملهم وهي: العمل ذاته، والمسؤولية والترقي.

وعليه، فإن العوامل التي ارتبطت بإحداث تغيير طويل المدى كانت جميعها عوامل دافعة.

وفيما يلي شكل رقم (3-5) العوامل المرتبطة بالشعور الإيجابي وتلك المرتبطة بالشعور السلبي تجاه العمل.

شكل رقم (5-3)
العوامل المرتبطة بالشعور الإيجابي وتلك المرتبطة بالشعور السلبي تجاه العمل

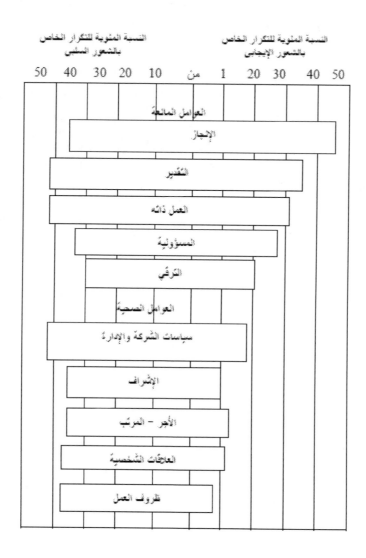

وإذا نظرنا إلى الشكل (3-5) فإننا سوف نلاحظ أن إحدى مجموعات العوامل ترتبط مباشرة بالأشياء التي تحيط بالعمل، وهذه هي مجموعة العوامل الصحية. ومن الناحية الأخرى، فإن المجموعة الأخرى من العوامل ترتبط مباشرة بمحتوى ومضمون العمل ذاته، أي أنها ترتبط بما يحدث داخل العمل ذاته وليس بما يحدث في البنية الخارجية له، وهذه هي مجموعة العوامل الدافعة. ومما يثير الاهتمام أنه حينما يتحدث الأفراد عن مصادر الشعور بالرضا تجاه أعمالهم، فإنهم يميلون إلى ذكر العوامل التي ترتبط بالعمل ذاته، إلا أنه حينما يتحدث الأفراد عن مصادر الشعور بالاستياء أو عدم الرضا تجاه أعمالهم، فإنهم يميلون إلى ذكر العوامل التي ترتبط ببيئة العمل ذاتها.

ولقد قام العديد من الباحثين بتكرار نفس الدراسة الأصلية ل Herzberg وزملائه مستخدمين في ذلك عينات ونوعيات مختلفة من الأفراد. وبغض النظر عن وجود بعض الاختلافات في النتائج إلا أنها أشارت جميعاً إلى أن العوامل الصحية كانت جميعها عوامل مرتبطة ببيئة العمل، في حين أن العوامل الدافعية كانت جميعها عوامل مرتبطة بالعمل ذاته. الأمر الذي يؤدي إلى تعضيد نظرية Herzberg .

التطبيق العملي لنظرية (هيرزبيرج)

يستطيع المدير أن يستخدم مبادئ هذه النظرية في دفع الموظفين واستثارتهم وحفزهم للعمل بالتركيز على الجانب المعنوي والنفسي في التعامل مع المرؤوسين من خلال إتاحة الفرصة لهم بالترقي وإسناد بعض الأعمال التي تُوَلّد لديهم الرغبة في التحدي والشعور بأهميتهم عند إنجازهم للعمل المطلوب بكفاءة.

كما يتطلب تطبيق هذه النظرية نوعية خاصة من المديرين على درجة عالية من الكفاءة، تتوافر لديهم القدرة على التعرف على أبعاد شخصية مرؤوسيهم والتعامل معهم من خلالها.

نظرية التوقع Expectancy Theory

تعتبر من أهم النظريات التي لاقت قبولاً في السنوات الأخيرة. حيث أن مفاهيم الدافعية التي أرساها كل من أبراهام ماسلو وفردريك هيرزبيرج لا تأخذ في اعتبارها الاختلافات بين الأفراد، بل تقتصر على تفسير (لماذا يسلك الأفراد سلوكاً معيناً؟) وقد قام فيكتور فروم (Victor Vroom) بوضع مبادئ لنظرية جديدة تعتمد على توقع سلوك الفرد ولهذا سميت بنظرية التوقع.

والتي تحاول تفسير قيام الفرد باختيار من بين عدة خيارات تتاح له، ومن ثم قيام الفرد باستخدام سلوكٍ محددٍ دون غيره من أجل تحقيق الهدف الذي يسعى إليه، وأن دافعية الفرد للقيام بسلوك معين ستؤدي إلى نتيجة ذات أهمية محددة للفرد. وهذا يتطلب توضيح العوامل التي تعتمد على هذه النظرية، وهي:

1- الوسيلة Instrumentality:

أي العلاقة بين أداء الفرد والعائد الذي سيحصل عليه نتيجة هذا الأداء، واعتقاده بأن تحقيق العائد أو المنفعة التي يرغبها يتوقف على الأداء والإنجاز لهذا الفرد والذي يعتبر وسيله مساعدة في تحقيق الترقية والترفيع في العمل، وأن الجهد المبذول سيؤدي الى الانجاز المطلوب. أي مدى إدراك الفرد للارتباط بين ناتج معين (إيجابياً أم سلبياً) وبين مستوى أداء العمل.

2- التوقع Expectancy:

ويركز حول إدراك الفرد للعلاقة بين الجهد المبذول ومستوى الأداء، حيث يكون لدى الفرد دافعية لبذل مجهود نتيجة القناعه المتولدة لديه بان هذا الجهد سيؤدي إلى أداء وإنجاز عالٍ، مما يترتب عليه توقع الفرد بالاقدام على سلوك معين سيؤدي إلى نتيجة مرغوبة معينه حيث يقوم الفرد بإجراء مقارنة بين النتائج التي يرغب بها وبين احتمال تحقيق هذه النتائج.

وهنا يتجه الفرد للقيام بتحليل مفهوم التكلفة والعائد، فعندما يستحق العائد المتوقع ما يتم دفعه من تكاليف، فإن هذا سيؤدي لقيام الفرد إلى بذل المزيد من الجهد من أجل تحقيق هذا العائد.

3- التكافؤ Valance:

وتعني قوة الرغبة لدى الفرد أو أفضلية الفرد تجاه نتائج متوقعه معينة، أو عائد مرغوب من قبل الفرد ويعطيه أهميه كبيرة، ويُفضّل هذا العائد أو النتيجة على غيرها، أي مدى إدراك الفرد لقيمة الناتج المتولد له إلى الحد الذي يرغب الفرد في الحصول أو عدم الحصول عليه.

ويتم قياس التكافؤ من خلال درجة تحقق الرضا لدى الفرد.

مما سبق نخلص إلى أن هذه النظرية تفترض ما يلي:

1- يمكن للفرد أن يحدد نوع الناتج الذي يُفضّل الوصول إليه ثم يضع تقديرات واقعية لكيفية لتحقيق هذا الناتج.
2- إن الدوافع هي محصلة لمجموعة من العوامل هي التوقع (E) ومدى قبول الشخص للنتائج المتوقعة (V) وارتباط الناتج بنوعية الأداء (I).

ويوضح فروم ذلك بالمعادلة التالية:

الدافعية = التوقع × القبول (التكافؤ) × الوسيلة

Motivation = Expectancy × Valence × Instromentality

التطبيق العملي لنظرية التوقع:

مما سبق نجد أن نظرية التوقع ترتكز على إجابة سؤالين هما:

لماذا يبذل الفرد مجهوداً أكبر؟

وماذا يتوقع الفرد من هذا المجهود؟

وعادة ما يتوقع الفرد العامل مكافأة مناسبة لأدائه، وبالتالي فإنه يجب على كل مدير أن يربط، وبشكل كبير، بين قيمة المكافأة، ومستوى الأداء الذي يقوم به

العامل. كذلك فإن المكافأة المناسبة يجب اختيارها بما يتفق والحاجات غير المشبعة، والتي قد تكون مثل الترقية أو الاعتراف أو التقدير أو تحقيق الذات.

نخلص مما تقدم إلى أن المبادئ الأساسية لنظرية التوقع تتطلب من المدير أن يعمل جاهداً على الربط بين أداء الأفراد وتوقعاتهم والحوافز، بحيث تتوافق هذه الحوافز مع التوقعات وبالتالي يمكن أن يدفعهم للعمل.

نظرية الحاجات الثلاث: **Three Needs Theory**

جرى تطبيق هذه النظرية الذي وضع أساسها العالم النفسي ديفيد مكليلاند (David McClelland) في مجال الإدارة والتنمية الاقتصادية. حيث قام مكليلاند وزملاؤه بإجراء دراسات على مجتمعات وثقافات مختلفة شملت أفراداً من الولايات المتحدة الأمريكية، إيطاليا، بولندا، والهند، حيث درسوا العلاقة بين قوة الحاجات في هذه المجتمعات والظروف التي عززت وقوة الحاجات لتحديد سمات وخصائص الأفراد الذين لديهم الحاجات الثلاث وهي:

1- الحاجة للإنجاز.
2- الحاجة للقوة.
3- الحاجة للانتماء.

1- الحاجة إلى الإنجاز: Need For Achievement

ويرى أصحاب هذه النظرية أن الأفراد الذين لديهم حاجة شديدة للإنجاز لديهم رغبه شديدة لتحقيق النجاح، وذلك من خلال إنجاز الأعمال بصوره أفضل وتطوير العمل، ورغبتهم في التحدي وتحمل المسؤوليات الشخصية من أجل تحقيق الأهداف التي يسعون إليها. وتمثل الحاجة إلى الإنجاز عنصراً مهماً في تحقيق التقدم والتنمية الاقتصادية.

2- الحاجة للقوة (Need For Power):

الأفراد الذين لديهم حاجه شديدة للقوه يميلون إلى الرغبة في التأثير على الآخرين وممارسة النفوذ والرقابة عليهم، ويرون في المنظمة التي يعملون فيها فرصة لامتلاك السلطة والوصول إلى المركز. ويرى (French and Raven) أن مصادر القوه عديدة منها:

أ- القوه الشرعية Legitimate Power:

وهي السلطة القانونية التي يجب على الأفراد اتباع سلوكياتها.

ب- القوه القسرية Coercive Power:

وهي معاقبة الآخرين الذين لايمتثلون للأوامر أو الذين يفشلون في انجاز المطلوب منهم.

ج- قوة منح المكافأة Reward Power:

وتعني القدرة على مكافأة الآخرين الذين ينجزون أعمالهم بكفاءة عاليه.

د- قوة الخبرة الفنية Expert Power:

وتعني امتلاك المعرفة الخاصة في مجال معين والإبداع فيه.

هـ- قوة الاعجاب Referent Power:

وتعني توفر صفات وخصائص شخصيه مميزه لدى الفرد الذي يمتلك القوه.

وهناك وجهان للقوه:

- الوجه الإيجابي: ويركز على الاهتمام بمساعدة الآخرين لتحقيق الأهداف.
- الوجه السلبي: ويركز الاهتمام بتحقيق المصلحة الشخصية.

3- الحاجة إلى الإنتماء Need For Affiliation:

وهي الرغبة في التفاعل مع الآخرين من خلال إقامة علاقات اجتماعية، والتواصل معهم ومساعدة الآخرين نحو النمو والتقدم.

وهؤلاء الأفراد ينتابهم شعور البهجة والسرور عند تفاعلهم مع الآخرين ويشعرون أنهم محبوبون من قبلهم.

الاتصال

Communication

مقدمة:

تعتبر عملية الاتصالات والتي تتلخص في إرسال ونقل المعلومات وتفهمها، أحد العوامل الأساسية المطلوبة لإحداث التغيير المرغوب في سلوك المرؤوسين والآخرين بصفة عامة داخل المنظمة.

مفهوم الاتصال Communication Concept:

يمكن تعريف الاتصال بأنه عملية انتقال المعلومات والحقائق ذات المعنى المحدد من فرد لآخر بهدف التأثير على سلوك وتصرفات الطرف الثاني. وعليه فالاتصالات عملية مستمرة تنطوي على الأقل على طرفين في كل عملية اتصال المرسل (المُتصل) SENDER والمرسَل إليه (المستقبِل) RECEIVR.

وحين يقوم المرسِل بإرسال المعلومات بشكل مفهوم إلى المرسل إليه (المستقبِل) فإن التأكد من استقبال المرسَل إليه وفهمه لهذه المعلومات لا يتم إلا من خلال ما يسمى بالمعلومات المرتدة (Feedback) وهي المعلومات التي ترتد مرة ثانية من المرسَل إليه إلى المرسِل معبرة بذلك عن مدى فهم الأول للمعلومات المرسَلة إليه من الثاني. ويعتبر المرسِل في عملية الاتصالات هو الشخص الذي عادة ما يبدأ في الاتصال وذلك بهدف إرسال معلومات ذات معنى محدد واضح إلى المرسل إليه.

إن نجاح الجهد الخاص بالاتصالات إنما ينبني على مقدار الفهم الذي حققه المستقبل (المرسَل إليه) حيث أنه لا يمكن التحقق من مدى فهمه لهذه الرسالة إلا من خلال سلوك هذا الفرد الذي يقدم لنا أساساً واضحاً يمكن من خلاله الحكم على مدى نجاح المرسِل في إيصال المعلومة إلى المستقبِل.

وعليه فإن حدوث التغيير المطلوب في النمط السلوكي للمرسَل إليه يعتبر دلالة على فاعلية عملية الاتصالات، في حين أن حدوث التغيير غير المرغوب فيه في النمط السلوكي للمستقبِل يعتبر دليلاً على فشل عملية الاتصالات أيضاً.

لهذا فإنه لا يمكن للمرسِل بأي حال أن يعرف الآثار التي ترتبت على جهوده في الاتصال بشخص آخر، إلا إذا قام هذا الأخير بإمداده وتزويده بما يسمى بالتغذية العكسية بالمعلومات المرتدة (Feed back)

وعلى هذا فالاتصال أيضاً هو تلك العملية التي يعبر فيها الفرد عن أفكاره إلى الآخرين بهدف التأثير فيهم وتعديل اتجاهاتهم أو الإبقاء عليها، وهذا يتطلب تحديد:

أ. نوعية الوسائل المستخدَمة في التعبير.

ب. نوعية الموضوع والأفكار.

ج. مدى الوضوح في عرض الأفكار والموضوعات

عناصر عملية الاتصال Communication Elements:

إن عملية الاتصال لا يمكن أن تتم أو تحدث بذاتها ولكن تحدث كافتراض مبدئي للعملية الاجتماعية التي تعد هي الأخرى شرطاً أساسياً للاتصال الممكن. ومعنى هذا كله أن الاتصال لا يمكن أن يتحقق إلا من خلال ديناميات التفاعل الاجتماعي. وفي ضوء ذلك فإنه يلزم توافر العناصر الضرورية التالية لقيام العملية بدورها وهذه العناصر هي:

1. مرسِل (Sender) أو مصدر Source أو قائم بالاتصال Communicator وهو الشخص الذي يصدر المعلومات ويوجه الأوامر ويقدم الإقتراحات، وقد يكون هذا الشخص فرداً أو جماعة.

2. الرسالة (Message) وهي موضوع الاتصال وتحتوي على رموز لغوية، وغير لغوية، لفظية، أو غير لفظية، والتي تعبر عن إضافة المعلومات أو الأفكار أو الآراء أو المعاني.

3. وسيلة الاتصال The Channel وتتضمن اختيار القناة أو الوسيلة المناسبة سواء كانت كتابية أم شفوية، مرئية أم حسية أو جميعها. لنقل الرسالة، وتتطور هذه القناة في الحجم أو القدرة بازدياد المساحة وعدد المتلقين خاصة إذا تباعدت بينهم المسافات أو زاد عدد المستقبلين.

4. المستقبِل (مستلِم الرسالة) The Receiver وهو إما شخص أو جماعة يستقبل الرسالة ومحتواها، ويخضع لعوامل عديدة تؤثر على إدراكه وفهمه لهذا المحتوى معتمِداً في ذلك على شخصيته وخبراته السابقة.

5. المعلومات المرتدة (Feedback) وهي مدى استجابة الطرف الثاني (المستقبِل) والتي يجب أن ترتد أو تنقل مرة أخرى إلى المرسِل في شكل من أشكال التعبير أو صورة، ويدخل في ذلك تعبيرات الوجه أو الإشارات أو الإيماءات وغيرها من الرموز التي تفيد حدوث رد فعل تجاه الرسالة، وهذا ما يطلق عليه في العملية الاتصالية التغذية العكسية أو المرتدة (Feedback)

خطوات ومراحل عملية الاتصال Communication Process:

1. تبدأ عملية الاتصال عندما يكون هناك مصدر لعملية الاتصال هو المرسِل (sender) ويرغب في نقل معلومات أو أفكار أو حقائق إلى شخص آخر (أو أشخاص آخرين) وهو المستقبِل (Receiver).

2. يقوم المرسِل بتطوير فكرة ذهنية Mental idea بخصوص موضوع معين.

3. يقوم المرسِل بالترميز Encoding the Idea أي بلورة هذه الفكـرة الذهنيـة وموضوعها في صورة رسالة معنية مكتوبـة أو شـفوية. وهـذه المرحلـة يـتم فيها التفاعل بين شخصية المرسِل وبين الفكرة التي يريد نقلها.

4. النتيجة الحتمية لعملية ترميز هذه الفكرة هو وجود رسالة Message يـود المرسِل أن ينقلها إلى طرف آخر.

5. يقوم المرسِل بالبحث عن الوسيلة المناسبة (قناة اتصال) Channel/ Medium لنقل وإيصال هذه الرسالة للطرف الآخر (المستقبل) مع مراعاة أن يتم اختيار قناة / قنوات الاتصال بدقة وعناية.

6. يتم استقبال هذه الرسالة من طرف المستلم (Receiver).

7. يقوم المستلم بفك ترميز وشيفرة هذه الرسالة (Decoding the Message) ويتوصل إلى معنى وأهداف لهذه الرسالة، وبالقدر الذي يؤدي بالمستقبِل إلى فهم الرسالة.

8. المستقبِل يكون أمام خيارين إما قبول هذه الرسالة والاستجابة لها، أو رفضها، وتختلف ردود الأفعال حسب الفهم النهائي للرسالة المعنية.

9. التغذية العكسية (المرتدة) وهنا يقوم المرسِل بالبحث عن قناة اتصال مناسبة من أجل أن ينقل الرسالة الجديدة والموجهة من المستقبِل إلى المرسل وهنا يتحول المستقبِل إلى مرسِل ويصبح المرسَل الأساسي مستقبلاً.

والشكل التالي يبين خطوات ومراحل عملية الاتصال حسب الخطوات المذكورة أعلاه.

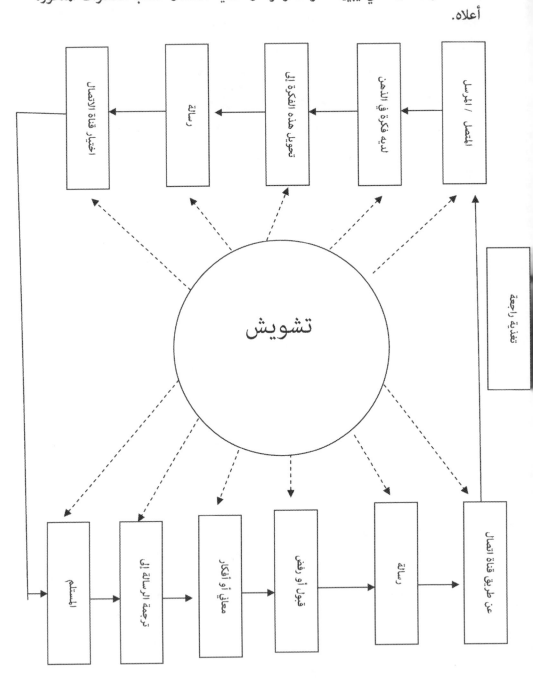

أنواع الاتصالات في منظمات الأعمال Main forms of Communication:

هناك العديد من الاتصالات في المنظمة والتي يتم تصنيفها بناءً على الأسس التي تعتمدها هذه المنظمة، ونتيجة لأهمية هذه الأنواع من الاتصالات فإن الإدارة تقوم باستخدامها لنقلها البيانات والتعليمات والاقتراحات إلى كافة أجزاء المنظمة والجهات الخارجية التي تتعامل معها، ومن هذه الأنواع:

أولاً: الاتصالات حسب وسائل قنوات الاتصال:

وفقاً لهذا التصنيف نجد الاتصالات التالية:

أ. الاتصالات المكتوبة: Written Communication:

إن غالبية الأفراد يجدون الكلام (الاتصالات الشفوية) هو أكثر سهولة وأسرع، وفي غالبية الحالات أرخص من الاتصالات المكتوبة. إذن لماذا يفضل الأفراد العاملين في المنظمات استخدام الكتابة (الاتصالات المكتوبة) بشكل أوسع؟

ذلك لأن هذا النوع من الاتصالات هي الصيغة الأكثر استخداماً في الاتصالات في منظمات الأعمال وذلك للأسباب والمزايا التالية:

◆ إن تدوين المذكرات والتقارير والتعليمات كتابة تُمكّن المنظمة من استخدامها كمستندات وسجلات تستطيع الرجوع إليها من أجل حماية المنظمة أمام القانون، مما يحول دون التلاعب أو التحريف لهذه المعلومات على خلاف الحال لو تم الاتصال بصورة أخرى.

◆ وهي كذلك أكثر فاعلية من الاتصالات الشفهية في عرض المعلومات والبيانات التي تعتمد على الأرقام أو الأعداد وكذلك استخدام الأشكال والجداول البيانية وتفصيلات كثيرة.

◆ إمكانية صياغة الرسالة المراد إرسالها بتأني واخذ الوقت الكافي لتحضير المعلومات والبيانات ومراجعة هذه الرسالة وحذف الأخطاء إن

وجدت قبل إرسالها. ولكن على الجانب الآخر من أهـم المشكلات في هـذا النوع من الاتصالات هو عـدم وجـود تغذيـة عكسـية سريعـة مـن الطـرف الآخر وبالتالي لا يمكن التأكيد من أن الرسالة قد تمت قراءتها وفهمها.

ب. الاتصالات الشفوية: Oral Communication

وهي التي يتم من خلالها نقل المعلومـات عـن طريـق تبـادل الأحاديـث بـين المرسل والمستقبل مباشرة. وتعتبر أكثر أنواع الاتصالات شيوعاً واستخداماً في المنظمات خاصة بالنسبة للإدارة العليا. ويأخذ هذا النوع من الاتصالات أشكالاً عديدة منها: وجهاً لوجه، المحادثات الهاتفية، الاجتماعـات الرسمية، والتي فيهـا يـتم اسـتخدام الكلمـات الشفوية لنقل المعلومـات والأفكـار والآراء المـراد إيصالها للمرؤوسـين وكـذلك مـن المرؤوسين للرؤساء.

ومن مزايا الاتصال الشفوي يستطيع المتحدث أن يؤكد علـى بعـض الكلمـات مستخدماً نبرات الصوت والتفاعـل المباشر بـين طرفـي عمليـة الاتصـال والحصول علـى التغذية المرتـدة (العكسـية) مباشرة مـن خـلال الاستفسار وطـرح الأسـئلة في الحـوار المتبادل، وهي الأفضل للتعبير عن المشاعر والانفعالات.

ج. الاتصالات غير اللفظية: Nonverbal Communication

وتشتمل إرسال المعلومات والآراء دون استخدام الكلمة في ذلك، وبالتـالي يشـار إليها بلغة الإشارة أو لغة الجسد (Body-Language) وتشير إلى الطريقة التي يتم فيهـا قول الرسالة الشفوية مـن خـلال تعـابير الوجه Facial Expressions والتقاء العيـون Eye-Contacts والتي تحمل معاني السعادة والخوف، الغضـب، القلـق وغيرهـا. وتضـم هـذه المجموعـة أيضـاً الإيمـاءات (Gestures) مثل حركـات اليـدين والأذرع وحركـات الأصابع وكذلك الجسم بكامله، كذلك يضم هذا النوع من

الاتصالات نغمة ونبرة الصوت. ويتم إتباع هـذا الأسلوب عـادة في الاتصالات المباشرة وغير الرسمية، مع مراعاة الرؤساء لتصرفاتهم وهم يتبعون هذا الأسلوب.

مع العلم أن هذا النوع من الاتصالات ملازم دائماً للاتصال الشفوي، لـذا عـلى المتصل أو المرسل أن يكون حريصاً في اختيار نوعية الاتصال اللفظي الذي يُعـزّز ويدعم الرسالة المنطوقة.

وعليه لابد مـن الإشارة إلى أن تحديـد الوسـيلة المناسبة أو الأفضل لنقـل المعلومات إلى الطرف الآخر يعتمد على عدة عوامل منها: نـوع الرسالة المـراد إرسالها موضوع هذه الرسالة، ومدى أهمية إيصاله إلى الطرف الآخر، والوقت المحدد لـذلك. إلا أنه يفضل استخدام توليفة مكونة من أكثر من وسيلة أو قنـاة اتصال في نفس الوقت لزيادة التأكيد على إيصال هذه الرسالة إلى الطرف المعني.

ثانياً: الاتصالات بناءً على موضوع الاتصال

Communication According To Subject

أ. الاتصالات العملياتية Operational Communication:

وهي كافة أنشطة الاتصالات التي تتم داخل المنظمة والتي تكون موجة للعمل وتتم من أجل إنجاز أنشطة ومهام العمل في المنظمة.

وهناك نوعان لهذه الاتصالات:

◆ الاتصالات العملياتية الداخلية Internal Operational. Communication

وهي تشير إلى الاتصالات الخاصة بإنجاز الأعمال الداخلية للمنظمة والتي تتم بين كافة العاملين داخل المنظمة.

◆ والاتصالات العملياتية الخارجية: External Operational Communication

وتضم كافة أنشطة الاتصالات الخاصة والمتعلقة بالعمل في المنظمة والتي تتم بين المنظمة وكافة الجهات الخارجية التي تتعامل معهم هذه المنظمة والمتمثلة في الموردون، الموزعون، المنافسون، البنوك، الجهات الحكومية، والاتحادات والنقابات.

وكلا هذين النوعين من الاتصالات العملياتية هام وحيوي من أجل نجاح المنظمة وفعاليتها.

ب. الاتصالات الشخصية: Personal Communication

فهي تشمل كافة الأنشطة الاتصالية المتعلقة بتبادل المعلومات والآراء والأفكار والاتجاهات التي تهم الأفراد العاملين داخل المنظمة لكنها لا تتعلق ولا تخدم أغراض العمل في المنظمة، لكن مثل هذا النوع من الاتصالات له تأثيرات جانبية على سلوك واتجاهات هؤلاء العمال تجاه بعضهم البعض كما هو تجاه رؤسائهم في المنظمة، وإن كان يتوقف ذلك على مدى كثافة مثل هذا النوع من الاتصالات وتغلغلها في المنظمة.

ويجب أن يحرص المديرون على عدم محاولتهم منع تلك الاتصالات نهائياً، وكذلك عدم ترك الحبل على الغارب، أي أن لا يتركوا مثل هذه الاتصالات أن تزداد، مما قد تسيطر على الاتصالات العملياتية الخاصة بالعمل في منظمة الأعمال.

ثالثاً: الاتصالات الرسمية وغير الرسمية:

شبكة الاتصالات الرسمية وهو ذلك الاتصال الذي يتم في المنظمات الإدارية، ويكون مساره وقنواته وفق الاعتبارات التي تحددها الأنظمة واللوائح والقواعد العامة المرعية في هذه المنظمة. ويشمل الخطوات والمسارات التي تتدفق من خلالها معظم الاتصالات العملياتية Operational Communication بقسميها

الاتصالات العملياتية الداخلية والاتصالات العملياتية الخارجية حيث يتم تحديد هذه الخطوات والمسارات الرسمية بناءً على هيكلية وخطط وسياسات هذه المنظمة.

الاتصال غير الرسمي: هو ذلك الاتصال الذي يتم بين الأطراف المعنية المختلفة استناداً إلى الاعتبارات الشخصية، وتلك العلاقات التي تتم بين الزملاء والأصدقاء في هذه المنظمات لنقل الشائعات والمعلومات والآراء والاتجاهات الخاصة بين أطراف هذا الاتصال.

أما **الاتصالات غير الرسمية** وهي الأنشطة المتعلقة بنقل الشكوك والشائعات والمعلومات والبيانات والآراء والاتجاهات الخاصة بالعاملين داخل المنظمة والتي لا تتم من خلال الوسائل والقنوات الرسمية.

ومثل هذا النوع من الاتصالات معقدة وتتغير باستمرار وهي أمر واقع داخل أي منظمة من منظمات الأعمال، وأحياناً كثيرة يكون لها نتائج إيجابية ومكملة للاتصالات الرسمية، لكنها قد تلحق الأضرار بالمنظمة والمسؤولين عنها إذا ما أصبحت ثابتة لنقل الأقاويل والشائعات مما يتطلب الأمر من المديرين والمسؤولين في داخل المنظمة أخذ الحذر والحيطة وعدم الإصغاء أو حتى الاستماع إلى ما يتم تناقله من أقاويل أو شائعات.

رابعاً: الاتصالات حسب اتجاهاتها:

هناك ثلاثة أنواع أساسية لهذه الاتصالات التي تعتمد في تقسيمها على اتجاه الاتصال منها الاتصالات النازلة، والاتصالات الصاعدة والاتصالات الأفقية والاتصالات القطرية.

أ- الاتصالات النازلة Downward Communication:

وتتضمن كل أنشطة الاتصالات التي تتم داخل المنظمة من الرؤساء إلى مرؤوسيهم. ويشمل هذا النوع من الاتصالات معلومات متنوعة وعديدة من بينها:

توضح أهداف المنظمة وسياساتها، توضح مهام العمليات اليومية، توجيه وتدريب وتحفيز العاملين وحل المشكلات المتعلقة بالعمل. ومن الوسائل التي تستخدم في مثل هذا النوع من الاتصالات: الاجتماعات الرسمية والنشرات الدورية التي تصدر عن المنظمة.

ب- الاتصالات الصاعدة: Upward Communication

وتتضمن كافة نشاطات الاتصالات التي تتم من المرؤوسين إلى رؤسائهم وبالرغم من أهمية وضرورة هذه الاتصالات لكل من الرؤساء والمرؤوسين إلا أن أغلب الرؤساء لا يحبذون مثل هذا النوع من الاتصالات بحجة انشغالهم أغلب الوقت في الاجتماعات وتخطيط استراتيجيات العمل.

وتتمثل أهم أغراض هذا النوع من الاتصال في عرض ونقل الأفكار والآراء الشخصية، والشكاوي وطرح المقترحات المتعلقة بتحسين وتطوير العمل، وتأكيد العاملين على قبولهم لأهداف وسياسات المنظمة.

وتتمثل أهم معوقات الاتصالات الصاعدة في عدم الاستماع أو الإصغاء الفعال المرؤوسين، لاعتقاد الرؤساء بأن هذا النوع من الاتصالات يتركز دائماً على الشكوى والتذمر من العمل والمسؤولين عنه.

ج- الاتصالات الأفقية: Lateral Communication

تعود هذه الاتصالات إلى أنشطة الاتصالات التي تتم بين المديرين المناظرين وبين الأفراد العاملين في المنظمة وعلى نفس المستوى التنظيمي، ومن أهم أغراض أو هدف هذه الاتصالات هو تحسين وتطوير عملية وفاعلية القرارات، وتنسيق الوظائف، وتحسين حالة التعاون بين الأفراد في الأقسام المختلفة داخل المنظمة.

د- الاتصالات القُطرية: Cross/ Diagonal Communication

وهي كافة أنشطة الاتصالات التي تتم بين أفراد في مسـتويات إدارية مختلفـة مختلفة بينهم علاقات وظيفيـة محـددة، مـما يـؤدي إلى زيـادة السرعة والتنسـيق بين الإدارات المختلفة داخل المنظمة.

معوقات الاتصال: Communication Barriers

هناك العديد من المعوقات والصعوبات التي تعـترض عملية الاتصال بكافة مراحلها، ومن أهم هذه المعوقات ما يلي:

1. **الاختيـار غـير المناسـب لقنـاة الاتصـال:** Misuse of Communication Channel: بما أن قناة الاتصال هي الوسيلة التي سيتم بموجبها نقل هـذه الرسالة إلى الأطراف الأخرى، فعلى المرسل (Sender) أن يقوم باختيار أفضل القنوات لنقل رسالته ليضمن وصولها وتفاعل الطرف الآخر معها.

2. **كثافة المعلومـات** Information overload : وهـي عبـارة عـن كـثرة المعلومات وتكرارها مما يزيد العبء على المستلِم فهي تشبه تماماً النـقص في المعلومات، فقد تصبح عائقاً أمام المستقبِل للرسالة ممـا يـؤدي إلى تـأخر المستلِم في الاستجابة، وكثرة المعلومـات قـد تـؤدي إلى خلط الحقائق مـما يُصعّب الأمر على المستلِم (المستقبِل).

3. **التحويـل غـير الملائـم للفكـرة الذهنيـة** Improperly Encoding The Idea

عندما لا يتمكن المرسل من وضع الفكرة الذهنية بشكل واضح حول الموضوع وأهداف الرسالة، فهو غير متمكن من تحويل الفكرة بشكل دقيـق، وبالتـالي لم يتمكن من اختيار الكلمات والعبارات التي تمثل هذه الفكرة فعلياً نتيجة خبراته ودوافعه.

4. **ضعف الإصغاء Poor listening:**

يعتبر الإصغاء جزءاً أساسياً ومهماً في عملية الاتصال، والذي يتضمن بالإضافة إلى الاستماع الانتباه والتركيز، فالإصغاء الجيد يتيح للمستمع والمصغي فهم المتحدثين بصورة أفضل وبالتالي تصبح الاستجابة متبادلة بين الطرفين.

5. **ضغط الوقت Time Pressure:**

حيث يواجه المديرين مشكلة عدم توفر الوقت الكافي لديهم للقيام بعملية الاتصال بشكل متواصل مع المساعدين والمرؤوسين، وهذا يعني أن بعض الأفراد الذين هم عادة يكونون جزءاً من العملية الاتصالية، سوف لن يكون لهم نصيب ضمن قنوات الاتصال الرسمية مما يولد لديهم الشعور بخيبة الأمل.

6. **مشكلات تتعلق باللغة Semantic Problem:**

ويقصد بذلك أن تتم كتابة الرسالة أو ترميزها بلغة لا يفهمها الطرف المستقبِل، فالكثير من الكلمات تحمل معاني متعددة نتيجة اختلاف الأشخاص والعوامل المؤثرة عليهم ومن أهمها اختلاف الثقافات، فإن معاني بعض الكلمات، والألوان في دولة معينة تعني أموراً أخرى مختلفة في دول وثقافات مختلفة. وهنا لا يمكن التفاعل مع الرسالة والاستجابة لها. كما وأنه قد تتم كتابة الرسالة وترميزها باستعمال مفاهيم ومصطلحات غير دقيقة مما قد لا يفهمها المستقبِل فهماً واضحاً كما أراد المرسل فعلاً، الأمر الذي يخلق فهماً مختلفاً وكذلك استجابة مختلفة.

وعليه، تعتبر اللغة هي أقرب وسائل الاتصال، وهي الأساس الذي يربط الناس ببعضهم، وهي تعكس الاختلافات الاجتماعية والثقافية وأحياناً تؤدي إلى سوء فهم ثقافي وبالتالي فإن اللغة هي نوع من الاتصالات التي ترتبط بالمجتمع.

تحسين فاعلية الاتصال: Communication Effectiveness

يمكن تحسين فاعلية الاتصال من خلال تفاعل كافة عناصر وخطوات عملية الاتصال وفهم المعوقات والصعوبات المحتملة وكيفية تجنب هذه المعوقات. إذ يتوقف نجاح عملية الاتصال على نجاح كل عناصره في أداء الدور المطلوب منها، ويمكن تفسير هذه العوامل إلى كل من:

أولاً: عوامل تتعلق بالمرسِل (Sender):

يعد المرسل من أهم العوامل المؤثرة في تحسين وفاعلية عملية الاتصال من أجل الوصول إلى تحقيق أهدافها، فعلى ضوء ما يتمتع به المرسِل من قدرات وكفاءة في الأداء يتحدد مصير عملية الاتصال برمّتها، ومن أهم العوامل الواجب توافرها في المرسل:

1. أن يكون المرسِل موضع ثقة من المستقبِل، باعتبار أن هذه الثقة تعد الأساس الذي يبني عليه المستقبِل تفاعله.
2. أن تتوافر مهارات اتصالية عالية من خلال مهاراته في عملية ترميز وتشفير وتحويل الفكرة، الأمر الذي ينعكس على مدى قدرته في صياغة الرسالة.
3. حسن اختيار الوقت والزمان والوسيلة الملائمة لطبيعة المستقبل (المستلم) والملائم لطبيعة الرسالة وهدفها حيث يشكل ذلك في النهاية منظومة متكاملة لنجاح المرسل في صياغة رسالته.

ثانياً: عوامل متصلة بالرسالة (Message):

عند إعداد الرسالة الاتصالية يجب مراعاة بعض الشروط لضمان استجابة المستلم لها ومن هذه الشروط:

1- أن يتناسب موضوع الرسالة مع المستلِم، من حيث اهتمامه ودرجة استيعابه ومستوى إدراكه وتلبية احتياجاته، حيث أن تأثير الرسالة هنا يتوقف على الفائدة المرجوة منها.

2- حسن صياغتها وتضمينها عنصر ـ التشويق الذي يخاطب إدراك المستلِم ويضمن قوة تفاعله معها.

3- الوضوح، والإيجاز، وذلك باستخدام العبارات والمفردات السهلة البسيطة، وتجنب التكرار والإطالة غير المبررة.

4- الترابط المنطقي بحيث تكون أجزاء الرسالة من جُمل وعبارات مترابطة ببعضها البعض.

ثالثاً: عوامل تتعلق بالمستلِم (Receiver):

وهو الشخص أو مجموعة الأشخاص التي تستقبل الرسالة، وتقوم بترجمة رموزها وتفهمها، إذ كلما تشابهت خبرات المستقبِل (المستلِم) مع موضوع الرسالة ازداد فهمها، ومن ثم ازدادت احتمالات نجاح عملية الاتصال؛ ومن ضمن هذه العوامل:

1- دافعية المستلِم تجاه المعرفة، حيث من الخطأ القول بأن المستلم يدرك الرسالة بمجرد استلامها.

2- مستوى الإدراك الحسي ـ للمستقبل والمتمثل في حواسه من سمع، وبصر ـ باعتبار أنها الطريق نحو التعرف على الرسالة فإذا كانت الحواس معطلة لسبب أو الآخر فإن ذلك يمثل عائقاً لا يمكن التغلب عليه.

عوامل متصلة بوسائل الاتصالات:

وسائل الاتصال متعددة ومتنوعة (الرمز، والشكل، واللغة المنطوقة، واللغة المكتوبة، ورسائل غير لفظية) ولكل من هذه الرسائل مزاياها وعيوبها. وعلى ذلك كلما توفر عدد من الرسائل أمام المرسِل كلما ازدادت الفرصة أمامه لاستخدام الوسيلة المناسبة لرسالته والتي تتناسب مع الهدف المقصود، وصياغة الرسالة، ومع طبيعة المستقبل وخصائصه لذلك فإن التنويع في استخدام الوسائل المختلفة يزيد من فرص مقابلة الفروق الفردية بين الأفراد المستقبلين، وهذا من شانه أن يساعد على إنجاح عملية الاتصال.

اتخاذ القرارات

Decision Making

مقدمة:

تعتبر عملية اتخاذ القرار وظيفة إدارية وعملية تنظيمية؛ فهي وظيفة إدارية من حيث أنها تعتبر من المسؤوليات الرئيسة التي يتحملها المدير، كما أنها عملية تنظيمية من حيث أن اتخاذ كثير من القرارات تعتبر عملية أكبر من أن ينفرد بها المدير وحده، فهي ناتج جهود كثير من الأفراد، على شكل جماعات أو مجلس إدارة، والمدير في الوقت الحالي لا يعمل في عزلة، بل يتأثر بأفكار وأراء المحيطين به وبطبيعة البيئة التي يعمل فيها.

والمشاركة ومن خلال الجماعة توفر للمدير فرصة كبيرة للتوصل لقرارات أكثر نضجاً وأسلم في حل المشكلات.

فدراسة المشكلة من قبل مجموعة توفر ومن دون شك الفرصة لعدد أكبر من البدائل خاصة وأن اتخاذ القرارات مرتبط بالمستقبل المجهول الذي يتميز لعدم التأكد، فهي انعكاسات لسلوك يقع مستقبلاً، ولنتائج تترتب على هذا السلوك.

ولما كانت القرارات تتعلق بأمور مستقبلية، فإننا سنلاحظ بوضوح ظاهرة التردد في اختيار حل معين.

مفهوم اتخاذ القرارات Decision Making Concept

اتخاذ القرار معناه اختيار بديل معين يقوم به صانع القرار من بين مجموعة من البدائل المحتملة، فالقرار لا يمكن أن يصدر عفواً أو ارتجالاً إنما ينبغي قبل اتخاذ القرار ضرورة التعرف بدقة على المشكلة التي من أجلها سيتخذ القرار، والإداري الناجح يتميز عن غيره بقدرته على الإحاطة بمختلف جوانب المشكلة ثم

بعد ذلك تحليلها ووضع البدائل لحل المشكلة حتى يمكن اختيار أفضلها ثم وضع مقاييس أو معايير للحكم على سلامة إنجاز القرارات التي تتخذ.

أي أن القرار لكي يُتخذ لابد من أن يتبع منهجاً علمياً قبل أن يصدر، فالقرار الجيد هو القرار الذي يُتخذ على أساس رشيد وبطريقة منهجية.

خطوات ومراحل صناعة اتخاذ القرار Decision Making Process

هناك خطوات منطقية ينبغي إتباعها للوصول إلى القرارات الجيدة والشكل التالي يبين هذه الخطوات:

شكل رقم (3-5)

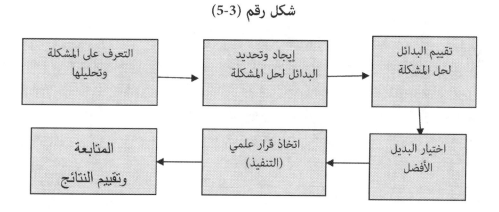

أولاً: تحليل وتشخيص الموقف (المشكلة):

Situation Diagnosing and Analysis

إن الخطوة الأولى في عملية صنع واتخاذ القرارات هي الاعتراف بوجود حاجة ملحة إلى اتخاذ قرار ما وتحديد أبعاد هذا القرار والأساس هنا الاعتراف بوجود مشكلة. ويلاحظ أن هذه الحالة لا تظهر فجأة، بل يسبقها شعور من جانب المدير بأن الأمور لا تسير كما يجب، ولكنه يحاول طرد الفكرة من رأسه على أساس أنها مجرد وهم أو شك.

ولكن عندما تتدفق المعلومات التي تؤكد وجود المشكلة، يعترف المدير بأن هناك حاجة حقيقية لإصدار قرار ما، عندئذٍ يستدعي الأمر ضرورة تفسير وتشخيص المشكلة. ويلاحظ أن هذه الخطوة في منتهى الأهمية لأن الخطأ في التشخيص وما يتبعه من التحديد الخاطئ للمشكلة يوثر سلباً وبصورة خطيرة على جميع الخطوات التالية. وينبغي ملاحظة أن الدوافع والاتجاهات والتفضيلات الفردية للمديرين تلعب دوراً بالغ الأهمية في مرحلة التحليل والتفسير.

ثانياً: تحديد البدائل: Alternatives Determine

أحد الخصائص الرئيسة لموقف اتخاذ القرار هو الاختيار من بين مجموعة من البدائل، باعتبار أن وجود بديل واحد يعني عدم الحاجة إلى اتخاذ قرار، فإن تحديد البدائل لابد وأن يعتبر جزءاً مهماً في هذه العملية والقاعدة في هذا الصدد هي: إذا لم يؤخذ البديل الأفضل بالاعتبار فإن القرار الجيد لا يمكن الوصول إليه. في هذه المرحلة، يكون من الأفضل تحديد كلٍ من البدائل النمطية الواضحة جنباً إلى جنب مع البدائل المبتكرة أو غير العادية والتي تأتي من خلال الأفكار البارعة، ويمكن الحصول على هذه الأفكار عن طريق جميع العاملين وتشجيعهم على إبداء الرأي في مناقشة مفتوحة للوصول إلى حلول مبتكرة للمشكلة موضوع البحث. ومن الطبيعي أن تناسب الفترة الزمنية اللازمة لتحديد واستعراض البدائل مع أهمية القرار.

ثالثاً: تقييم البدائل: Alternatives Evaluation

بعد تحديد جميع البدائل الممكنة ينبغي على المدير تقييم كل بديل من هذه البدائل واضعاً في عين الاعتبار الأمور التالية:

- **هل من الممكن تنفيذ هذا البديل؟** فقد يكون هو البديل المعين إيجابياً ولكن يصعب تنفيذه مثلاً، قد يكون البديل هو فصل مجموعة

من العاملين إلاّ أنه يوجد عقد ملزم يمنع الإدارة من فصلهم. أي أن ما هو صحيح دائماً قد لا يكون صالحاً في كل الظروف وبالتالي لا يمكن تنفيذه.

- **هل يفي بالغرض؟** ويعني ذلك تحديد إلى أي مدى يمكن أن يكون البديل المعين مقبولاً بمعنى مدى إمكانيته في التعامل مع المشكلة.

- **هل يمكن قبول نتائجه وآثاره؟** المدير هنا يحتاج إلى معرفة النتائج المحتملة والمرتبطة بالبديل المعين. في بعض الحالات فإن النتائج قد تكون سبباً لاستبعاد هذا البديل ورفضه ولعل إمكانية قبول البديل أخلاقياً أو اجتماعياً تمثل أحد أسباب الاستبعاد في هذه المرحلة.

والمرحلة الأخرى في تقييم البدائل هي الاستمرار في جمع المعلومات والمزيد من الدراسة للبدائل من حيث فاعليتها في حل المشكلة موضوع البحث، في هذه المرحلة تستخدم وسائل أخرى للتقييم مثل تحليل القيمة المتوقعة والمحاكاة.

باختصار فإن المضمون الأساسي لهذه الخطوة هو محاولة التنبؤ بنتائج كل بديل في الفترة القصيرة والفترة الطويلة وتأثير ذلك على أهداف المنظمة القصيرة الأجل والطويلة الأجل.

رابعاً: اختيار البديل الأفضل: The Best Alternative Choice

بعد تقييم جميع البدائل والتي لابد أن ينتج عنه استبعاد أغلب البدائل والإبقاء على البدائل القليلة والتي لا بد أن تتضمن نقاط قوة ونقاط ضعف، عندئذٍ يحدد المدير أياً من هذه البدائل المتبقية يقدم حلاً للمشكلة موضوع البحث.

خامساً: اتخاذ قرار التنفيذ: Alternative Implementation

بعد اختيار البديل الأفضل يجب على المدير أن يضعه في حيز التنفيذ لإيصال مثل هذا القرار، للأفراد المعنيين بتنفيذه بعد أن ينتهي من مرحلة قبولهم وتفهمهم والالتزام التام بتنفيذ هذا القرار لأن نتائجه تتوقف إلى حد كبير على التنفيذ

السليم الفعال له، إذ قد يؤدي إلى نتائج غير جيدة بالرغم من أنه قرار جيد والسبب في ذلك سوء التنفيذ.

سادساً: المتابعة وتقييم نتائج فاعلية القرار: Evaluation Decision Results

وهنا يتم تقييم نتائج تنفيذ القرار بعد جمع المعلومات للتأكد من تحقيق الأهداف المخطط لها، وذلك بقياس النتائج بشكل دوري ومقارنتها مع النتائج المنشودة، وبالتالي فإن متابعة وتقييم نتائج القرار على ضوء الموقف الأصلي يصبح أمراً ضرورياً وذلك باستخدام الخطوات التالية:

1. تحديد النتائج المطلوب تحقيقها من القرار مع وضع تقدير زمني للفترة التي يستغرقها تحقيق هذه النتائج.

2. تنفيذ القرار الذي تم اتخاذه كجزء من عملية اتخاذ القرارات.

3. تقييم نتائج القرار أولاً بأول على ضوء النتائج المحددة سلفاً.

أنواع القرارات: Decisions Types

إن اتخاذ القرارات حق لكل مدير، ولا يمكن تصور أن مئات بل آلاف القرارات التي يصدرها مديرو منظمة معينة في فترة زمنية معينة كلها من نوع واحد – بالرغم من ان تلك القرارات تتبع نفس الخطوات الست السابقة في إعدادها وإصدارها، ولكن لابد أن تختلف من حيث النوع.

وهناك أسس ثلاثة متفق عليها لتصنيف القرارات الإدارية:

1. **المدى التنظيمي للقرار**: ويندرج تحته القرار الاستراتيجي والقرار التشغيلي .

2. **مدى جودة تعريف القرار**: ويندرج تحته القرارات المهيكلة وغير المهيكلة.

3. **مدى ارتباط القرار بآخرين:** ويندرج تحته القرارات المستقبلية والقرارات التابعة.

أولاً: القرارات الإستراتيجية والقرارات التشغيلية:

Strategic and Operational Decisions

مجموعة القرارات الاستراتيجية تتضمن مستقبل المنظمة ككل وتؤثر تأثيراً طويل الأجل ولا يمكن اتخاذها بصورة روتينية، ونظراً لارتفاع معدل التغيير في البيئة الذي تواجهه معظم المنظمات بالإضافة إلى التطورات التكنولوجية فإن القرارات الإستراتيجية تتميز بدرجة مرتفعة من الخطورة أو عدم التأكد، وعلى ذلك تختلف القرارات الإستراتيجية عن القرارات التشغيلية في أنها:

- تربط بين المنظمة وبيئتها.
- تشمل جزءاً كبيراً من المنظمة.

القرارات التشغيلية:

هي تلك القرارات المعنية بعملية تحويل مدخلات معينة من الموارد إلى مخرجات مرغوبة، وهي لا تعني بصفة عامة بما يجب أن تكون عليه تلك المدخلات والمخرجات. عموماً فإن القرارات التشغيلية يتخذها مديرون غالباً ما يعملون في المستويات الدنيا والوسطى للهيكل التنظيمي، هذا بالرغم من أن نفس المديرين قد يعنون أيضاً بالقرارات الإستراتيجية. وتتسم القرارات التشغيلية بطبيعة روتينية، هذا يعني أنها متكررة، وحينما تحدث مشكلات متشابهة بصورة منتظمة فإننا غالباً ما نستطيع التعرف على طريقة عامة للتعامل معها بالرغم من أننا قد لا يكون لدينا حلاً محدداً.

القرارات المهيكلة والقرارات غير المهيكلة: Structured & Unstructured

إن بعض القرارات تتصف بالوضوح وجـودة التعريـف والتميـز، بينمـا يتصـف البعـض الآخـر بصعوبة الفهم، والغموض، وصعوبة التعامـل معهـا. هـذه هـي الفروقـات بين القرارات المهيكلة وغير المهيكلة. ومن الناحية العملية فإن هذا البعد يعتبر من أهم الأبعاد في تحديد درجة السهولة في اتخاذ القرار، ولمزيد مـن التوضيـح لهـذه الأنـواع مـن القرارات، دعنا ننظر إلى الوصف الذي قدمه مديران مختلفان.

القرار (1) المدير الأول:

يجب أن أختار آلة تعبئة جديدة للمنتجات الحالية للشركة، هناك نوعان فقـط من الآلات في السوق والنوعان يتماثلان إلى حد كبير مع الآلـة الحاليـة التـي تسـتخدمها الشركة والتي لا تستطيع أن تلبي مطالـب إنتاجنـا والنوعـان موجـودان في السـوق منـذ فترة، وسوف أختار الآلة التي تعطي أفضل عائـد لفـترة خمـس سـنوات. بعد تجميع ودراسة كافة المعلومات عن كل آلة مثل سعر الشراء، تكاليف التشغيل، وخدمة ما بعد البيع، واستخدام هذه المعلومات في نموذج أعده قسم الحسـابات مسبقاً للتعامـل مـع هذه النوعية من القرارات، سأصدر أمراً بشراء الآلة التي يتم اختيارهـا ثـم أبلـغ مشرفي الأقسام بموعد استلامها والبدء بتشغيلها.

القرار (2) المدير الثاني:

أحتاج إلى اتخاذ قرار بشأن تشكيلة منتجات الشركة في العامين القادمين، وتقول التقارير الواردة من رجال البيع أن بعض منتجاتنا بدأت تبدو أقل جاذبية عـن منتجـات المنافسين، فهل يجب أن نطور بعض منتجاتنا الحالية، أو نبحـث عـن تشكيلة منتجـات جديدة بالكامل؟

وحيث أن القرار سيؤثر في سائر أجزاء المنظمة فإنني يوف استشير المـديرين في الأقسام الوظيفية الأخرى، وأعتقد أن أي قرار سوف يتخذ يجب أن

يتماشى مع ما يرونه مجدياً، ويجب أن توفر تشكيلة المنتجـات الجديدة أمانـاً طويل الأجل بالنسبة للشركة، وذلك دون الحاجة إلى تمويل فوري يحدد بقاء المنظمـة في الأجل القصير.

إن **القرار الأول** قرار هيكلي وذلك من ناحيـة جـودة التعريـف، فمتخذ القرار يعرف مدى القرار والاختيارات المطروحة هي اختيارات واضحة والقرار ليس جديـداً، فمعايير التقييم واضحة ومحددة سلفاً، لذلك فمتخذ القرار يستطيع أن يتبع إجـراءات مفهومة ومقبولة من أجل أن يصل إلى قرار، بمعنى آخر فإن القرار مبرمج.

أما القرار الثاني:

فهو قرار غير هيكلي، فبناء القرار غير معـروف بوضـوح سـواء مـن ناحيـة مـن يشملهم القرار أو الغايات التي يستهدفها، كما وإن الاختيارات الممكنـة غير ظاهـرة بشكل فوري، وذلك بسـبب أن القرار عـادة لا يكون قـد سـبق حدوثه في ظل نفـس الظروف، أيضاً نتيجة لحداثة القرار فإن متخذ القرار لا يتمتع برؤية واضحة حول كيفية التعامل مع القرار.

وفي حقيقة الأمر فإن كل مدير في هذه الحالة ستكون لـه وجهـة نظـر مختلفـة سواء بالنسبة للقرار ذاته أو لكيفية التعامل معه ويصعب الوصـول إلى إجـراءات مثـلى متفق عليها للوصول إلى القرار.

القرارات المستقلة والقرارات التابعة:

Dependent and Independent Decisions

وفي هذه الأنواع يتم تقسيم القرارات وفقاً لدرجة اعتمادها على قرارات أخـرى ويمكن قياس تلك الدرجة بمقياسين:

الأول: يمثل تأثير القرارات الماضية والمحتملة مستقبلاً.

الثاني: يمثل درجة التأثير في المناطق الأخرى في المنظمة

والشكل رقم (4-5) يوضح ذلك

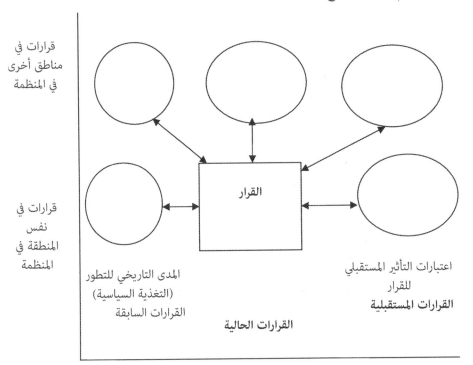

قرارات في مناطق أخرى في المنظمة
قرارات في نفس المنطقة في المنظمة
القرار
المدى التاريخي للتطور (التغذية السياسية)
القرارات السابقة
اعتبارات التأثير المستقبلي للقرار
القرارات المستقبلية
القرارات الحالية

المقياس الأول: يتعلق بالقرارات الماضية والمستقبلية فالعديد من القرارات تتأثر بقرارات تم اتخاذها في الماضي وفي بعض الأحيان تضع القرارات الماضية قيوداً على الموارد التي يمكن استخدامها للوصول إلى القرار الحالي، وفي أحيان أخرى فإن درجة الدعم الذي ساند قراراً ماضياً تكون إلى الدرجة التي تجعل محاولة تغيير الوضع شيئاً محرجاً. فعلى سبيل المثال القرار الخاص بالتوقف عن الاستثمار في مشروع معين لم يثبت نجاحاً، قد يكون بالغ الصعوبة بسبب كبر حجم الأموال والموارد التي استهلكها ذلك المشروع بالرغم من أن القرار يجب أن لا يتأثر بحجم الإنفاق الذي سبقه، وعلى ذلك فسلوك القرار المتخذ سيتأثر بصورة

كبيرة بطبيعة تاريخ القرار. ويمكن أن يتأثر القرار باعتبارات القرارات المستقبلية أيضاً، فالقرار الذي يُلزمنا باتخاذ طريق معين مستقبلاً يجب أن يوضع في الاعتبار كأحد النتائج المهمة المترتبة على القرار.

المقياس الآخر: يتعلق بدرجة العزلة التنظيمية للقرار، فبعض القرارات لها تأثير محدود نسبياً على بقية المنظمة، بينما البعض الآخر له مدى تأثير واسع من حيث النتائج المترتبة عليه، وعلى سبيل المثال:

إذا أراد مدير الإنتاج استبدال آلة معينة بآلة جديدة تنتج بنفس أسلوب الآلة القديمة ولكن بتكلفة أقل، يكون محتوى القرار ذاتياً (داخلياً) ولكن بافتراض أن هذه الآلة الجديدة لا تكون قادرة على تخفيض تكلفة الوحدة إلا في حالة حجم إنتاجي معين كما وأنها تحتاج إلى مهارات تشغيلية خاصة. هنا يصبح القرار أكثر اعتماداً على إدارات ووحدات تنظيمية أخرى داخل المنظمة من حيث وجهة نظر هذه الإدارات إلى نتائج القرار وعلى القرارات التي تتخذها هذه الإدارات.

العوامل المؤثرة في عملية صنع واتخاذ القرارات

Factors Affecting Decisions Making

1. **بيئة القرار Decision Environment:** تلعب البيئة المادية والتنظيمية الداخلية والبيئة الخارجية دوراً مهماً في عملية صنع القرار بل وفي طبيعة القرارات نفسها، ولاشك أن تهيئة البيئة الصالحة لصنع القرارات الرشيدة يعتبر من أهم مسؤوليات الإدارة العليا بالمنظمات. إن دراسة البيئة من حيث الظروف السائدة فيها، والفرص التي تتضمنها والتهديدات التي تنطوي عليها لابد أن تمثل نقطة البدء في الوصول إلى قرارات جيدة. وتتكون البيئة الداخلية من عوامل مادية وأخرى معنوية خاصة بالمنظمة، فهناك العلاقات المتداخلة بين المديرين بعضهم ببعض وبينهم وبين مرؤوسيهم، وهناك الهيكل التنظيمي والسلطة ونظم الاتصالات الرسمية وغير الرسمية وغيرها.

وتتكون البيئة الخارجية من العوامل الاجتماعية والاقتصادية والسياسية؛ إن هذا المنظور يعني أن المديرين يعرفون تماماً أنه لا يمكن لأي نشاط يأمل في النجاح أن يتجاهل ما يحدث في البيئة، ولعلنا نُذكّر بالتغيرات البيئية التي واجهت المنظمات المحلية والعالمية في السنوات الأخيرة، ما يؤكد منطقية النظرة الجادة إلى هذه التغييرات التي تلعب دوراً جوهرياً في التأثير على قرارات المنظمة وأن الوصول إلى فهم واضح لطبيعة العلاقة بين المنظمة والبيئة، يتطلب التمييز بين البيئة الخاصة بالمنظمة المعنية وبين البيئة العامة ومعرفة تأثير متغيرات كل منها على عملية اتخاذ القرارات.

ومن التغيرات البيئية التي واجهت المنظمات العالمية والمحلية في السنوات الأخيرة:

1. فقدان التحكم والسيطرة على مصادر الطاقة من قبل الولايات المتحدة الأمريكية والدول الأوروبية.
2. ظهور تكتلات اقتصادية متعددة حديثة.
3. التطورات التكنولوجية وارتفاع معدلات استخدامها وسرعة انتشارها.
4. ارتفاع أسعار البترول.
5. التركيز المتزايد على المسؤولية الاجتماعية للمنظمات خصوصاً في مجالات الأمان والتلوث البيئي، وتغيرات الطقس والمناخ.
6. الأزمة المالية العالمية الحديثة والتي بدأت في نهاية العام 2008 وتأثيرها البالغ على المنظمات وقراراتها.

2. **توقيت القرار Decision Time:** يعتبر توقيت القرار أمراً مهماً بالنسبة للمدير الذي يتخذ هذا القرار وبالنسبة لمرؤوسيه الذين عليهم تنفيذه، وأن كثيراً من القرارات لها تأثير كبير على روح العمل بالمنظمة، فيرغب الأفراد دائماً

3. بأن يعرفوا بالقرار في وقت معين حتى يتمكنوا من القيام المطلوب في الوقت المناسب. كما يرغب الرؤساء أن يحاطوا علماً بالقرارات التي تصدر قبل أن يعرفها المرؤوسون، فإذا قرر مدير الإنتاج تحديد فترات الراحة أثناء العمل يجب ان يعلم بها كبار المسؤولين قبل تعميمها على العاملين.

إن الفكرة الرئيسة للتوقيت هي:

◆ الإحساس بدرجة السرعة في اتخاذ القرار، فهناك قرارات يلزم اتخاذها خلال لحظات، وهناك قرارات ممكن تأجيل اتخاذها أياماً وشهور.

◆ الشعور بأن المشكلات والأحداث متداخلة، أي أن الوقت الذي يتخذ فيه قرار بالنسبة لمشكلة ما يلعب دوراً مهماً بالنسبة للمشكلات الأخرى.

لذلك يجب توقيت القرارات لحل المشكلات المختلفة وفق خطة معينة حتى لا يحدث تعارض بينها.

4. **الطباع الشخصية Personality:** وهو اصطلاح يستخدم لوصف السلوك الإنساني الذي قد يحدث نتيجة لبعض المتغيرات الكيميائية في الجسم. وهناك ثلاثة أنواع من السلطة تحدث نتيجة هذاالعامل هي: الإجهاد، والحذر، والتسرع، وطبيعي أن يختلف تأثير هذا العامل على السلوك من مدير لآخر، فالبعض تصيبه حالة من الإرباك إذا لم يستطيع التوصل إلى قرار سريع، والبعض الآخر يكون في حالة من التردد بحيث لا يستطيع أن يتخذ القرار. كذلك تختلف سرعة التصرف والاستجابة من مدير لآخر، فالبعض على درجة كبيرة من الحذر والصبر والبطء في اتخاذ القرار، والبعض الآخر على العكس من ذلك.

5. **العوامل النفسية في صنع القرار:** إن القرار الذي يتخذه الفرد ناتج عوامل شخصية وأخرى تنظيمية، من هذه العوامل الشخصية المركز المادي، والمركز الأدبي، والأمان الاقتصادي والاجتماعي، والذكاء، والهدوء وعدم

الانفعال، والطموح، والإبداع، وغيرها... لذلك لابد من أخذ شخصية صانع ومتخذ القرار في الاعتبار وتأثيرها على اتخاذ القرار.

فالعلاقة بين الفرد والمنظمة التي يعمل بها، علاقة متبادلة وكل منهما يؤثر في سلوك الآخر، فالمنظمة تزود المدير بعوامل وقوى محددة تمكنه من أداء عمله كما تهيئ له المحيط النفسي الذي يساعده على اتخاذ القرارات التي تحقق حاجات وأهداف المنظمة والذي يُمكنه من الحصول على البيانات والمعلومات اللازمة لصنع القرارات الجيدة.

6. **المشاركة في اتخاذ القرار Participation**: تتلخص الفكرة الأساسية للمشكلة في عملية صنع واتخاذ القرار في قيام جميع الأفراد أو المجموعة بالمنظمة بدور فعال في التأثير أو المساهمة في اتخاذه.

وتتوقف درجة المشاركة على عوامل عديدة من أهمها:

◆ مدى اقتناع الإدارة العليا بهذا المبدأ.

◆ طريقة تنفيذ عملية المشاركة (الأسلوب المتبع)

وتتصف المنظمات التي فيها أقل قدر من المشاركة **بالأوتوقراطية**، وفيها يقوم أفراد الإدارة العليا بصنع القرارات والرقابة على عملية تنفيذها، وتتركز عملية صنع القرار في واحد أو فئة قليلة منهم، وعلى الأفراد تنفيذ القرار دون تساؤل من جانبهم عن أسباب اتخاذه.

وتتصف المنظمات التي فيها أكبر قدر من المشاركة **بالديموقراطية**، وفيها أن كل فرد بالمنظمة له صوت مسموع في عملية اتخاذ القرار.

وبدأت فكرة المشاركة منذ ظهور حركة الديمقراطية الصناعية في أواخر القرن الماضي، والتي تعني الرقابة من جانب معظم أو جميع أفراد المنظمة، بدلاً من قصرها على أفراد الإدارة العليا وحدهم، والواقع أن الرقابة من جانب الجميع

يعتبر أمراً مثالياً يصعب تطبيقه عملياً في منظمات الأعمال. والرقابة بواسطة الجميع تعني المشاركة من جانب الجميع. والذين يؤيدون مبدأ المشاركة لا يؤيدون بالضرورة مبدأ مشاركة الجميع في عملية اتخاذ القرارات، وبما أن المشاركة أقل تطرفاً من الرقابة الكاملة فقد تزايد إقبال الإدارة بمنظمات الأعمال على تطبيقها.

نموذج اتخاذ القرارات Decision Making Models

يتبع المدير مداخل متعددة عند اتخاذ القرارات ومن الطبيعي أن العدد الأكبر من هؤلاء المديرين يفضلون أن يقال عنهم أنهم عقلانيون تماماً، ومع ذلك فإن تعقد وتنوع المشكلات التي تتطلب اتخاذ القرارات تجعل من المستحيل الالتزام الكامل بالرشد أو العقلانية، مما يترتب على ذلك وجود اتفاق على وجود نموذجين من نماذج اتخاذ القرارات هما:

◆ النموذج العقلاني.

◆ النموذج السلوكي.

النموذج العقلاني: Rational Model

هذا النموذج يفترض أن متخذي القرارات موضوعيون تماماً، ولديهم معلومات كاملة وأنهم يأخذون في الاعتبار جميع البدائل واختيار البديل الأمثل، ويحسبون بدقة جميع النتائج والآثار الخاصة بهذه البدائل أي أن هذا النموذج يقوم على تعظيم المدير لكل عوائد منظمته دائماً.

ولتوضيح أكثر، يمكن تحديد الفروض التي يقوم عليها النموذج العقلاني على النحو التالي:

1. إن المديرين يتوفر لديهم المعلومات الكاملة بخصوص الموقف.

2. إن المديرين لديهم قائمة تفصيلية بجميع البدائل ليمكن الاختيار بينها.

3. إن المديرين عقلانيون دائماً، وبالتالي فهم قادرون على تقييم البدائل بطريقة موضوعية ومنطقية تماماً، ونتيجة لمعرفتهم العامة بكل الاحتمالات فإنهم يستطيعون اختيار البديل الأمثل لكل موقف.

4. إن المديرين يعملون دائماً لتحقيق مصلحة المنظمة حتى لو تعارض ذلك مع مصالحهم الشخصية.

في ظل الفروض السابقة يمكن القول أن النموذج العقلاني ليس واقعياً في نظرته إلى السلوك الإداري، السبب في ذلك أنه أهمل العديد من العوامل فقد لا تتوفر لك جميع المعلومات، وقد لا تتمكن من معرفة جميع البدائل بالإضافة إلى نقص العوامل التي تؤثر على مواقف القرارات مثل الدوافع الشخصية، والتفضيلات، والعواطف والانفعالات.

لذلك ولكي يوصف متخذ القرار بالعقلانية لابد له أن يكون متوجهاً لهدف محدد والذي يعتبر مؤشراً ومعياراً للعقلانية في اتخاذ القرارات.

النموذج السلوكي: Behavioral Model

متخذ القرار أو المدير حسب هذا النموذج يفضل العمل مع الآخرين، ويهتم بانجازات مرؤوسيه ويتقبل اقتراحاتهم، يميل إلى التحاور مع الآخرين بشأن المشكلات التي يواجهها، إلا أن هذا النموذج يعترف بأن المديرين لا يتوفر لديهم دائماً المعلومات الكاملة سواء عن الموقف أو البدائل أو حتى عن نتائج التقييم أو قد تكون لديهم معرفية جزئية حول البدائل والنتائج وبالتالي تتناقص قدرتهم في التوصل إلى القرار الأمثل. وقد قدم هذا النموذج لأول مرة (هربرت سايمون) الذي حصل بعد ذلك على جائزة نوبل نتيجة لإسهامه في هذا الصدد، وأن هذا النموذج السلوكي يقوم على عدة فروض أهمها:

◆ إن المديرين يتصفون بالعقلانية المحددة أو المقيدة (Bounded Rationality) أي أنهم يحاولون أن يكونوا عقلانيين ولكن هذه

العقلانية يقلل منها القيم التي يؤمنون بها، وخبراتهم السابقة، وانعكاساتهم اللاشعورية، ومهاراتهم وعاداتهم. فإذا اعتاد أحد المديرين على إتباع نمط سلوكي معين عند اتخاذ القرار فإنه سوف يتبع نفس النمط، حتى لو كان الموقف المعين يتطلب من، وجهة نظر محايدة، اتباع نمط آخر.

◆ إن المديرين عند اتخاذ القرارات لا يبحثون عن الحل الأمثل بل يبحثون عن الحل المرضي، وهذا يعني أنهم يقبلون بديلاً ما طالما أن نتائجه عند حدها الأدنى تكون مقبولة، حتى لو أدى استمرار البحث إلى التوصل إلى بديل أو بدائل أفضل.

بالإضافة إلى العقلانية المحدودة والبحث عن الحل المرضي، هناك بعض المظاهر السلوكية الأخرى التي تؤثر في كيفية صنع واتخاذ القرارات وأهم هذه المظاهر:

أ. تصعيد الارتباط:

عبارة عن اتجاه الناس إلى الاستمرار في التمسك بتصرف أو ارتباط معين حتى لو كانت الشواهد تشير إلى فشله والسبب في ذلك أن الفرد في بعض الأحيان قد يأخذ قرارا ويصبح مرتبطاً به إلى الحد الذي لا يصدق عنده أن هذا القرار كان خاطئاً. على سبيل المثال: إذا اشترى أحد الأفراد عدداً من أسهم إحدى المنظمات بسعر (5) دنانير أردنية للسهم، بعد فترة بدأ سعر السهم في الانخفاض حتى وصل إلى (4) دنانير فبدلاً من بيع هذه الأسهم وتحمل خسارة قدرها 20% فإن هذا الفرد يصر على التمسك بتلك الأسهم، بل وقد يشتري عدداً أكبر منها بالسعر المنخفض، رغم أن اتجاه البيع والتخلص من هذه الأسهم هو الاتجاه السائد.

ب. إطار القرار:

يمثل الموقف القراري صورة ذهنية معينة من جانب متخذ القرار سواء من حيث احتمال الخسارة أو احتمال الربح، وعندما يكون إطار القرار في شكل خسارة

محتملة، يميل متخذ القرار إلى اختيار البدائل ذات المستوى المرتفع من الخطر. وعلى العكس من ذلك إذا كان إطار القرار في شكل ربح محتمل، يفضل البدائل الأقل خطراً.

أساليب حل المشاكل واتخاذ القرارات:

هناك عدد من الوسائل والأساليب التي تستخدم في تطوير وزيادة فعالية حل المشكلات واتخاذ القرارات وأهم هذه الوسائل مصفوفة الاسترداد (العوائد المشروطة) وشجرة القرارات.

مصفوفة العوائد المشروطة:

تتضمن هذه الوسيلة احتساب القيمة المتوقعة لبديلين أو أكثر في ضوء الاحتمال المتوقع لكل بديل ويعبر عن الاحتمال هنا كنسبة مئوية لتحقيق حدوث حدثٍ معين، فإذا كان هذا الحدث مؤكد الحدوث يكون الاحتمال مساوياً لواحد صحيح، ويكون الاحتمال صفراً إذا كان غير مؤكد الحدوث بالمرة.

ويقصد بالقيمة المتوقعة للبدائل: مجموع النتائج المتوقعة × الاحتمالات الخاصة بها.

مثال تطبيقي:

نفرض أن إحدى المنظمات في مدينة العقبة تفاضل بين شراء شركة لصناعة أجهزة الكمبيوتر أو شركة أخرى لصناعة الأجهزة الكهربائية المنزلية وقد حددت الدراسة أن نجاح كل منهما يعتمد على مستوى التضخم، فإذا زاد معدل التضخم يمكن تحقيق أرباح قدرها (5) خمسة ملايين دينار من قطاع الكمبيوتر أو (3) ثلاثة ملايين دينار من قطاع الأجهزة الكهربائية المنزلية.

أما إذا انخفض معدل التضخم فإن هذه المنظمة تخسر (4) أربعة ملايين دينار في مجال الكمبيوتر أو تخسر (2) مليونين دينار في مجال الأجهزة الكهربائية فإذا كان معدل احتمال زيادة مستوى التضخم 70% واحتمال انخفاضه 30%، فإن

مصفوفة العوائد المشروطة Payoff Matrix (كما هو في الشكل رقم 4-5) يظهر فيها أن القيم المتوقعة تكون كالآتي:

1). القيمة المتوقعة في مجال الكمبيوتر

(4.000.000) 0 .30 + (5.000.000) 0 .70

1.200000 - 3.500000 =

= 2.300000 مليون دينار

2). القيمة المتوقعة في مجال الأجهزة الكهربائية المنزلية

(2.000.000) 0 .30 + (3.000.000) 0 .70

600000 - 2.100000 =

= 1.500000 مليون دينار

وعليه، فإن الاستثمار في مجال الكمبيوتر يمكن أن يحقق معدلاً أعلى من الربح بالمقارنة بالاستثمار البديل في الأجهزة الكهربائية المنزلية.

شكل رقم (4-5)

مصفوفة العوائد المشروطة

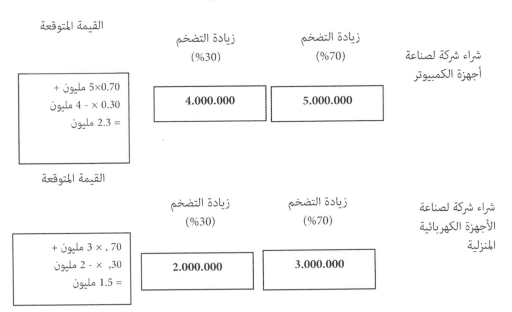

	زيادة التضخم (%70)	زيادة التضخم (%30)	القيمة المتوقعة
شراء شركة لصناعة أجهزة الكمبيوتر	5.000.000	4.000.000	5×0.70 مليون + 0.30 × - 4 مليون = 2.3 مليون
شراء شركة لصناعة الأجهزة الكهربائية المنزلية	3.000.000	2.000.000	70, × 3 مليون + 30, × - 2 مليون = 1.5 مليون

إن هذه الوسيلة لها تطبيقات عديدة في الكثير من المنظمات وازداد تطبيقها نتيجة انتشار استخدام أجهزة الكمبيوتر الشخصي- ومن الطبيعي أن المدير الذي يستخدم هذه الطريقة يجب أن يأخذ بعين الاعتبار أن التقديرات الخاصة بالقيمة المتوقعة والتقديرات الخاصة بالعوائد المتوقعة والاحتمالات الخاصة بها يتوقف عليها دقة النتائج التي يتم التوصل إليها.

شجرة القرارات: **Decision Tree**

يعتبر هذا الأسلوب امتداداً لأسلوب مصفوفة العوائد المشروطة من حيث تصوير البدائل والنتائج المشتقة من كل بديل. ولتوضيح هذا الأسلوب:

نفترض أن إحدى المنظمات الصناعية تبحث إمكانية إقامة مصنع جديد للدهانات لمواجهة الارتفاع في الطلب على منتجاتها وهناك احتمال بأن يكون هذا الارتفاع كبيراً، كما أن هناك احتمالاً آخر في أن يكون الارتفاع في الطلب طفيفاً، بناء عليه: فإن المدير المفوض إليه باتخاذ القرار يحاول إما أن يقرر بناء مصنع كبير الحجم، أو بناء مصنع صغير الحجم.

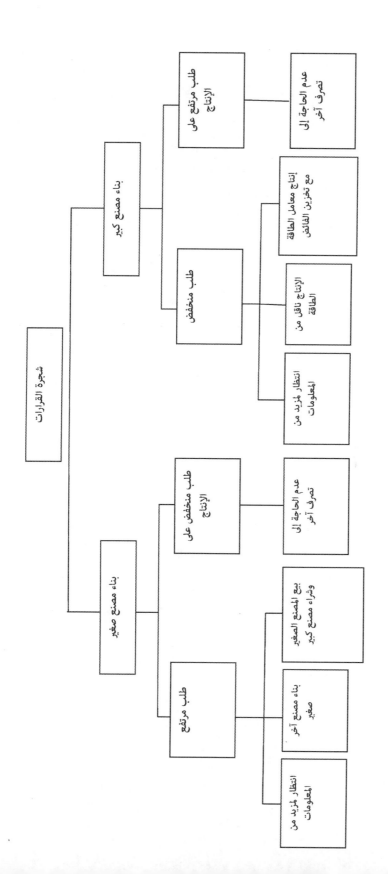

شجرة القرارات
بناء مصنع كبير
بناء مصنع صغير
طلب مرتفع على الإنتاج
طلب منخفض
طلب منخفض على الإنتاج
طلب مرتفع
عدم الحاجة إلى تصرف آخر
إنتاج معامل الطاقة مع تخزين الفائض
الإنتاج ناقل من الطاقة
انتظار لمزيد من المعلومات
عدم الحاجة إلى تصرف آخر
بيع المصنع الصغير وشراء مصنع كبير
بناء مصنع آخر صغير
انتظار لمزيد من المعلومات

عند تطبيق أسلوب شجرة القرارات في التعامل مع المثال في الشكل السابق رقم (5-5) ينبغي على المدير أن يقرر أولاً حجم المصنع الجديد. وبغض النظر عن الحجم الذي تم تحديده فإن الطلب على منتجات الدهان قد يكون كبيراً أو صغيراً.

فإذا كان الطلب كبيراً وحجم المصنع صغيراً فإن قراراً إضافياً ينبغي اتخاذه، هذا القرار قد يكون إما بناء مصنع آخر صغير إضافي للموجود، أو بيع المصنع الجديد الإضافي وبناء مصنع آخر أكبر حجماً، أو إهمال الزيادة الإضافية في الطلب على منتجات الدهان.

من ناحية أخرى: لو أن الإدارة قررت بناء مصنع كبير الحجم فلن تكون هناك مشكلة ولن يحتاج الأمر لأي تصرف آخر.

ولكن إذا كانت الزيادة في الطلب على المنتجات طفيفة فإن ذلك يستدعي دراسة عدد من البدائل مثل: العمل بأقل من الطاقة الإنتاجية مع بقاء طاقة عاطلة، أو العمل بكامل الطاقة والاحتفاظ بالإنتاج الإضافي على شكل مخزون على أمل زيادة الطلب مستقبلاً، أو الانتظار للحصول على مزيد من المعلومات.

من يصنع القرار؟   Who Making Decision

تسند النظرية الكلاسيكية في عملية صنع القرار إلى المستويات الأدنى في المنظمة، على أساس أنه كلما كان صانع القرار قريباً من مكان العمل، كلما كان سريعاً في اتخاذه، وأن نقل هذه العملية إلى المستويات العليا يزيد من مهام الإدارة العليا مما قد لا يساعد على صنع القرار السليم وقتل روح التفكير والابتكار والاعتماد على الأفراد بالمستويات الإدارية الأقل.

وكقاعدة عامة يقع على عاتق المدير العام – الإدارة العليا – صنع واتخاذ القرارات المتعلقة بالسياسات العامة للمنظمة، ويترك اتخاذ القرارات المتعلقة بالسياسات التنظيمية لمديري الإدارات ورؤساء الأقسام.

غير أنه لا يمكن وضع قاعدة تبين مكان صنع القرار بدقة، لأن اتخاذ قرار بأحد الأقسام قد يؤدي إلى اتخاذ سلسلة من القرارات في بعض الأقسام الأخرى.

كما أن الحدود الفاصلة بين السياسات العامة والسياسات الأخرى قد لا تكون واضحة تماماً في كل الحالات، فإذا كان هدف المدير العام تحقيق رقابة شخصية، فإنه قد يضع سياسات تفصيلية لا تعطي أفراد الإدارة بالمستويات الإدارية الأقل فرصة حقيقية لاتخاذ أي قرار.

وفي كثير من الحالات يحدد مكان صنع واتخاذ القرار على أساس درجة تأثيره على الأرباح.

كذلك لنوع الصناعة تأثير كبير على مكان صنع واتخاذ القرار بالنسبة للمنظمات التي تنتج منتجات واحدة وتباع بكميات كبيرة، تكون عملية وضع قرارات التسعير من حق المدير العام - الإدارة العليا - وحده، ففي صناعة البترول مثلاً يؤدي تغيير سعر البرميل من البترول بمقدار سنت واحد من الدولارات إلى تحقيق أرباح أو تحمل خسائر هائلة، بينما لا يكون الأمر بهذه الخطورة بالنسبة للمنظمات التي تنتج أنواعاً عديدة من المنتجات، فتكفي الإدارة فيها باتخاذ قرارات تبين الإطار العام للسعر وتترك تحديد السعر الفعلي للمستويات الإدارية الأقل.

تحسين عملية صنع واتخاذ القرار

Improvement Of Decision Making

لقد زاد الاهتمام في السنوات الأخيرة بتحسين عملية صنع واتخاذ القرارات لأسباب عديدة منها:

1. ارتفاع أهمية العامل النفسي بين رجال الأعمال والجمهور بصفة عامة.
2. ارتفاع عدد العوامل الرئيسة وغير الرئيسة، والمؤكد وغير المؤكد التي يستند إليها متخذ القرار. وقد بلغ اهتمام الكثير من المنظمات بهذا

الموضوع حداً كبيراً لدرجة أنه أصبحت تعطى برامج تدريبية متخصصة في عملية صنع واتخاذ القرارات لفئة المديرين فيها، من أجل أن تصبح قراراتهم أكثر دقة بعد التدريب.

والواقع أن معظم القرارات الخاطئة ترجع بالدرجة الأولى إلى نقص في كفاءة متخذيها، وقد ترجع أيضاً إلى النقص في المعلومات المتاحة أو إلى الضغوط من جانب رؤساء المجالس على المديرين.

أسئلة الفصل الخامس

1- ما أهمية توافر كفاءة الاتصالات داخل المنظمة، على نجاح عملية التوجيه؟
2- تناول مفهوم القيادة باعتبارها أكثر العمليات تأثيراً على السلوك التنظيمي؟
3- ما الفرق بين مفهومي؛ القيادة والإدارة من حيث السلطة، والقوة والتأثير؟
4- تناول مفهوم التمكين من حيث الدور الذي يلعبه في تحقيق كفاءة العمليات الإدارية؟
5- نظريتا الرجل العظيم، والسمات من النظريات التي فسّرت الجوانب السلوكية والقيادية المطلوبة لدى المدير على صعيد التأثير على العاملين. وضح؟
6- ركزت دراسات جامعة ميتشغان على أساليب القيادة التي يمارسها المديرون. تناول تلك الدراسات من حيث الأبعاد التي اهتمت بها؟
7- النمط القيادي الفعال هو الذي يقوم القائد من خلاله بدراسة الموقف بكل عناصره. وضح؟
8- هناك مواصفات يجب أن يتصف بها القائد الإداري. ما هي؟
9- افترض فيدللر أسلوبين للقيادة من خلال شخصية القائد وخصائصه. ما هما؟
10- ما مفهوم الدافعية. وكيف يؤثر على سلوك العاملين؟
11- ما مفهوم الحافز. وكيف توظفه المنظمة في تحقيق رضا العاملين؟
12- من أشهر نظريات الدافعية؛ نظرية التدرج الهرمي للحاجات لأبراهام ماسلو. اشرح تلك النظرية مستعيناً بالرسم؟
13- نظرية X و Y لدوجلاس ماكجروجر ركزت على أهمية فهم العلاقة بين الدافعية وفلسفة الطبيعة البشرية عن طريق وضع افتراضات. ما تلك الافتراضات التي وضعها لفهم طبيعة الإنسان؟
14- اعتمدت نظرية التوقع لفيكتور فروم على عوامل. ما تلك العوامل؟

15- تناول مفهومي الاتصالات الرسمية وغير الرسمية، ومفهوم معوقات الاتصال؟

اختر الإجابة الصحيحة مما يلي:

1) وظيفة تتضمن الكيفية التي تتمكن بواسطتها الإدارة من تمكين العاملين في المنظمة من إتقان أدائهم:

أ- التوجيه   ب- التنظيم   ج-تخطيط الأعمال   د- جميع ما سبق

2) هي القدرة على التأثير في الآخرين لتحقيق الأهداف المشتركة:

أ- التنظيم   ب- القيادة   ج- التخطيط   د- التوجيه

3) مفهوم يشير إلى تماسك العاملين كفريق واحد:

أ- التنظيم   ب- الروح المعنوية   ج- التوجيه   د- القيادة

4) مفهوم يشير إلى دعم ومساندة السلطة عبر التأثير على المرؤوسين بما يسمح بتفاعلهم:

أ- القدرة   ب- الإدارة   ج- القواعد   د- الإجراءات

5) قوة وحق اتخاذ القرار، هي مفهوم:

أ- السلطة   ب- القوة   ج- القدرة   د- التمكين

6) مشاركة القائد أتباعه في أعمال السيطرة والتأثير واتخاذ القرارات:

أ- القوة   ب- السيطرة   ج- التمكين   د- الإدارة المثلى

7) نظرية تقول: إن القائد يولد ولا يصنع:

أ- القائد العظيم   ب- السمة   ج- الأتباع   د- التفرد

8) تفترض وجود ارتباط بين القيادة الفعالة وخصائص القائد:

أ- القائد العظيم   ب- السمات   ج- الأتباع   د- الإبداع

9) مفهوم يشير إلى نسبة عدد العاملين الذين يتركون العمل خلال فترة زمنية معينة ويتم تعيين بدلاً منهم:

أ- تدوير العمل   ب- دوران العمل   ج- تدوير العاملين   د- دوران العاملين

10) هي مؤشر داخلي يحرك وينشط ثم يوجه السلوك الإنساني نحو تحقيق الأهداف:

أ- الفاعلية   ب- الحافزية   ج- الدافعية   د- جميع ما سبق

الفصل السادس

الرقابـــة

Controlling

الأهداف الأدائية Performance Objectives

يتوقع أن يحقق الدارس الأهداف الأدائية التالية بعد أن يُتم قراءة هذا الفصل:

1. استيعاب مفهوم الرقابة.

2. إدراك العلاقات بين وظيفة الرقابة وسائر الوظائف الإدارية من تخطيط وتنظيم وتوجيه.

3. التمييز بين مصادر الانحرافات 4Ms.

4. تحديد موقع الإجراء التصحيحي الناتج عن عملية الرقابة.

5. إدراك أنواع الرقابة وأدواتها الوصفية والمالية ورقابة المشروعات.

6. فهم مجالات الرقابة في المنظمة.

7. التمييز بين الممارسات الإيجابية لوظيفة الرقابة والممارسات السلبية.

الرقابة

Controlling

مقدمة:

ماذا يحدث لو تركنا كل شيء يجري في المنظمة دون أن نتأكد من أن ما يتحقق أو ما تم تحقيقه مطابق للأهداف؟ إن أحد الأمور التالية لا بد وأن يحدث:

— لن نعرف فيما إذا كنا قد حققنا ما استهدفناه.

— ولن نستطيع أن نعرف المشكلات.

— ولن نتمكن من تشخيصها وبالتالي علاجها.

وربما تستفحل الأمور دون أن ندري، فقد يُساء استخدام الموارد وقد يُساء استخدام الأشخاص بمجرد أن يبدأ أي نظام في العمل سرعان ما تظهر العديد من الظواهر التي تدفع هذا النظام لأن يخرج عن المسار الموضوع له لتحقيق أهدافه. إن عملية الرقابة الناجحة هي التي ترمي إلى إجراء التصحيح الخاص بهذا النظام قبل أن تصبح الانحرافات فيه خطيرة.

وموضوع الرقابة ليس من الموضوعات التي تحظى بشعبية كبيرة بين العاملين، إذ تُثير الرقابة مشاعر الاستياء لدى الأفراد لعلمهم بأن الإدارة تقوم بالتفتيش على أعمالهم وتقييم أدائهم، فأغلب الأفراد العاملين ينفرون من اضطرارهم للخضوع لأنشطة تفتيشية ورقابية، يعلمون تماماً أنها تهدف إلى التأكد من مدى كفاءتهم في القيام بواجباتهم والتي تؤثر على مستقبلهم الوظيفي.

ولو كنا نعيش في عالم مثالي لا يتسم بالأخطاء، لكان من الممكن الاستغناء عن الرقابة، ولكن للأسف الشديد يبتعد عالمنا كثيراً عن المثالية؛ فالعديد من الظروف والعوامل البيئية تتغير، وهذه التغييرات تؤثر على خططنا، ويقع العاملون

في الأخطاء، وبالتالي فالرقابة نشاط ضروري لكي تتمكن الإدارة من توقع المشكلات، وتعمل على تعديل خططها وتتخذ الإجراءات التصحيحية اللازمة.

مفهوم وتعريف الرقابة   Control Concept

تعتبر وظيفة الرقابة الجانب الأخير من العملية الإدارية حيث تكتمل بوضع نظام رقابي فعّال يضمن تحقيق مستوى مُستمرّ ومُرضٍ من الأداء. إذ أنها تختص بالتحقق من أن الأهداف والخطط والسياسات والإجراءات يتم تنفيذها كما سبق تحديدها. ومن هنا ترتبط وظيفة الرقابة بوظيفة التخطيط، وتمثل جزءاً لا يتجزأ من العملية التخطيطية، ولا يمكن بالتالي أن نفصل التخطيط عن الرقابة في الواقع العملي.

تعريف الرقابة   Control Definition

هناك العديد من التعريفات لمعنى الرقابة، ولعل أهم هذه التعريفات ما ذكره هنري فايول (أحد رواد المدرسة العلمية في الإدارة) حيث عرّفها في كتابه General and Industrial Management "إن الرقابة تعني التحقق مما إذا كان كل شيء يسير وفقاً للخطط الموضوعة والتعليمات المحددة والمبادئ المقررة، وتهدف إلى كشف نقاط الضعف أو الأخطاء، وتحديدها، من أجل تصحيحها ومنع تكراراها، وتشمل عملية الرقابة كل شيء من أفراد وأفعال".

ويُعرّفها (Hicks & Gullett) بقولهما "إن الرقابة هي العملية التي تسعى الإدارة من خلالها إلى التحقق من أن ما حدث هو الذي كان يفترض أن يحدث، وإذا لم يحدث فلا بد من إجراء التعديلات اللازمة".

Controlling is the Process by which Management Sees if what did happen was what was supposed to happen. If not, necessary adjustment are made".

ويعرفها الدكتور سعيد محمد عبد الفتاح (هي الوظيفة التي تحقق توازن العمليات مع المستويات و الخطط المحددة سلفا، وأساس الرقابة هي المعلومات المتوفرة بين أيدي المديرين. وهي الوظيفة التي تهدف إلى تأكد كل رئيس أو مدير أن ما تم إنجازه من أعمال هو ما قصد إنجازه. ومن هذا يمكن أن نبين أن عملية الرقابة تتضمن أمرين:

1. التحقق من مدى إنجاز الأهداف المرسومة بكفاية.

2. الكشف عن المعوقات التي قد تعترض تحقيق الأهداف، وتعديلها و تقويم الانحرافات.

أهمية الرقابة   Control Importance

للرقابة صلة وثيقة بالتخطيط: فهي التي تسمح للمدير بالكشف عن المشكلات والعوائق التي تقف إزاء تنفيذ الخطة وتشعره في الوقت المناسب بضرورة تعديلها أو العدول عنها كلياً أو الأخذ بإحدى الخطط البديلة على نحو ما أشرنا عن التعرض لموضوع التخطيط.

والرقابة لها صلة بالتنظيم فهي التي تكشف للمدير أي خلل يسود بناء الهيكل التنظيمي لوحدته الإدارية.

وفي مجال التفويض لا يستطيع المدير أن يفوض واجباته إلا إذا توفرت لديه وسائل رقابية فعالة لمراجعة النتائج لأن المفوّض يظل مسؤولاً عن إنجاز المفوض إليه للواجبات التي فوضها.

والرقابة لها صلة أيضا بعملية إصدار الأوامر وبعملية التنسيق إذ يستطيع المدير عن طريقها التعرف على مدى تنفيذ قراراته ومدى فعاليتها ومدى قبولها من جانب أعضاء التنظيم، وهي التي تمكّن المدير في النهاية من معرفة أوجه القصور في التنسيق في منظمته الإدارية فيعمل على تلافيها أو تذليلها.

أهداف الرقابة Control Objectives

تهدف المنظمة من تبني وظيفة الرقابة في أعمالها إلى تحقيق مجموعة من الأهداف؛ أبرزها:

1. ضمان تحقيق المصلحة العامة للمنظمة: وهي محور الرقابة، وذلك بمراقبة النشاطات، وسير العمل وفق خططها وبرامجها في شكل منظومي تكاملي يحدد الأهداف المرجوة، ويكشف عن الانحرافات والمخالفات وتحديد المسؤولية الإدارية.

2. توجيه القيادة الإدارية أو السلطة المسؤولة إلى التدخل السريع، لحماية المصلحة العامة للمنظمة، واتخاذ ما يلزم من قرارات مناسبة لتصحيح الأخطاء وانحرافات الأداء من أجل تحقيق الأهداف.

3. ما يحتمل أن يتكشف جراء تبني وظيفة الرقابة من عناصر وظيفية أخرى أسهمت في منع الانحراف، أو تقليل الأخطاء؛ مثل تنمية حس المسؤولية لدى الموظف، وهذا يؤدي إلى مكافأة هذه العناصر وحفزها معنويًا وماديًا.

الخطوات الأساسية لعملية الرقابة Controlling

في أي منظمة أعمال هناك ثلاث خطوات أساسية تكوّن في مجموعها عملية الرقابة وتشتمل على:

أولاً- تحديد معايير الأداء Establishing Performance Standards

إن الخطط هي الأساس الذي يشتق منه نظام الرقابة، ومن ثم فمن المنطقي أن تكون أول خطوة في العملية الرقابية وضع الخطط في المجالات الوظيفية المختلفة. ومن ناحية أخرى نجد أن هذه الخطط تختلف فيما بينها في درجة التفاصيل اللازمة ودرجة تعقدها بما لا يُمكن للمدير من ملاحظة كافة جوانب هذه الخطة، وبالتالي تصبح الحاجة إلى وضع وتحديد معايير محددة للأداء أمراً

ضرورياً. وتعتبر هذه المعايير بمثابة نقاط أو أوجه تركيز معينة يتم اختيارها للتدليل على إنجاز البرنامج أو الخطة المعينة، بحيث أن قياس الأداء عن طريقها تعطى للمديرين دلائل محددة عن مدى الأداء الصحيح.

وعليه، فإن تحديد معيار الأداء عادة ما يتضمن عدة أوجه أو عدة معايير وليس وجهاً أو معياراً واحداً. هذا ويمكن تطبيق واستخدام المعايير عند المستويات المختلفة الخاصة بالسياسات والإجراءات وطرق العمل. وحيث إنه ليس بالإمكان القيام بملاحظة جميع عمليات المنظمة، فإنه يصبح من الضروري اختيار بضع نقاط بهدف الرقابة، وبالتالي فإن النقطة الاستراتيجية في عملية ما بالمنظمة والتي يتم اختيارها كنقطة أساسية للعمل الرقابي هي تلك التي يطلق عليها "نقطة الرقابة الاستراتيجية" وكلما تم اختيار وتحديد موقع نقطة الرقابة الاستراتيجية في وقت مبكر، كلما زاد احتمال اتخاذ الإجراءات التصحيحية الواجبة في وقت مناسب بحيث لا تؤثر الانحرافات على تحقيق أهداف المنظمة. هذا ويجب اختيار وتحديد مواقع نقاط الرقابة الاستراتيجية بشكل يؤدي إلى أن تكون محصلة للمقارنة بين الأداء الفعلي والمعايير الموضوعة عند هذه النقاط معبرة عن نجاح المنظمة في تحقيق أهدافها.

وهناك أنواع متعددة من معايير الأداء يمكن استخدامها، ومن بين هذه المعايير تلك الخاصة بالكمية والتكلفة والوقت المستخدم والجودة.

إن تحديد حجم الإنتاج المتوقع وحجم المبيعات وعدد العاملين تعتبر بمثابة معايير مرتبطة بالكم أو معايير كمية. كما أن تحديد حجم الأموال التي يتم صرفها على شراء المواد الخام أو تلك التي يتم إنفاقها على الدعاية والإعلان، تعتبر بمثابة معايير مرتبطة بعنصر التكلفة. كما وأن وضع جداول الإنتاج التي يجب اتباعها لإنجاز أنشطة محددة تعتبر بمثابة معايير مرتبطة بمقدار الوقت المستخدم.

تعتبر الأنواع الثلاثة للمعايير التي تمت مناقشتها وهي الكمية، والتكلفة والوقت المستخدم معايير واضحة نسبياً نظراً لأنها جميعاً تخضع للقياس الكمي. ومن الناحية الأخرى فإن الأساس الكمي لمعيار الجودة قد يكون صعب التحديد؛ فبينما يمكن تحديد حدود السماح الضرورية الخاصة بأحد المنتجات الملموسة بشكل كمي، إلاّ أن الهدف الخاص بوجوب تحقيق إدارة الائتمان، أو الخدمات الطبية والذي يعتبر معياراً للجودة أيضاً، قد يصعب تحديده في شكل كمي.

ثانياً- قياس الأداء الفعلي Measuring Actual Performance

إن الخطوة الثانية في العملية الرقابية هي قياس الأداء في ضوء المعايير والأنماط الموضوعة سلفاً؛ فبعد تحديد نقاط الرقابة الاستراتيجية وكذلك معايير الأداء عند هذه النقطة، فإننا نصبح في حاجة إلى ضرورة مقارنة النتائج الفعلية التي تم تحقيقها داخل المنظمة بهذه المعايير، ويجب ملاحظة أن طريقة القياس التي تتبع في تقييم النتائج الفعلية يجب أن تتطابق مع تلك التي استخدمت في وضع المعايير.

وفي الواقع العملي تظهر الكثير من الاختلافات في تنفيذ المهام عمّا كان مخططاً لها سواءً في مستوى أداء الأفراد أو الإدارات المختلفة. ومهمة القياس في هذه الحالة هي التأكد من قيام الأفراد والإدارات بتنفيذ الخطط والمهام المطلوبة.

وتعتمد سهولة أو صعوبة قياس الأداء على مدى الكفاءة في وضع معايير يمكن تنفيذها بسهولة. فكلما كانت معايير الأداء مناسبة وكانت الوسائل متاحة لتحديد ماذا يفعل الأفراد كلما سهلت عملية القياس.

فعلى سبيل المثال فإننا عادة ما نجد أن قياس حجم المبيعات الشهرية التي قام بتحقيقها أحد مديري مناطق البيع يصبح أمراً سهلاً، في حين أن قياس مدى نجاحه في تنمية الكوادر الفنية المتخصصة للعاملين يصبح أمراً أكثر صعوبة.

وتزداد صعوبة قياس الأداء في المستويات الإدارية العليا وفي حالة الأعمال غير فنية. فهناك صعوبة - على سبيل المثال أيضاً - في قياس أداء نائب الرئيس للإدارة المالية أو مدير العلاقات الصناعية، ومنشأ هذه الصعوبة تكمن في كيفية وضع معايير تحكم أدائها. فالأداء يعتمد على عبارات ومعايير غامضة مثل تحقيق انتعاش مالي للشركة، أو المحافظة على مركز مالي سليم أو زيادة دافعية الأفراد وولائهم للمنظمة.

ويمكن أن نخلص من هذا إلى أنه كلما انتقلت الأعمال والمهام من المستوى التنفيذي إلى المستويات الإدارية الأعلى كلما أصبحت العملية الرقابية أكثر صعوبة، وفي نفس الوقت أكثر أهمية. ولهذا فكلما كانت هناك معايير كمية تعتمد على الأهداف المطلوب تحقيقها كلما سهلت عملية القياس. بالإضافة إلى ذلك فإن المقاييس المختلفة المستخدمة في قياس الأداء والاعتماد على الرقابة التنبؤية والمتزامنة بقدر كافٍ يساعد على تحقيق نجاح في قياس الأداء في المستويات الإدارية المختلفة.

ثالثاً - اتخاذ الإجراءات التصحيحية   Taking Corrective Actions

بعد تحديد ووضع معايير الأداء وبعد قياس النتائج، فإنه يمكن استخدام عدة أدوات رقابية داخل المنظمة، فالعملية الرقابية لا تكتمل إلاّ إذا تم اتخاذ الإجراءات اللازمة لتصحيح الانحرافات؛ فمقارنة الأداء الفعلي بالأداء المخطط يُمكِّن من رصد الانحرافات وبالتالي محاولة تصحيحها.

وفي العادة يتم التفكير في الانحرافات على أنها انحرافات سلبية، أي عدم القدرة على الوصول إلى المعايير الموضوعة سلفاً وبالتالي تصحيح الأداء المعيب. ولكن يمكن أن تكون الانحرافات في بعض الأحيان موجبة بمعنى أن الأداء الفعلي قد يكون أعلى من الأداء المخطط. وهذه الحالة تستحق أيضاً من الإدارة دراستها

لتحديد عما إذا كان الانحراف الموجب نتيجة الدقة في وضع المعايير أم للأداء العالي للأفراد.

ويمكن التفرقة بين نوعين من الانحرافات:

1- **الانحرافات الطبيعية**: وتتميز بأنها تتصف بواحدة أو أكثر من الصفات التالية:

   − فرق بسيط في الانحراف بين الخطة والتنفيذ.

   − انحرافات نتيجة لظروف طارئة.

   − انحرافات غير متكررة.

2- **الانحرافات غير الطبيعية**: والتي تتصف بواحدة أو أكثر من الصفات التالية:

   − انحرافات جسيمة.

   − انحرافات نتيجة لقصور في المنفذين أو لتعمدهم الخطأ.

   − انحرافات متكررة.

وتحتاج الانحرافات غير الطبيعية إلى علاج حاسم وسريع ومخطط بشكل يعتمد على نوع الخطأ ومدى جسامته، أما الانحرافات الطبيعية فقد لا تحتاج إلى علاج أو في بعض الأحيان قد تحتاج إلى علاج سطحي.

يلي تحديد الانحرافات ورصدها قيام المديرين باتخاذ الإجراءات التصحيحية لعلاج هذه الانحرافات، ويمكن القول أن عملية تصحيح الانحرافات هي الخطوة التي تلتقي فيها الرقابة بباقي الوظائف الإدارية الأخرى.

وهذا التداخل بين وظيفة الرقابة وباقي الوظائف الإدارية يؤيد فكرة وحدة وتعاونية الوظائف الإدارية وضرورة تكاملها؛ فلا يجب النظر إلى الرقابة على أنها

وظيفة مستقلة ومنفصلة عن باقي الوظائف الأخرى، بل يجب أن تعمل داخل إطار واحد يجمع كلاً من التخطيط والتنظيم والتوجيه.

ويمكن التفريق بين نوعين من الإجراءات التصحيحية وهما:

1- الإجراءات العلاجية قصيرة الأجل.

2- الإجراءات الوقائية طويلة الأجل.

الإجراءات العلاجية قصيرة الأجل: وتنطوي على التصرف السريع والعلاج الضروري للانحرافات التي قد تظهر في أحد المجالات، فإذا ما تبين مثلاً أن قسم إنتاج الثلاجات في إحدى الشركات لم يحقق الخطة الأسبوعية أو الخطة الشهرية المحددة سابقاً، فقد يهتم المدير بإرجاع معدل الإنتاج إلى حالته الطبيعية عن طريق:

– تشغيل العمال وقتاً إضافياً أو زيادة عدد الورديات.

– زيادة عدد الآلات المستخدمة.

– تشغيل الآلات الحالية وقتاً إضافياً.

– تشجيع العاملين وحفزهم لزيادة الإنتاج.

– زيادة الرقابة والإشراف على العمليات الإنتاجية.

الإجراءات الوقائية طويل الأجل: بعد علاج الأخطاء بصورة سريعة وإرجاع معدلات الإنتاج إلى ما هو مخطط له، قد يلزم الأمر وقتاً أكبر واهتماماً أعمق بأسباب تدهور الإنتاجية والتعرف على الإجراءات التصحيحية طويلة الأجل لتفادي حدوث الانحرافات مستقبلاً.

وقد يترتب على الإجراءات الوقائية ما يلي:

– شراء آلات جديدة أو تعديل الآلات الحالية.

– توضيح الاختصاصات والعلاقات بين الأقسام.

− إحداث تغييرات داخلية في المناصب والأفراد.

− إحداث تعديل تنظيمي في تبعية القسم تنظيمياً وذلك باستحداث وحدات جديدة تابعة لهذا القسم.

خصائص النظام الرقابي الفعّال

Effective Control System Characteristics

تتصف الرقابة الفعالة بعدة خصائص، ويجب على إدارة المنظمة أن تتأكد من وجود هذه الخصائص في كل مراحل العملية الرقابية، ومن ضمن هذه الخصائص ما يلي:

1- المرونة: Flexibility

النظام الرقابي يجب أن يتصف بالمرونة أي القدرة على التكيف مع الظروف المتغيرة، فنادراً ما تتشابه المشكلات وأسباب الانحرافات، الأمر الذي يستدعي لأن لا يكون التصرف متشابهاً، وأن ينبني هذا التصرف ليكون مناسباً لطبيعة الموقف، أي أن يتواءم التصرف الرقابي مع الموقف المعين. فكثيراً ما نجد أن أهداف الإدارة من الصعب تحقيقها نتيجة التقلبات البيئية أو التغير في الظروف المحيطة، وتحول هذه الأخيرة دون تحقيق المستويات المرغوبة والتي يجب على الإدارة بالتالي تعديلها أو تفسيرها حتى تتناسب مع المواقف المتجددة والمتغيرة في الأعمال. وهذا هو ما يطلق عليه بالمرونة فمثلاً توضع جداول إنتاج مرنة ذات مستويات متفاوتة بناءً على حجم الطلبيات المتوقعة وأولويات الإنتاج الأخرى.

2- الوضوح: Clarity

يجب أن تكون كافة المعلومات والإتصالات المكتوبة والشفوية، الخاصة بالرقابة، واضحة ومفهومة للجميع، حتى يمكن تفسيرها من قبل من يتأثرون بها. ويجب أن يتم ذكر المعايير بطريقة غير معقدة أي البعد عن المصطلحات الفنية،

وأن تكون هذه المعايير مفهومة وسهلة التطبيق. وكل هذا ينطبق على الطرق والأساليب المستخدمة في تنفيذ الرقابة.

3- الاقتصاد: Economy

يجب أن تتناسب تكلفة النظام الرقابي مع العائد منه. فلا بد أن تتواءم الرقابة مع الموقف المعين، لأن الاقتصاد في الإنفاق على الرقابة مسألة نسبية، فالرقابة نفسها يجب أن تتغير باختلاف حجم وأهمية ودرجة تعقد الموقف. والمهم أن يكون عائد النظام الرقابي المتمثل في حماية المشروع من المشكلات، أكبر من تكلفته؛ فشركة كبيرة لإنتاج السيارات (مرسيدس) يمكنها أن تتحمل أنظمة كبيرة وكاملة للرقابة على خطوط إنتاج الأجزاء الرئيسة للسيارة، بينما لا تستطيع منظمة صغيرة تحمّل تكلفة نظام رقابي على أنشطتها، لأن تكلفة هذا النظام الرقابي تفوق العائد منه.

4- السرعة: Timeliness

يجب على النظام الرقابي أن يؤدي إلى سرعة توفير البيانات والمعلومات الأساسية، فالعنصر الزمني له أهمية قصوى كي تكون الرقابة فعّالة. وكلما استطعنا اكتشاف الانحرافات (السالبة بالذات) عن المستويات الموضوعية – مبكراً – كلما أمكن الإسراع باتخاذ الإجراءات التصحيحية، ومن ثم السيطرة على الموقف، ويتطلب هذا الإجراء وجود نظام سريع وفوري للمعلومات المرتدة.

5- ارتباطها بمراكز اتخاذ القرار:

Connected with Decision Makers

ويعني ذلك أن ترتبط الرقابة بالمراكز التنظيمية للقرارات والمسؤولة عن تحقيق الأداء وتقييمه، فالمراكز المختلفة داخل المنظمة والتي تقوم بإصدار القرارات في المجالات المتعددة يجب أن يكون لديها أهداف واضحة لإقناع الآخرين بها ومعلومات صحيحة يمكنها من التقييم السليم للتنفيذ الناجح للأهداف.

ويعني هذا ضرورة تصميم نظام للمعلومات الإدارية بحيث يكون لدى كل مدير المعلومات الضرورية التي تمكنه من الرقابة في مجال عمله، أي يجب أن يتوافر للمديرين عند مراكز اتخاذ القرارات المعلومات الأساسية التي تمكّنهم من تصحيح الأوضاع الخاطئة إذا لزم الأمر.

أنواع الرقابة   Types Of Control

1- **الرقابة الداخلية** Internal Control ويقصد بها كافة الفعاليات الرقابية التي يمارسها أفرادٌ يتبعون إدارياً للمنظمة ذاتها على اختلاف وظائفهم ومواقعهم بكيفية تطبيق السياسات وبرامج وطرق العمل، حيث يكون التركيز على الأنشطة والمهام ونظم الإشراف والحفز الخاصة بأطراف التعامل الداخلي مع المنظمة، مثل الرقابة على العمال، والرقابة الوظيفية والرقابة الإجرائية والرقابة على النواتج النهائية.

2- **الرقابة الخارجية** External Control وتعني تلك الرقابة التي يمارسها المجتمع على أعمال الإدارة، فهناك الرقابة التي تمارسها التكتلات الاجتماعية المختلفة كالنقابات والجمعيات المهنية وجماعات الضغط لتحقيق أهداف خاصة أو لتحقيق أهداف تتعلق بالمصلحة العامة، بالإضافة إلى وسائل الإعلام والتي تقوم بنشر مقالات أو شكاوى الأفراد واقتراحاتهم.

3- **الرقابة التنبؤية** Predictive Control عندما يتمكن التنظيم الرقابي من تحديد مشكلة ما قبل حدوثها، نكون حينئذٍ أمام رقابة تنبؤية. ويعتمد نظام الرقابة التنبؤية على التنبؤات التي يتم القيام بها باستخدام أحدث المعلومات المتوافرة لدى المنظمة في المجالات المختلفة. ثم مقارنة ما هو مرغوب بما تم التنبؤ له، ثم القيام بالإجراءات الكفيلة بإدخال التغييرات على البرنامج لكي يصبح التنبؤ مناظراً للمستوى المرغوب الوصول إليه.

ولكي تنجح الرقابة التنبؤية يجب أن تعتمد على وضع نظام أو نموذج لمدخلات المتغيرات المختلفة لأي نشاط وأي متغيرات أخرى يمكن أن تؤثر على هذه المدخلات، باستخدام نظم المعلومات الإدارية الحديثة والحاسبات الآلية يمكن بسهولة جمع المعلومات الضرورية التي تمكّن من التنبؤ بالمشكلات قبل حدوثها.

4- **الرقابة المتزامنة Concurrent Control** تقوم الرقابة المتزامنة للأداء بتصحيح الانحرافات عن المعايير، كما تحدث في نفس وقت التنفيذ أو في وقت لاحق لفترة قصيرة. والميزة الأساسية لهذا النوع من الرقابة هو تحديد المشكلات وتحجيمها قبل أن تتفاقم وتسبب خسائر فادحة للمنظمة.

ومن الأمثلة على الرقابة المتزامنة خرائط الرقابة على الجودة والتي تستخدم في العمليات الإنتاجية المختلفة، إذ يوجد في هذه الخرائط حدود عليا وحدود دنيا لمستويات الجودة يتم وضعها والاتفاق عليها من قبل الإدارة لكل سلعة/ خدمة تقوم المنظمة بإنتاجها، ويتم سحب عينات إحصائية للإنتاج وقياس جودة المنتج وفق المعايير الموجودة. فإذا ظهرت من خلال القرارات على الخريطة أن هناك عدد كبير من العينة خارج حدود مستوى الجودة المقبول، هنا يتم اتخاذ الإجراءات التصحيحية للحفاظ على الجودة المطلوبة وذلك قبل الاستمرار في الإنتاج.

5- **الرقابة التاريخية Historical Control** ويقصد بها القيام برصد النتائج وإبلاغها بعد فترة طويلة نسبياً من حدوثها. فهي تقوم بإبلاغ الإدارة إلى أي مدى تم مقابلة الأهداف الموضوعة سلفاً بعد حدوثها.

فالقوائم المالية مثل ميزان المراجعة وقوائم الدخل تعطي صورة واضحة عما قامت به المنشأة في فترة سابقة (الشهر الماضي، الثلاثة أشهر الماضية، وحتى السنة الماضية) وكذلك فالنسب المالية المختلفة تقيس كفاءة الإدارة في العديد من المجالات كالإنتاج والتسويق والتمويل.

نظم المعلومات الإدارية

والرقابة الفعّالة

تعتمد العملية الإدارية - ومنها الرقابة - على وجود نظام كفؤ وجيد للمعلومات الإدارية، يتيح للمديرين المعلومات الكافية والمناسبة تمكّنهم وتساعدهم من القيام بالتخطيط ورقابة الأنشطة المختلفة داخل المنظمة. وبالرغم من التطور التكنولوجي والزيادة في استخدامه، إلاّ أن المشكلة التي يمكن أن يواجهها المديرون هي توفير ذلك القدر من المعلومات الضرورية لأعمالهم، فبدون تحديد واضح للقرارات وعناصرها والمعلومات المطلوبة والفرص التي يمكن أن تتيحها، فلن تتحقق الكفاءة المنشودة من استخدام نظام المعلومات. ومن التحديات التي تواجه أي نظام فعال للمعلومات الإدارية ما يلي:

1- تزويد المديرين بالأنواع المناسبة والمفيدة من المعلومات المتعلقة في مجال اتخاذ القرارات.

2- أن يتم تقديم هذه المعلومات في شكل يسهل فهمه واستخدامه.

لهذا فإن الهدف الأساسي لأي نظام للمعلومات الإدارية هو: مساعدة المدير في اتخاذ القرارات بالوقت المناسب.

أدوات الرقابة   Control Tools

بالرغم من اختلاف المقاييس والأدوات الرقابية في تصميمها وفي ما تعنيه، إلا أن كلاً منها يهدف إلى تحديد الإنحرافات عن الأداء المخطط حتى يتسنى للإدارة اتخاذ ما تراه مناسباً من إجراءات تصحيحية.

وسنستعرض بإيجاز بعض الأدوات الرقابية التي يمكن استخدامها والتي تقدم في نفس الوقت المعلومات الضرورية للإدارة بغرض تقييم أداء المنظمة في المجالات المختلفة.

أولاً: القوائم المالية:

عادة ما يتحقق قياس ورقابة الأنشطة المختلفة للمنظمة عن طريق تحليل القوائم المالية، ويتم الاعتماد فيها على البيانات المحاسبية. ومن هذه القوائم ما يلي:

أ- قائمة الدخل:

وتقيس مدى نجاح المنظمة في تحقيق أرباح عبر فترة زمنية معينة (سنة). وتتكون قائمة الدخل من ثلاثة أجزاء على النحو التالي:

- الإيراد المتحقق خلال الفترة الماضية وتكلفة البضاعة المباعة.

- التكاليف المختلفة عن الفترة الماضية.

- الدخل الصافي أو الربح من العمليات.

وتساعد قائمة الدخل في قياس الربحية لعمليات المنشأة وتسمح في نفس الوقت بالمقارنة مع فترات سابقة. فبإجراء مقارنة للربح والمبيعات والنفقات خلال فترات مختلفة يمكن للمنشأة أن تحدد الاتجاه لكل عنصر من عناصر العمليات.

ب- الميزانيات العمومية:

تظهر الميزانية العمومية المركز المالي للمنظمة في تاريخ معين 12/31. وتتكون الميزانية من ثلاثة أجزاء الأصول والخصوم وحقوق الملكية.

وتساعد الميزانية العمومية، لأغراض الرقابة، في تقييم المركز المالي للمنظمة ومنها يمكن استخلاص العديد من المؤشرات والنسب المالية التي توضح مواقف القوة والضعف في النواحي المالية للمنظمة.

ج- قائمة التدفقات النقدية:

والغرض منها هو إظهار النمط الذي ستكون عليه التدفقات النقدية المستقبلية، وتفيد المدير في إظهار حجم الفائض أو العجز النقدي المتوقع حدوثه، وتتضمن ما يلي:

- تقدير التدفقات النقدية الداخلة (مبيعات، فوائد وأرباح الأوراق المالية، إيجارات عن أصول مؤجرة، متحصلات بيع أصول)

- تقدير التدفقات النقدية الخارجية وهي عبارة عن الأموال التي تدفع من المنظمة لمواجهة أعباء وإلتزامات الخاصة بشراء مستلزمات الإنتاج، دفع الأجور والمرتبات، سداد القروض، فوائد القروض.

- تقدير صافي التدفقات النقدية: وذلك عن طريق مقارنة التدفقات النقدية الداخلة والمتوقعة خلال المدة المقبلة بالتدفقات النقدية الخارجة، والفرق بينهما قد يعبر عن وجود فائض نقدي وذلك في حالة زيادة التدفقات الداخلة عن الخارجة، ومن ثم ينبغي التخطيط لاستثمار هذا الفائض. أو قد ينتج عجز نقدي وذلك في حالة الأموال الخارجة والواجب دفعها أكبر من تلك التي ستدخل للمنظمة وهنا ينبغي أيضاً التخطيط لمواجهة هذا العجز النقدي عن طريق ترتيب الحصول على قروض قصيرة الأجل أو حلول مالية أخرى تلجأ لها الإدارة لمواجهة تلك الالتزامات في حينها.

ثانياً: الموازنة التقديرية كأداة للرقابة

الموازنة هي تقرير مستقبلي للنفقات والإيرادات وهي ترجمة كمية لخطط الإدارة موجهة نحو الرقابة على استخدام الموارد المالية والموارد الأخرى في المنظمة.

وتعتبر الموازنة من الأدوات التي تستخدم على نطاق واسع لفرض الرقابة الإدارية. بل في الحقيقة إن البعض يفترض أن نظام الموازنة هو الأداة الأساسية لتحقيق الرقابة.

الغرض من نظام الموازنة:

إن قوائم الموازنة والتي تمثل الخطط معبراً عنها بالأرقام يمكن تقسيمها إلى أجزاء تتفق مع هيكل تنظيم المنظمة، وبواسطة ذلك فإن الموازنات التقديرية تربط عملية التخطيط وتسمح بتفويض السلطة دون فقد الرقابة.

وبعبارة أخرى فإن تحويل الخطط إلى أرقام محددة ينشأ عنه حتماً نوع من النظام المحكم الذي يسمح للمدير بأن يرى بوضوح مقدار الأموال، ومن الذي سيقوم بالصرف وأين؟ وما هي المصروفات أو الإيرادات التي ستنطوي عليها خططه وليتأكد المدير من هذه المعلومات، فإنه يستطيع بحرية أكثر أن يُفوّض السلطة لتنفيذ الخطة وذلك في الحدود التي ترسمها الموازنة التقديرية.

أخطار نظام الموازنات التقديرية:

يجب أن تستخدم الموازنات التقديرية فقط كأداة رئيسية للتخطيط والرقابة. إذ هناك بعض برامج الرقابة بواسطة الموازنة التقديرية تكون تفصيلية لدرجة تجعلها معقدة للغاية. ومن مخاطر المبالغة في استخدام الميزانيات التقديرية هو إعداد تقديرات تفصيلية للمصروفات الثانوية وحرمان المدير من الحرية اللازمة لتشغيل إدارته. فمثلاً قد يجد مدير المبيعات نفسه مجبراً على رفض برنامج هام لترويج المبيعات لا لسبب إلاّ لزيادة هذا النوع من المصروفات على المبلغ المحدد له في الموازنة التقديرية، بالرغم من إجمالي مصروفات إدارته مازال في حدود الموازنة التقديرية.

ولعل أكبر خطر للرقابة بواسطة الموازنات التقديرية يكمن في عنصر عدم المرونة. فحتى لو كانت التقديرات تقتصر على البنود الرئيسية لكي لا تعيق الإدارة، فإن ترجمة الخطط إلى أرقام يضفي عليها نوعاً من التحديد والدقة المضللة، فمن الممكن جداً أن تثبت الأحداث لاحقاً أنه كان يجب إنفاق مبلغ أكبر على هذا النوع من النشاط أو هذا النوع من الصنف، ومبلغ أقل على نوع آخر.

وتظهر خطورة عدم المرونة عملياً، عندما يريد المدير أن يواجه التغيرات المستمرة والمنافسة بالقيام بتغيير خططه تغييراً جوهرياً وفي أسرع وقت، إلاّ أن جمود الموازنة التقديرية وعدم مرونتها قد تجعل من مهمة المدير في التغيير أمراً صعباً أو مستحيلاً.

الشروط الواجب اتباعها لنجاح نظام الرقابة بواسطة الموازنات التقديرية:

1- حتى ينجح هذا النظام ينبغي على المديرين أن يتذكروا دائماً أنه مصمم فقط كأدوات للرقابة وليس كبديل للإدارة يحل محلها، وإن هذه الأدوات، لها حدودها وينبغي تكييفها حسب كل حالة، بالإضافة إلى ذلك فهي أدوات لجميع المديرين في المنظمة ولا يقتصر استخدامها على مدير الموازنة التقديرية أو المراقب المالي. ولما كانت الموازنات التقديرية خططاً، فإن الأشخاص الذين يديرونها هم المديرون المسؤولون عن تنفيذ هذه الخطط.

2- ينبغي أن يحصل إعداد النظام الرقابي على مساندة الإدارة العليا، إذا ما أريد له النجاح في التطبيق. وعلى الإدارة العليا أن تقوم بدور فعال للمساعدة على إعداد الموازنات التقديرية التي تعبر بحق عن خطط المنظمة، وتشجع الوحدات الإدارية المختلفة على إعداد موازناتها والدفاع عنها، وتشترك في مراجعتها النهائية.

3- التأكد من أن جميع المديرين الملتزمين بالموازنات التقديرية قد اشتركوا في إعدادها. وبالرغم من أن تقديرات هؤلاء المديرين كثيراً ما تتعرض للتغيير، إلاّ أنه من الضروري إحاطتهم بأسباب هذا التغيير الذي طرأ، مع محاولة الحصول على قبولهم للموازنة التقديرية المعتمدة وتوضيح أنها ستكون أكثر قدرة على خدمة أهداف المنظمة.

4- عدم المغالاة في الموازنات التقديرية إلى المستوى الذي يقلل كثيراً من سلطة المديرين. وبالرغم من أن الموازنات التقديرية تقدم وسيلة لتفويض السلطة دون فقد الرقابة، إلاّ أن هناك خطورة كونها مُفصّلة للغاية وغير مرنة للدرجة التي تجعل السلطة المفوضة بسيطة جداً.

5- أن تتوافر للمدير بيانات حاضرة عن الأداء الفعلي والأداء المستقبلي طبقاً للموازنات التقديرية لإدارته مع وجوب تصميم هذه البيانات في شكل يسمح له بمعرفة كيف يشير الأمور في إدارته، مع ضرورة وصولها في وقت مبكر حتى يمكنه التصحيح بسرعة، وذلك من خلال نظم المعلومات الإدارية والحاسبات الآلية المتطورة.

ثالثاً: تحليل النسب المالية Financial Ratios Analysis

يستخدم تحليل النسب في قياس أداء المنشأة عن السنة الحالية. وقد تنطوي هذه النسب على الحكم على سلامة المركز المالي.

ولكي يتم تعظيم المنافع المرتبطة باستخدام تحليل النسب المالية ينبغي مقارنة النتائج المتحصلة من القوائم المالية والمعبر عنها في شكل نسب معينة لهذا العام مع نتائج الأعوام السابقة حتى يمكن ملاحظة التطور الذي حدث في كل نسبة تم احتسابها.

ويفيد تحليل النسب العديد من الأطراف الخارجية بخلاف إدارة المنظمة في الحكم على سلامة المنظمة ومركزها المالي.

وفيما يلي أهم هذه النسب:

1- نسبة التداول Current Ratio

وهي عبارة عن مقارنة الأصول المتداولة بالخصوم المتداولة، ويعبر عنها بالمعادلة التالية:

$$\frac{\text{مجموع الأصول المتداولة}}{\text{مجموع الخصوم المتداولة}} \times 100$$

وهي تشير إلى مدى قدرة المنظمة في مواجهة التزاماتها الجارية، ونسبة التداول هي المعيار الشائع لقياس السيولة قصيرة الأجل طالما أنها تبين مدى إمكان الوفاء بالقروض قصيرة الأجل من الأصول التي يمكن تحويلها إلى نقدية في مدة زمنية متفقة مع آجال القروض.

2- نسبة السيولة Liquidity Ratio

عبارة عن مؤشر على قدرة المنظمة على الوفاء بالتزاماتها المالية وتحسب هذه النسب من خلال المعادلة التالية:

$$\text{نسبة السيولة} = \frac{\text{نقد + أوراق القبض + السندات الحكومية}}{\text{الخصوم المتداولة}} \times 100$$

3- نسبة المديونية Debt Ratio

وتحسب هذه النسبة من خلال مقارنة مجموع الأموال التي اقترضتها المنظمة وبين مجموع الأصول التي تمتلكها المنظمة. ويمكن أن يتم قياسها كالآتي:

$$\text{نسبة المديونية} = \frac{\text{إجمالي الديون}}{\text{إجمالي الأصول}} \times 100$$

ويهم الدائنين أن تكون هذه النسبة منخفضة لأن معنى ذلك أنهم في أمان.

مسؤولية الرقابة

Control Responsibility

تعتبر عملية تحديد مسؤولية القيام بالمهام الرقابية من المشكلات الأساسية في الإدارة، ويمكن القول بالطبع أن الرقابة هي وظيفة كل مدير، ولكن يمكن القول ايضاً، من ناحية أخرى أن كل فرد سواء أكان مديراً أم غير ذلك، يمارس حجماً معيناً من الرقابة، والملاحظ إذاً أن الرقابة من وجهة النظر التنظيمية تختلف باختلاف موقع الفرد الذي يقوم بها في السلم الوظيفي، وتختلف مجالات الإهتمام الرقابية باختلاف المستويات الإدارية، فنجد أن الإدارة العليا تركز أساساً على رقابة الأداء الكلي للمنظمة وتقييم هذا الأداء خلال فترة زمنية معينة.

بينما تهتم الإدارة الوسطى بالرقابة على الأداء الوظيفي للأنشطة والعمليات، كالإنتاج والتسويق، والتمويل، وأن محور اهتمام الإدارة الإشرافية يكون على مستوى الفرد، حيث يكون التركيز على أداء الأفراد ومستويات هذا الأداء والإنجاز وكذلك السلوكيات المرتبطة بتنفيذ هذه الأعمال.

الجوانب الإنسانية في الرقابة:

تعتبر الرقابة من وجهة نظر الكثيرين الأداة التي تستخدمها المنظمة لتحديد جوانب العقاب والثواب للأفراد داخل التنظيم.

إن القصور في فهم دور العملية الرقابية قد يؤدي إلى العديد من المشكلات فتصبح محل مقاومة من قبل الأفراد، فيتأثرون بممارسة الرقابة عليهم، وتتباين ردود أفعالهم وتصرفاتهم وقراراتهم نتيجة لذلك، وعلى المديرين أن يدركوا التأثيرات التي تمارسها الرقابة على سلوك الأفراد في العمل، ومن ضمن هذه المؤثرات:

1- تعني الرقابة إعطاء من يمارسها نوعاً من النفوذ والقوة.

2- يقاوم الأفراد نوعاً معيناً من الرقابه، فقد لا يتحمل البعض الرقابة الدقيقة المباشرة، وقد لا يتحمل البعض الآخر الرقابة المفروضة على أوقات الحضور والانصراف.

3- تؤدي الرقابة أحياناً إلى نوع من التعارض والصراع بين الجماعات أو بين الأفراد وبعضهم البعض، فمثلاً قد ينشأ صراع بين الرئيس والمرؤوس في محاولة تفسير معنى معايير الأداء.

4- تؤدي الرقابة إلى تقييد السلوك والألتزام الجاد أحياناً بالقواعد واللوائح ومعايير الأداء مما قد يقضي على روح المبادأة والأبتكار، فيؤدي إلى الروتينيه في العمل، إلا أن هناك العديد من الوسائل التي يمكن للمدير إتباعها حتى تكون العملية الرقابية أكثر كفاءة وأكثر جاذبية من قبل الأفراد.

أولاً: أن يتم الأخذ بالأهتمام الكافي للأفراد العاملين داخل المنظمة وإعتبارهم أحد الأصول الهامة التي تمتلكها المنظمة، وإذا ما تم تدريبهم وتحفيزهم فسيصبحون الميزة التنافسية التي تمتلكها هذه المنظمة دون غيرها.

ثانياً: مشاركة الأفراد داخل المنظمة في وضع الأهداف والتركيز على الرقابة الذاتية من الأفراد نفسهم على أدائهم، فاشتراك الأفراد في وضع الأهداف ومعايير الأداء يدفعهم إلى وضع معايير عالية للإداء لأنفسهم أكبر مما لو تم وضع هذه المعايير من جانب الإدارة فقط دون مشاركتهم.

فالأفراد في هذه الحالة يحاولون إشباع حاجات الإنجاز الذاتية ومحاولة إثبات قدرتهم على تحقيق الأهداف، وبالتالي سوف يلقي ذلك قبولاً والتزاماً من جميع العاملين لشعورهم أنهم شاركوا في وضع الأهداف والمعايير.

وقد أثبتت العديد من الدراسات أهمية الجوانب السلوكية في الرقابة ودورها في زيادة فعاليتها، وأن هناك استجابة إيجابية تدفع إلى التعاون والقبول للرقابة وعلى النحو التالي:

- أن الرقابة لها تأثير رشيد وآخر عاطفي على الأفراد محل الرقابة، إذ يركز الجانب الرشيد على ما يجب على الفرد أن يؤديه وما يجب أن لا يؤديه، وكذلك تظهر أهمية الفرد داخل التنظيم وحريته في تنفيذ المهام.

- غالبية الأفراد يفضلون الرقابة الذاتية على أعمالهم، فهي تحقق لهم إشباع ذاتي أكبر مما لو تحدث الرقابة بواسطة آخرين في المنظمة.

- عندما يمارس الفرد الرقابة الذاتية على آرائه يكون أكثر قدرة على تحديد الأهداف وتدعيمها.

ونخلص من ذلك إلى ان إضفاء الجوانب السلوكية على الرقابة يزيد من فعاليتها وقبولها لدى الأفراد، ويتم ذلك عن طريق تحقيق المشاركة في وضع الأهداف ومعايير الأداء، وتدعيم طرق الاتصال المختلفة بهم وتزويدهم ببيانات كاملة عن معايير الأداء وإنجازهم الفعلي، والاتجاه نحو الرقابة الذاتية بالإضافة إلى الرقابة التنبؤية لاكتشاف الأخطاء قبل حدوثها.

أسئلة الفصل السادس

1- لا يمكن الفصل بين وظيفتي التخطيط والرقابة. لماذا؟
2- عندما تتبنى المنظمة وظيفة الرقابة في أعمالها فهي تسعى إلى تحقيق أهداف. ما تلك الأهداف؟
3- الخطوات الأساسية لعملية الرقابة ثلاث. اذكرها؟
4- ما خصائص النظام الرقابي الفعال؟
5- اذكر أنواع الرقابة، واستخداماتها؟
6- هناك أدوات رقابية تستخدمها المنظمة. اذكرها؟

اختر الإجابة الصحيحة مما يلي:

1) عملية تسعى الإدارة من خلالها إلى التحقق من أن ما حدث هو الذي كان يفترض أن يحدث، وإذا لم يحدث فلا بد من إجراء التعديلات اللازمة:

أ- الوقاية من الخطأ   ب- القيادة   ج-القدرة على المواجهة   د- الرقابة

2) بواسطتها يمكن اكتشاف الانحرافات عن المسار المحدد:

أ- التخطيط   ب- التوجيه   ج- الرقابة   د- التنظيم

3) معايير الكمية والتكلفة والوقت المستخدم تعتبر أدوات:

أ- نموذجية   ب- فعالة   ج- أدائية   د- رقابية

4) مفهوم يشير إلى قدرة المنظمة على توقع مشكلة ما قبل حدوثها:

أ- الرقابة الداخلية   ب- الرقابة التاريخية
ج- الرقابة التنبؤية   د- الرقابة الخارجية

5) إحدى أدوات الرقابة على الأنشطة التجارية للمنظمة حيث تقيس مدى نجاحها في تحقيق أرباح عبر فترة زمنية معينة:

أ-الميزانية العمومية   ب- الموازنة   ج- قائمة الدخل   د- قائمة التدفقات النقدية

6) هي تقرير مستقبلي للنفقات والإيرادات بقصد تحقيق رقابة على استخدام الموارد:

أ-الميزانية العمومية   ب- الموازنة   ج- قائمة الدخل   د- قائمة التدفقات النقدية

الفصل السابع

تحديات إدارية معاصرة

الأهداف الأدائية Performance Objectives

يتوقع أن يحقق الدارس الأهداف الأدائية التالية بعد أن يُتم قراءة هذا الفصل:

1. تحديد مفهوم عالمية الأعمال.
2. توضيح المقصود بمصطلح Globalization .
3. تتبُّع الاهتمام التاريخي بفكرة العالمية.
4. تحديد إيجابيات العالمية وسلبياتها.

مدخل إلى عالمية الأعمال

Introduction to Globalization of Businesses

المقدمة Introduction

شهد العالم خلال السنوات الأخيرة تشكلاً وتكوناً "لنظامٍ عالميٍ جديدٍ" ابتدعته الدولُ الغربيةُ، وتحديداً الولايات المتحدة الأمريكية، يقوم على أساسٍ محاولة تدويل كل ما في الكون، وجعل ذلك النظام مصدراً للتطور والتأقلم والتحدّث، وقد أطلق المفكّرون الغربيون على ذلك النظام اسم (Globalization)، وفي اللغة العربية، اختلف المفكّرون والمترجمون والمؤلفون في تعريب ذلك المصطلح؛ فمنهم من رأى أنه يعني "العولمة"، وآخرون ينظرون إليه باعتباره يعني الانطلاق من المحلي إلى العالمي، فأطلقوا عليه لفظ "العالمية"، ويرى البعض أنه يعني "العولمية".

وأياً كان المعنى الحقيقي لهذا المصطلح، فإنّ ما يهمنا في هذا الإطار، ليس المعنى العربي بحدٍّ ذاته، وإنما انعكاس ذلك المعنى على واقع منظمات الأعمال، تحديداً، مع ضرورة تَعرُّف المقاربة الأيديولوجية والسياسية والثقافية والاقتصادية التي يستند إليها تعريف هذا المصطلح، وبالتالي؛ فنحن نتعامل مع ظاهرة جديدة نجحت في صياغة معظم المجتمعات على المستوى الكوني، إلا أنها لا زالت مثاراً للجدل، ولم تنضج المقارباتُ المنهجيةُ في الاستناد إلى تعريف واضحٍ وشاملٍ وكافٍ لوضعها في نصابها الصحيح. ويرتبط الخلاف بشكلٍ أساسٍ بتحديد ما تعنيه هذه الظاهرة، سواء أكانت تعني "العولمة"، أم قُصِد بها "العالمية" أو "العوملية"، وبالتالي، ما الاستراتيجيات التي ينبغي اعتمادها وتبنيها في التعامل معها؟، وهو ما أدى إلى ضرورة التفريق بين معنيين أساسيين لها، حيث ينبغي أن يتحدد الفهم الدقيق لمعناها، استناداً للمقاربة الوظيفية، والمقاربة البنيوية المتعلقة بها.

ولأنـه لا يوجـد تعريـفٌ دقيـقٌ شـافٍ وافٍ، وقـادرٌ عـلى التفريـق بـين معنـى "العالمية" و "العولمـة"، فـإنّ العديـد مـن محـاولات تعريـف المصـطلحين لم تقـف عنـد اصطلاحات يُجمِعُ عليها واضعوها، وهناك لبسٌ كبيرٌ بـين المفهـومين؛ لـذا ارتأينـا اعـتماد مفهوم "العالمية" كظاهرة تعنـي انتقـالَ الظـواهر مـن المسـتوى القـومي والـوطني إلى المستوى العالمي، وهي ظاهرة موضوعية يتحدد مـدى انتشـارها بمسـتوى تطـور القـوى المنتِجة، وتقدُّم وسائل الاتصال بين الناس في العالم، وهي تطورٌ طبيعيٌ لظـاهرة القوميـة والوطنية، وما يهمنا، في هـذا السـياق، هـو دراسـة التـأثيرات العالميـة المرافِقـة لانتقـال الأعمال والشركات من المستوى القومي والوطني إلى المستوى العالمي؛ وبكـل مـا يـرتبط بذلك الانتقال من تأثير للسياسة والثقافة والاقتصاد العالمي؛ على المنظمات التي تحـاول الانتقال أو الانطلاق نحو العالم.

ومـن هنـا، فـإن المتتبـع للحالـة الراهنـة لـدول العـالم بـأسره يلحـظ بـأنّ كـلا المفهومين، "العالمية" و "العولمة" قـد اختلطـا إلى حـدّ التـداخل غـير المفيـد في كثـير مـن نقاطه؛ ما دعا إلى ضرورة التعامل مع الظاهرة الخاصة بانتقال كل شئ مـن المحـلي إلى العالمي، وبالتالي فإنه سيتم التركيز في هذا الكتاب على عالمية الأعمال "كظـاهرة"، بعيـداً عن محاولات التفريق "غير العملي" بين المصطلحين.

مفهوم عالمية الأعمال Globalization Business Concept

يُقصَد بعالمية الأعمال إكسابُ الأعمال طابع العالمية، وجعـل نطاقهـا وتطبيقهـا ومجال استخدامها عالمياً، وهذا يعني أن مصطلح "العالمية" أقرب إلى الفهم والاستيعاب، وأكثر سلاسةً في فهمه والتعبير عن مكنونه مـن مصـطلح "العولمـة"؛ غـير أن التعريفـات التي تناولت العالمية متعددة، وسبب هذا التعدد هو الزاوية التي يُنظر مـن خلالهـا إلى هذا المفهوم، وعموماً، يمكن أن نميّز بين تعريفين أساسـيين يشـملان الخطـوط العريضـة للكثير من التعريفات الأخرى؛ وهما التعريف الوظيفي، والتعريف البنيوي للعالمية:

- **فمن الناحية الوظيفية؛** يركِّز التعريفُ على وصف مظاهر العالمية وإنجازاتها المتمثلة في التقدم التكنولوجي، وما رافقه من انفجارٍ كبيرٍ في تكنولوجيا المعلومات والاتصالات، وتنامي دور الشركات العالمية المتعددة الجنسيات التي جعلت العالم كلَّه سوقاً لمنتجاتها وأعمالها. ويتغنّى أصحاب الفكر الامبريالي الغربي بهذا التطوّر باعتباره ثمرة الرؤية الرأسمالية الغربية، وهو ما تمَّت الإشارةُ إليه من قبل المفكرين الأمريكيين باعتباره نهاية التاريخ، وهذا بالضبط ما قُصِد منه دعوة مختلف المجتمعات للإنضواء في هذا التوجُّه إن كانت تود الاستمرار في الحياة. ويركِّز أصحابُ هذا الاتجاه على ما يسمى "حقوق الانسان"، والحريات المدنية، والاستقلال الاقتصادي، وغيره من الشعارات التي رفعت في إطار هذا التوجه.
- **أما التعريف البنيوي للعالمية؛** فيركِّز على تحليل بنية العالمية، وتحديد آلياتها، وتطورها البنيوي في السياق التاريخي، إذ يرى هذا المنظورُ أنّ العالمية هي التطور الطبيعي التاريخي الذي ساهم به التطوّرُ التقني، وتراكُم المعرفة العلمية، وتطوّرُ عمليات الانتاج، وازديادُ الوعي لدى الشعوب، والعالميةُ بهذا المعنى ليست "نهاية التاريخ" بل هي مرحلةٌ من مراحل التقدم والتطور الرأسمالي الطبيعية، والتي أسهمت الشركات الكبرى في تطويرها، وإن الدخول إلى هذا العالم الجديد يحتاج للمزيد من التحالفات والتكتلات، سواء السياسية، أو الاقتصادية، أو الاجتماعية، أو حتى الثقافية، إذ ساهم الشعار "الأكبرُ أفضلُ The Bigger is Best" الذي يعتبر أحد أبرز شعارات العالمية في تطور هذا المفهوم البنيوي.

وبرغم قناعتنا المستندة إلى رؤية متفحصة لما يعنيه مصطلح Globalization من دلالات، واعتقادنا جازمين بعدم وجود فوارق جوهرية بين "العولمة" و"العالمية"، إلا أننا، وتماشياً مع النمط التقليدي السائد، سنعمد إلى محاولة تحديد السبب وراء استخدامنا مصطلح "العالمية"، وليس "العولمة" كما هو شائع.

لقد شاع في الاستعمال الحديث، كما يقول شاهين (1999) استخدام كلمة «عولمة» في مقابل (Globalism) والتي يقصد بها: اتجاه الحركة الحضارية نحو سيادة نظام واحد تقوده في الغالب قوة واحدة، أو بعبارة أخرى استقطاب النشاط السياسي والاقتصادي في العالم حول إرادة مركز واحد من مراكز القوة في العالم، والمقصود طبعاً قوة الولايات المتحدة الأمريكية. ومن المعروف أن استعمال الكلمات المنتهية باللاحقة (ism) يُقصَدُ به تسمية الاتجاهات العامة والمذاهب السائدة والأفكار القائدة مثل (Capitalism) بمعنى الرأسمالية و (Socialism) بمعنى الاشتراكية. وكان موقف مَجمَعِ اللغة العربية السليم في نقل مفاهيم هذه المصطلحات هو مقابلة اللاحقة (ism)باللاحقة (ية) أو الياء المشددة والتاء المربوطة لصياغة مصدر صناعي يتضمن المعنى المقصود مثل (الرأسمالية مقابل الرأسمال، والاشتراكية مقابل الاشتراك، والعالمية مقابل العالم). وعلى هذا جرى الاستعمال في صياغة كثير من المصادر الصناعية المتخذة قياساً في مثل: (الكلاسيكية، والرومانسية، والشيوعية، والناصرية.. إلخ).

واستناداً لهذا التوضيح، وإضافة لما أورده الكثير من المفكرين والباحثين والمهتمين؛ وبسبب القناعة التي نعتقد بصوابيتها؛ فقد عمدنا إلى استخدام مصطلح "العالمية"، وليس "العولمة"، إذ أن العالمية بهذا المعنى تشير إلى الانتقال من المحلي إلى العالمي، بكل ما يحمله ذلك الانتقال من أوجه وتفسيرات وتأويلات، فيما نعتقد أن مصطلح "العولمة" يشير إلى البعد السياسي المحض، والذي نحاول أن ننأى بالمفكر العربي، والطالب الجامعي عن الخوض في هذا الجدل غير المفيد.

تعني العالميةُ، وفقاً للمفهوم والممارسة الأمريكية، إستراتيجيةَ دعوةٍ قهريةٍ باستخدام آليات وأدوات اقتصادية وثقافية مبعثها ومنشؤها تَوجهٌ نَفعيٌ مَصلحيٌ بَحتٌ لتغيير هيكل وتركيبة المجتمعات ونسيجها القيمي، وتحويله نحو الحضارة الغربية (أبو قحف، 2005: 15).

والعالميـة "أمركـة" (Americanization)، حيـث نجحـت أمريكـا في تعمـيم نَموذجها؛ فهي من جعل الأخطارَ والأزمات تكتسب صفةَ العالمية، وجعلها مشكلةً للعالم كله، وأشاع الفوضى على النطاق العالمي في الأسواق العالمية والبورصات؛ ما تسبب، وما يزال، بركودٍ وكسادٍ لن تفيد معه حركةُ الأموال الهائلة في إيجاد الحل لتلك الأزمات ما دام رأسُ المال هو المدير لتلك الأزمات. وإنَّ تصاعد العشوائية واللامبالاة، وكُرهَ الأجانب، وامتهان كرامة الإنسان، ما هي إلا نتاجٌ حتميٌ لذلك التجبّر الذي يُحكَمُ به العالمُ والـذي ستكون الفوضى أهمّ ما يميِّزه ويعبّر عن كُنهِه.

وبالتالي، فالعالميةُ تعني: الانتقال من الخاص إلى العام، ومن الداخل إلى الخارج، ومن المحلي إلى العالمي، وهـي فعـل إرادي يهـدف ويسـعى إلى تحويـل العـالم إلى نمـط الحياة الغربي، وهي مفهوم استفاد كثيراً من الثورة المعلوماتية الشـاملة، ليتحقـق للعـالم حرية الانتقال، بشراً وسلعاً، وإحلال التفاعل والحوار والمنافسة بدلاً من التسلّط والتفـرّد والاحتكار.

تعكس العالميةُ انتصارَ أيديولوجية النظام الرأسمالي الـذي يقـوم عـلى المنافسـة الحرة والملكية الخاصة والفرديـة وحيـاد الدولـة اقتصـادياً، فالاقتصـاد الـدولي انتقـل إلى العالم على أساس القوانين الرأسمالية والتجارة الخارجية الحرة.

لقد تحوَّل نمط الإنتاج من عالمية المبادَلة والتسـويق والتجـارة إلى دائـرة عالميـة الإنتاج؛ ما يعني إخضاعَ العالم للقوة التي تقود الإنتاجَ العالميَ، فالعالميةُ عمليةٌ تراكميةٌ، تاريخيًا، ارتبطت بتطوّر الرأسمالية خطوة بخطوة، حيث ارتبط العالم ببعضه بفعل ذلك التطوّر، فتطلّـع إلى توسـيع سـوقه، فاتجـه نحـو الانـدماج والتعـاون، وتولّـد مـا يُسـمَّى بالشركات عابرة الحدود، وقـد مـرّت العالميـةُ بمراحـلَ متداخلـةٍ تُوِّجـت بالعالميـة التـي نحياها اليوم، فبدأت أولاً بفكّ القيود عن النشاطات الماليـة محليـاً، ثـم تحريـر التجـارة الخارجية، ثم التحرير المالي، فالخصخصة، ثم

تكامل الأسواق عالمياً. وتعتبر العالميةُ الاقتصاديةُ عماد العالمية، وهي عالمية المصالح المادية والبشرية للمؤسسات والأفراد والجماعات (ساري، 2008 ، 296).

إن ما يجري في ظل العالمية من تَحوُّلاتٍ اقتصاديةٍ سيقود إلى نتائج مدمرة متمثلة في دمج المجتمعات البشرية المتنوعة بالقوة في إطار ثقافةٍ اقتصاديةٍ موحدةٍ تسيطر عليها القوى الاقتصادية العملاقة التي لا تهدف إلا إلى تعظيم العوائد على استثماراتها (علي، 2003، 50). إن حصيلة العالمية لا تحتمل أن يكون هناك خاسرون ورابحون في آنٍ واحدٍ، بل إما خاسراً أو رابحاً. فبالإمكان ضرب السوق المالية لبلدٍ ما بإعصارٍ أهوج يرفعه عالياً ليدفعه إلى هاوية سحيقة، كما حصل مع النمور الأسيوية في شرق آسيا (الدجاني، 1999: 7).

التطور التاريخي "للعالمية" Historical Development of Globalization

تعود الجذور التاريخية للعالمية إلى فترة تنامي العلاقات التجارية الدولية والتي غذّتها التطورات الحاصلة في النظام الرأسمالي، فالفترة ما بين 1870 - 1914 شهدت ولادة المرحلة الأولى للعالمية الاقتصادية تحت ضغط حاجة الدول الاستعمارية إلى استيراد الموارد الأولية من مستعمراتها بأسعار زهيدة، وتصدير سلعها تامة الصنع إلى تلك المستعمرات بأسعار مرتفعة، وقد دعاها ذلك كله إلى فتح الأسواق وتحرير التجارة، فسنّت قوانين خاصة لحماية تجارتها واستثماراتها، وعندما جوبهت بمقاومة السكان الأصليين أصحاب البلاد، قامت باحتلال بلادهم عسكرياً، ولقد توقف امتداد هذه المرحلة عام 1914 باندلاع الحرب العالمية الأولى ثم الكساد العظيم عام 1929م.

وفي عام 1939 دعا المجلس الأمريكي للعلاقات الخارجية أصحابَ الشركات الكبرى إلى اجتماع عقد في واشنطن للبحث في سبل تطويع وإخضاع الاقتصاد العالمي للهيمنة الأمريكية، ثم تبلورت هذه الأفكار ونضجت عام 1944

لتفضي إلى تأسيس البنك الدولي وصندوق النقد الدولي الذين خضعا، منذ اليوم الأول لولادتهما، للسيطرة الأمريكية؛ إذ خرجت أوروبا واليابان منهكَتين مدمَّرتَين بعد الحرب العالمية الثانية؛ ما فتح الباب على مصراعيه للغول الأمريكي للسيطرة على الأرض المكشوفة، اقتصاديًا وسياسياً، حيثما توافرت في طول العالم وعرضه من دون منافس قوي.

ولقد جاءت هذه المرحلة لتعكس رغبة الدول الصناعية التي انتصرت حكوماتها في الحرب، فيما يتعلق بإعادة توزيع الثروة والرعاية الاجتماعية، في محاولة واضحةٍ ومعلَنةٍ للوقوف أمام التحدي السوفيتي الاشتراكي، وهو ما وفَّر لتلك الدول تحقيق معدلات مرتفعة في النمو الاقتصادي، وعدالة في توزيع الموارد، وأدّت السياسة الاقتصادية الكينزية[1] إلى التقليل من عدم المساواة بين الدول الصناعية المتقدمة على حساب استنزافٍ قبيحٍ لموارد ومقدّرات الدول النامية، وإغراقها بالديون الخارجية؛ الأمر الذي أدى إلى تباطؤ معدلات النمو، وتزايد عدد المعوزين والمعدَمين، وفشل مشروعات التنمية، وكان لا بد لهذا الانتعاش الكبير من نهاية، إذ دخلت الدول الصناعية الغنية مرحلة ما يسمى بالركود التضخمي، حيث فشلت الكينزيةُ في إيجاد حلولٍ ناجعةٍ لتلك الأزمة، خصوصاً في سبعينيات القرن العشرين، ما دعاها إلى أن تنادي بحرية التجارة، وانفتاح الأسواق، وتخفيض الإنفاق العام، وانسحاب الدولة من الشأن الاقتصادي؛ أي إقصاء النظرية الكينزية عن إدارة اقتصاد الدولة؛ وهو ما شكّل إيذاناً بسياسةٍ اقتصاديةٍ جديدةٍ تَصدَّر

---

[1] إن ما يجري الآن أدى وسيؤدي إلى مراجعات لسياسات الاقتصاد الحر وأيديولوجياته، ورد الاعتبار مجدداً لسياسة تدخل الدول في الفعاليات الاقتصادية واقتصاد السوق الاجتماعي، ما يعيد إلى الواجهة النظريات الكينزية للاقتصادي البريطاني المشهور "**جون مينار كينز**" التي ضمنها كتابه الشهير "**النظرية العامة للتشغيل والفائدة والنقد**" الصادر في العام 1936، والذي نادى بوجوب تدخل الدول في الاقتصاد عندما يقتضي الأمر ذلك وخاصة من أجل إنعاش الطلب كما نادى بتحديد دور الدولة وعدم ترك الاقتصاد فريسة لعشوائية السوق.

واجهَتَها كلٌّ من: مارغريت تاتشر من حزب المحافظين التي انتُخِبت رئيسةَ وزراء بريطانيا عام 1979، ورونالد ريغان الجمهوري الذي انتُخِب رئيسًا للولايات المتحدة الأمريكية عام 1980 حيث شهدت الفترة ما بين الأعوام 1980 و 1990 تسخينًا غيرَ طبيعيٍ للحرب الباردة بين المعسكرين؛ الغربي والشرقي، والتي كانت المخاضَ لولادة أحداثٍ مهمةٍ تمثَّلت في حرب إخراج الجيش العراقي من دولة الكويت من خلال حشد جيوش 36 دولة لهذا الأمر، ثم سقوط جدار برلين الذي فصل طيلة أكثر من أربعين عاماً ما بين قسمي بلدٍ واحدٍ "ألمانيا"، ثم إعلان انتهاء الحرب الباردة بانهيار وتفكيك الاتحاد السوفيتي، قلعة المعسكر الشرقي الاشتراكي في العالم، ثم انعقاد مؤتمر السلام الذي كسر الحاجز النفسي بين العرب واليهود، ثم الحرب اليوغسلافية التي أعقبت موت جوزيف تيتو وتقسيم الاتحاد اليوغوسلافي.

ولقد أعلن الرئيس الأمريكي جورج بوش الأب ومن بعده بيل كلينتون انتصارَ الولايات المتحدة الأمريكية، ونهايةَ عصر القطبين، وانتصارَ الرأسمالية، وبدايةَ عصر القطب الواحد والقوة الواحدة: أمريكا، وبدأت عمليات الترويج لما أسماه البعض "Globalization"، وللاقتصاد الليبرالي الجديد، والدعوة إلى الاندماج في هذه المنظومة، وهو ما تم بالفعل؛ إذ انضوت معظمُ دول العالم راضيةً أو مكرهةً تحت اللواء الاقتصادي والسياسي الجديد الذي رفعته أمريكا.

ونصل بهذا إلى أنّ أمريكا تمكّنت من إجراء عملية تطويع شاملةٍ لاقتصادات وثقافات ودول العالم من خلال تَنميطٍ وترويضٍ أيديولوجيٍ، فلم تَعُد الدولُ الحديثةُ قادرةً على إحداث فعلٍ يَخرجُ عن ذلك النسيج المُحكَم الذي حاكته أمريكا ومن معها، وحشدت الكلَّ لخدمة الجزء، ولم يعد أمام تلك الدول إلا أن تدور في ذلك الفلك.

يكمن جوهرُ "العالمية" في مضمونٍ يقوم على تهميش دول العالم الثالث، الذي يزيد من اتساع الفجوة التكنولوجية والحضارية بين الشمال والجنوب[1]، واتساع دائرة العوز، "فالعالمية" لا تقوم على الاعتماد المتبادَل، كما يروَّج لها، وإنما على تفاقم المشكلات في بلدان العالم أجمع. وليس الخطر الاقتصادي فقط هو ما يتهدد العالم؛ بل إنّ الوجه "الثقافي للعالمية" أشدّ قبحاً من وجهها الاقتصادي والسياسي، "فالعالميةُ الثقافيةُ" وكما سيرد لاحقاً في الفصل الثاني، تستهدف هيمنةً ثقافيةً غربيةً بنكهةٍ أمريكيةٍ على سائر ثقافات دول العالم؛ باستخدام وتوظيف أدوات ووسائل التوجيه والإعلام والإعلان؛ مستفيدةً من سيطرتها على وسائل الاتصال والتكنولوجيا المتقدمة، وبالتالي إشاعة الاستسلام للفعل الحضاري الأمريكي الذي ينجم عنه إفراغُ الهوية الجماعية لأي تجمّعٍ إنسانيٍ من محتواه القيمي، وتحقيق عملية الاستتباع الحضاري. لقد استغلّت أمريكا قوتَها الاقتصادية والعسكرية في بناء نفوذٍ ودورٍ مكّنها من السيطرة على المؤسسات المالية الدولية والمؤسسات الإعلامية، وجعل الأمر يبدو وكأنّه "أمركةُ" العالم، حيث نصَّبت الدولارَ سيداً للمخزونات النقدية في كل بنوك العالم قاطبةً، وكعملةٍ مضمونةٍ في عمليات البيع والشراء والائتمان؛ مستغلةً في سبيل تحقيق ذلك الشركات العملاقة الكاسحة للاقتصادات والتي تُعَدُّ هي من أكبر وأشهر مالكيها؛ ما حقق لها نشراً لنمط وأسلوب الاستهلاك الأمريكي في العالم بأسره.

فوائد (إيجابيات) العالمية Globalization Advantages

ليس العالمية بالظاهرة السيئة التي لا تنطوي على أية إيجابيات، وكما أن لها أدواراً سلبية تتمثل أساساً في محاولة "أمركة العالم"، وجعل النظام الأمريكي

[1] **دول الشمال**؛ وتشمل الولايات المتحدة الأمريكية، والاتحاد الأوروبي، واليابان (أي الدول الغنية المتقدمة بدرجة كبيرة)، أما **دول الجنوب**؛ فتشمل دول العالم الثالث - النامية- والتي تعد الأقل حظًا اقتصاديا وتكنولوجيا، وغير قادرة على إحداث الفعل الاقتصادي المؤثر عالمياً.

بكل ما يحمله من أبعاد ومعاني اقتصادية وسياسية وثقافية واجتماعية؛ هو سيد الأنظمة العالمية الأخرى، إلا أن ذلك لا يعني بحال من الأحوال عدم التعامل مع هذه الظاهرة، لأنها أصبحت ظاهرة موضوعية، ومن العبث الوقوف في وجه تداعياتها، خاصة وأنها تحمل الكثير من الفوائد والإيجابيات إن أحسن التعامل معها، وفي هذا السياق فإن المطلوب هو محاولة الاستفادة من الفوائد والتقليل من السلبيات، وتتمثل أهم الفوائد أو الإيجابيات التي تحملها العالمية بما يلي:

1. في كثير من الحالات يكون لدى الشركات، وخصوصاً الصناعية منها، طاقة إنتاجية ضخمة لا يكفي السوق المحلي لاستغلالها، إلا أن العمليات الخارجية تؤدي إلى استثمار الطاقة الفائضة، بالإضافة إلى تخفيض كلفة وحدة الإنتاج، وتوزيع المخاطرة الاقتصادية على أوسع مساحة ممكنة من الأسواق العالمية.
2. تتيح العمليات الخارجية للشركات الإنتاج بأقل التكاليف عند قيامها بالعمل بالقرب من أماكن تواجد المواد الخام و/ أو العمالة الرخيصة.
3. من الممكن أن تكون المنافسة في الأسواق الخارجية أقل حدّة منها في الأسواق المحلية.
4. من الممكن أن تسفر العمليات الخارجية عن حوافز مادية؛ مثل: تخفيض التعرفة الجمركية، والخفض الضريبي، والمعاملة الأفضل في البلدان الأجنبية.
5. تستطيع المشروعات المشتركة أن تمكّن الشركات من معرفة ثقافة، وتكنولوجيا، وأسلوب العمل الملائم للشعوب الأخرى من أجل تسهيل التواصل مع العملاء المحتملين والمورّدين والمموّلين والموزّعين في البلدان الأجنبية.

6. قيام الكثير من الحكومات والدول بتقديم حوافز مختلفة ومتنوعة بهدف استقطاب الاستثمارات الأجنبية إلى هذه الدول (David, 2007, PP.28-29).
7. يمكن تحقيق اقتصادات الحجم من خلال العمليات في الأسواق العالمية بدلاً من الركون إلى الأسواق المحلية، فزيادة حجم الإنتاج وبفاعلية أكبر يحقق حجم مبيعات أكبر ويقدم أسعاراً أقل (Hollensen, 2005, P.15).
8. التحرير المتزايد للاقتصادات الوطنية من التدخلات الحكومية، والتحول إلى اقتصاد السوق الرأسمالي الذي لا يؤمن بوجود قيود أمام حرية انتقال السلع والخدمات والمال.
9. التوجّه نحو التكتلات الاقتصادية والاندماجات بين الشركات تجسيداً لشعار: (الأكبرُ أفضلُ) وهي في ذات الوقت أداة للحماية من أخطار العولمة.
10. تَقلّصُ سلطة الدولة الوطنية وانكماشُ قدرتها على رسم السياسات الاقتصادية وتنفيذها من منظورٍ وطنيٍ خالصٍ، بسبب تَحوُّل بعض صلاحياتها إلى المؤسسات الدولية وإلى القطاع الخاص المحلي، وانتقال عملية التنسيق للسياسات الاقتصادية من المستوى المحلي إلى العالمي.
11. ظهور ما يسمى باقتصادات المعرفة؛ وهي مظهر من مظاهر تعظيم دور التقانة حيث تشكل المعلومات دوراً اقتصاديًا وليس مجرد وسيلة.
12. تحرير التجارة الدولية، حيث تتكامل اقتصادات الدول المتقدمة مع اقتصادات الدول النامية في سوق عالمية واحدة مفتوحة لكافة القوى الاقتصادية في العالم وخاضعة لمبدأ التنافس الحر بعيداً عن الاحتكار.
13. دخول المزيد من الاستثمارات الأجنبية سواء بشكلٍ مباشرٍ أو غير مباشرٍ والتي يمكن أن تسهم في توفير فرص العمل، والمساهمة في حلِّ مشكلة البطالة بالنسبة لبعض دول العالم، وكذلك توسيع حجم الطلب على مستلزمات الإنتاج المحلية، ومن ثم تعزيز التنمية المستدامة.

14. الثورة المعرفية، المتمثلة في التقدم العلمي والتكنولوجي والمعلوماتية، الذي جعل العالم أكثر اندماجًا، كما سهّل من حركة انتقال الأموال والسلع والخدمات والأفراد، وزيادة الاهتمام برأس المال المعرفي بدرجة كبيرة كأحد الأعمدة الأساسية التي ترتكز عليها العولمة.
15. تحريرُ أسواق النقد العالمية من القيود التي كانت تحّد من حريتها في العمل والحركة على مستوى السوق الدولية، وجعل رأس المال عالمياً، أي تزايد الترابط والاتصال بين الأسواق المختلفة حتى وصلت إلى حالة أقرب إلى السوق العالمي الكبير، وبخاصة مع نمو البورصات العالمية.
16. التطورُ الهائلُ في تكنولوجيا الاتصال والانتقال، الذي قلّل، إلى حد كبير، من أثر المسافة وجعل العالم بمثابة قرية صغيرة، مثال ذلك الإنترنت والستلايت وغيرها.
17. عالميةُ الثقافة، وتزايدُ الصلات غير الحكومية، والتنسيق بين المصالح المختلفة للأفراد والجماعات، فيما يُسمّى الشبكات الدولية؛ إذ برز التعاون استناداً للمصالح المشتركة بين الجماعات غير القومية؛ ما أفرز تحالفات بين القوى الاجتماعية على المستوى الدولي، بخاصة في المجالات النافعة مثل: الحفاظ على البيئة، وغسيل الأموال، والمافيا الدولية للسلاح وغيرها.
18. مساهمةُ العالمية في انتشار عمليات الخصخصة، والتي تؤدي إلى إطلاق المبادرات الفردية كونها تتمتع بمرونة عالية في التحرك بعيداً عن القيود والمعيقات والأساليب الإدارية التقليدية.
19. إتاحةُ الفرصة للدول التي تبغي الحصول على التكنولوجيا الحديثة لتطوير اقتصاداتها وتحقيق التنمية، حيث لم تعد التكنولوجيا حكراً على بعض الدول الأخرى على حساب شعوب العالم الأخرى، خصوصًا الدول النامية، ويورد على ذلك تجربة النمور الأسيوية، حيث عملت الشركاتُ المتعددةُ الجنسيات على إحداثِ فشلٍ في تجاربها التنموية عندما قام الملياردير "جورج سورش"

باللعب في البورصة؛ ما أدى إلى ضرب التجارة التنموية وإحباطها في تلك البلدان وخصوصا إندونيسيا وماليزيا.

سلبيات العالمية Globalization Disadvantage

هنالك الكثير من السلبيات التي تحملها العالمية، الأمر الذي دفع البعض إلى محاولة الابتعاد عنها، وعدم التعاطي مع ما تفرضه من وقائع جديدة، ظناً من أولئك البعض أن ذلك ربما يخفف من الأضرار السلبية للعالمية، وتتمثل أهم سلبيات العالمية فيما يلي:

1. تعميقُ التفاوت في توزيع الدخل والثروة بين الناس، بل بين المواطنين في الدولة الواحدة، واختزالُ طاقات شعوب العالم إلى طاقةِ دفعٍ لماكينة الحياة الاستهلاكية للقوى الرأسمالية والسياسية الغربية المسيطرة.
2. السيطرةُ على موارد الدول النامية وموادها الخام، والحصولُ عليها بأبخس الأسعار وإعادة تصنيعها ثم بيعُها لها في صورة جديدة بأعلى الأسعار، كما هو الحال بالنسبة للبترول وغيره من الثروات الطبيعية الأخرى.
3. إنهاءُ دور القطاع العام وإبعادُ الدولة عن إدارة الاقتصاد الوطني، وما سيترتب على ذلك من إخلال بالسيادة الوطنية من جهة وتضرُّر القطاع الواسع من الشعوب خصوصاً في الدول النامية، بسبب تخلّي الدول عن دعم الكثير من السلع الأساسية.
4. إدارةُ الاقتصادات الوطنية وفق اعتبارات السوق العالمية بعيدًا عن متطلبات التنمية؛ ما سيزيد من الفجوة الاقتصادية والحضارية بين الدول المتقدمة والدول النامية.
5. ما ستفرضه العالميةُ من سياسات اقتصادية على دول العالم وبخاصة الدول النامية، التي سيكون الهدف منها تعطيل عمليات التنمية الاقتصادية في تلك الدول، وإبقاؤها سوقاً استهلاكية لمنتجات الدول الصناعية.

6. عملياتُ الإغراق للأسواق المحلية بالسلع المستوردة بأسعار تقلُّ كثيراً عـن سـعر البدائل المحلية، حيث ساعد على ذلك إلغاءُ التعرفة الجمركية أو الحـدّ منهـا على بعض السلع، وما سيترتب على ذلك من إلغاء التعرفة الجمركية أو الحـدّ منها على بعض السلع، وما سيترتب على ذلك من اضمحلال وتدهور الصناعات الوطنية - خصوصًا في الدول النامية - التي لا زالت صناعاتها فتيةً لا تمتلك المرونة السعرية والجـودة التي تؤهّلها لمواجهـة المنافسـة القادمـة إليهـا مـن الصناعات الغربية العريقة التي تتميز بمستوى جودة ومرونة سعرية أعلى.

7. وارتباطاً بالنقطـة السـابقة، فـإن ذلـك سـيؤدي إلى ارتفـاع معـدلات البطالـة، وانخفاض مستوى الأجور، وما يترتب على ذلك مـن انخفاض القـدرة الشـرائية للمستهلكين.

8. اتجاه الكثير من الشركات الأجنبية - وخصوصاً الشركات المتعددة الجنسيات - نحو الاستثمار في الدول النامية؛ حيث عوامل الجذب الكثيرة المتـوافرة في تلـك الدول والمتمثلة في الأيدي العاملة والخامات الوفيرة والرخيصة، إلى جانب تهرّب تلك الشركات من القيود الحكومية المفروضة عليها في بلدانها الأصلية مثـل، الضرائب وقوانين حماية البيئة وغيرها، وما سيترتب على ذلك مـن هيمنـة تلـك الشركات على القرار السياسي والاقتصادي والاجتماعي للدول النامية.

9. عدم قدرة الدول النامية الفقيرة على مواجهـة الابتـزاز السـياسي والاقتصـادي للدول المتقدمة الغنية أو ما تسمى بـدول الشـمال التـي تقـود العالميـة، لعـدم امتلاكها أوراقاً تفاوضية؛ ما سيسهم في تفاقم أزماتها التي تعاني منها.

10. تنامي دور المؤسسات المالية الدولية مثل البنك الدولي وصندوق النقد الدولي، وتعاظم نفوذها على الساحة الدولية وخصوصًا الدول النامية التي

هي بحاجة إلى التمويل والتي باتت تشكل عاملَ عدم استقرار لتلك الدول، وتدخلاً سافراً في قرارها السياسي.

11. التوسُّع في الاتفاقات والمعاهدات الدولية الرامية إلى تنظيم أوضاع الاقتصاد العالمي وهو ما دعا إلى ظهور مجموعات من المؤسسات والهياكل التنظيمية غير القانونية.

12. انتقال المشاكل الاقتصادية من النطاق المحلي إلى النطاق العالمي مثل: مشكلة الفقر، والتنمية المستدامة.

13. انتشار أنماط الاستهلاك المسرف والبذخي، وتقمّص السلوك الغربي الرأسمالي وهو ما يشار إليه بالغزو الثقافي.

14. قد تواجه الكثير من المنظمات مشاكل ناجمة عن عدم الفهم الجيد للتركيبة الاجتماعية، والثقافية، والبيئية، والسياسية، والقانونية، والتكنولوجية، بالإضافة إلى القوى الاقتصادية والتنافسية في العمل خارج الوطن، ما يتسبب في صعوبة التواصل ما بين الشركة الأم وأذرعها في الخارج.

15. غالباً ما يتم تقييم ضعف المنافسين في البلاد الأجنبية بأكثر مما يحصل بالفعل، ويتم كذلك تقييم قوتهم بأقلّ مما يجب، بمعنى أنه تتم الاستهانة بهؤلاء المنافسين، لذلك يجب على المنظمات التي تعمل في الخارج أن تضع في حسابها عددَ وطبيعةَ هؤلاء المنافسين.

16. إن اختلاف اللغة والثقافة، والقيم ما بين الدول يعتبر بمثابة عراقيل تؤدي إلى صعوبة الاتصال، وإدارة المشكلات.

17. صعوبة الإلمام بدور المنظمات الإقليمية مثل الاتحاد الاقتصادي الأوروبي، ومنظمة التجارة الحرة لدول أمريكا اللاتينية، والبنك الدولي للإعمار والتطوير، قد يؤدي إلى الفشل في الأسواق العالمية، حيث أنّ معرفة هذه الأدوار ضرورة من ضرورات العمليات الاقتصادية الخارجية.

18. العمل في نظامين ماليين مختلفين يؤدي إلى زيادة تعقيد ممارسة الأعمال الاقتصادية على مستوى عالمي (David, 2007, P.29).

الملخص

تم في هذا الفصل، مناقشة قضية غاية في الأهمية، إذ أصبحت تحتل مكانة كبيرة في تفكير الباحثين والمؤلفين، إنها قضية العالمية Globalization، هذه القضية أثارت جدلاً كبيراً وواسعاً في تحديد مضمونها ومحتواها ومفهومها، وبالتالي مدى أهميتها لشعوب العالم، عموماً، وللمنظمات على وجه الخصوص، وتم في هذا السياق بيان سبب جنوح المؤلفين لإطلاق لفظة "العالمية" وليست "العولمة" كما هو شائع. وتتبُّع الاهتمام والتطوُّر التاريخي لمفهوم العالمية، إذ تعود جذور هذا المفهوم إلى فترة تنامي العلاقات التجارية الدولية والتي غذّتها التطورات الحاصلة في النظام الرأسمالي، في الفترة ما بين 1870 – 1914، والتي شهدت ولادة المرحلة الأولى للعالمية الاقتصادية تحت ضغط حاجة الدول الاستعمارية إلى استيراد الموارد الأولية من مستعمراتها بأسعار زهيدة وتصدير سلعها تامة الصنع إلى تلك المستعمرات بأسعار مرتفعة.

وتم تحديد إيجابيات العالمية وسلبياتها، وكان من أكثر ما تم التركيز عليه في الوجه الإيجابي للعالمية هو تقليل تكاليف الانتاج والانتشار العالمي، وتوسيع الحصة السوقية للشركات، وسهولة انتقال السلع والخدمات دون قيود. كما تم عرض سلبيات العالمية، والتي كان من أبرزها تعميقُ التفاوت في توزيع الدخل والثروة بين الناس، والسيطرةُ على موارد الدول النامية وموادها الخام، وتنامي دور المؤسسات المالية الدولية مثل البنك الدولي وصندوق النقد الدولي وتعاظم نفوذها على الساحة الدولية وخصوصا الدول النامية، والتوسع في الاتفاقات والمعاهدات الدولية الرامية إلى تنظيم أوضاع الاقتصاد العالمي، وانتقال المشاكل الاقتصادية من النطاق المحلي إلى النطاق العالمي مثل: مشكلة الفقر، والتنمية المستدامة، وانتشار أنماط الاستهلاك المسرف والبذخي، وغير ذلك من السلبيات.

أسئلة للمناقشة:

1- من خلال عرض مفهومي؛ العولمة والعالمية. تناول الفرق بين هذين المفهومين؟

2- تناول مفهوم عالمية الأعمال؛ موضحًا أثر التحوُّلات الاقتصادية على نُضج هـذا المفهوم؟

3- يدعو البعض ما يحدث عالميًا بأنه "أمركة". بين كيـف اسـتغلت أمريكـا هزيمـة دول كبرى في الحرب العالمية الثانية لتبسط هيمنتها على تلك الـدول ومـن ثـم على العالم بأسره؟

4- العالمية لا تقوم على الاعتماد المتبادَل، كما يروَّج لها، وإنما على تفاقم المشكلات في بلدان العالم أجمع. وضح ذلك؟

5- الوجه الثقافي للعالمية أشدّ قبحاً مـن وجههـا الاقتصـادي والسـياسي. بـين كيـف تأثرت الدول الشرقية المحافظة اجتماعيا ودينيًا بموجة التغريب الثقافية؟

مظاهر وأشكال العالمية

Globalization Aspects & Forms

Performance Objectives الأهداف الأدائية

تُمكّن دراسةُ هذا الموضوع من:

1. تحديد مفهوم العالمية الاقتصادية.
2. معرفة ما تعنيه العالمية الثقافية.
3. توضيح المقصود بالعالمية الاجتماعية.
4. بيان مفهوم العالمية السياسية.
5. تحديد أثر العالمية على الثقافة التنظيمية.

مظاهر وأشكال العالمية

Globalization Aspects & Forms

المقدمة Introduction

ارتبطت العالمية، منذ ظهورها، بعالم الاقتصاد والمال والسياسة، وامتدّ هذا الارتباط ليطال مختلفَ العوالم؛ الثقافية والاجتماعية والعلمية والصناعية، ونعلم جيداً أن مختلف النُخَب التي تنتمي إلى تلك العوالم تستمد قوتها من قيمة وقوة الاقتصادات التي تبنّتها، وأثبتت دورةُ التاريخ مراراً بأنّ للمكانة الاقتصادية والسياسية دوراً مؤثراً ومباشراً في تعزيز المكانة الثقافية للدول؛ خصوصاً إذا كانت من الدول ذاتية التمحور.

إن البُعد الذي أوضحه مفهومُ العالمية، بما لا يدع مجالاً للتأويل، أنّ المجتمعات التي كانت تنعم بتاريخيتها الخاصة وتراثها الخاص، ووتيرة نموٍ ترضى عنها وتسعى لتحقيقها، أضحت مرتبطةً ومنساقةً - رغماً عنها - في نمط إنتاجٍ واحدٍ على مستوىً عالميٍ؛ فهي تتلقى مختلف أشكال التأثيرات المادية والاجتماعية والبيئية ولا تكاد تملك ردةَ فعلٍ تصون تلك الخصوصية، فكثافة انتقال المعلومات، وسرعتها جعلت العالم بأسره يسكن في قرية صغيرة يَعرف كلُّ من فيها كلَّ ما فيها!!

لقد أصبحت العالميةُ - دون شك - الديناميةَ المحرِّكةَ الرئيسةَ والمسيطرةَ، وإن بدا أن علاقة الدول بمفهوم العالمية تقوم على التفاعل والتأثير المتبادل، إلا أنّ الأمر بدا واضحاً بحيث يمكن التمييز بأن هناك قوة واحدة هي التي توجّه الدَّفةَ.

إن البنى التي تفرزها العالمية إنما هي ثمرةُ صراع المصالح الدولية نحو تحقيق أهدافٍ تتعلق بخدمة المصالح الاجتماعية، مستغلةً التطورات التكنولوجية وثورة الاتصالات، إذ لا قيمة لإرادة السيطرة من دون الوسائل المادية لتحقيقها،

وهي هنا تقنيات ثورة الاتصالات، ولا قيمة لهذه التقنيات لو بقيت مهملةً وغيرَ مستغلةٍ من قبل طرفٍ أو فاعلٍ اجتماعيٍ ودوليٍ (غليون، 2002، 25)، فالعالمية المرتبطة بثورة المعلومات والاتصالات تعمل على تعزيز سيطرة فئةٍ على أخرى، ونخبةٍ على سائر النخب. ولا يفوت القول أن حَمل العالمية لمشروع هيمنةٍ عالميةٍ لا يبرِّر رفضَها، ولا البقاءَ خارجَها، ولا يشكل سبباً كافياً للقدح فيها، فنحن أمام تحولٍ في شروط السيطرة والهيمنة الدولية التي تعارفنا عليها ولا يمكن أن نتصور النظام العالمي الراهن من دونها (غليون، 2002، 37 – 36).

إننا نشهد هيمنةً دوليةً على شبكات الاتصال العالمية وتحويلها إلى سوقٍ واحدةٍ، وتقاتل هذه الدولة المهيمنة (أمريكا) كي تحافظ على تفوقها الذي مكَّنها من السيطرة على تلك الشبكة؛ سواء بفرض قيود قانونية أم بالقوة؛ ما يفرض على النُخَبِ العالمية الاقتصادية والسياسية والعلمية العالمية التسابق على الدخول في تلك الشبكة حتى لا تبقى بمعزلٍ وتصبح هامشيةً. وهذه الصيغةُ تشير إلى تمركزٍ جديدٍ للعالم حول قطبٍ واحدٍ وهو ما يسمح، بالتالي، بتشكيل شركات ومؤسسات عملاقة قادرة على ابتلاع دول بأسرها.

لذا، جاء هذا الفصل، ليوضح ما هو شكل هذه الهيمنة؟، أي؛ ما هي مظاهر وأشكال هذه العالمية؟ وما أثر ذلك على الثقافة التنظيمية؟.

مظاهر وأشكال العالمية:

هناك عدة مظاهر وأشكال للعالمية، نستطيع من خلالها رسم الصورة الحقيقية لما تعنيه تلك الظاهرة، وتشمل تلك المظاهر والأشكال كلاً من: العالمية الاقتصادية، والعالمية الثقافية، والعالمية الاجتماعية، والعالمية السياسية، وسيتم تفصيل هذه المظاهر فيما يلي:

أولاً - العالمية الاقتصادية Economic Globalization

تعني العالميةُ الاقتصاديةُ مرحلةَ وصولِ نمط الانتاج الرأسمالي إلى نقطة الانتقال من دائرة التبادل والتجارة إلى عالمية الإنتاج نفسه. والعالمية ليست حدثاً جديداً، ولا هي وليدة الألفية التي نعيش، فهي ظاهرة اتسع نطاقها مع بداية عصر النهضة الأوروبية والتطور العلمي. ولكن منظمات الأعمال كانت تعتمد في تحقيق نجاحها على التركيز في صنع السلع والخدمات وبيعها داخل حدود الوطن؛ في حين كانت الاعتبارات المتعلقة بالتجارة العالمية ليست ذات شأن، حيث كانت منظمات الأعمال تعتبر الأرباح المتأتية من تصدير منتجاتها للبلدان الأجنبية مجرد "زركشة" وتجميل "للكعكة"، ولكنها لم تكن أساسية في عملية نجاح المنظمة (Whellen & Hunger, 2006, P.6). وخير دليل على ذلك أنه خلال حقبة ستينيات القرن الماضي قامت العديد من الشركات الأمريكية بتنظيم نفسها حول عدد من أقسام الإنتاج التي تقوم بالإنتاج والبيع فقط داخل الولايات المتحدة الأمريكية، ويتولى عملية التصنيع والبيع للخارج قسم واحد تحت اسم القسم الدولي أو العالمي.

ثم جاء الوقت الذي أصبح فيه كل شيء عالمياً، وخصوصاً التجارة العالمية Global Trade والتي تشكلت بفعل قوتين لا يمكن التغاضي عنهما، وهما الاتحادات التجارية الإقليمية، والاتفاقات الموقَّعة مع منظمة التجارة العالمية World Trade Organization (Robbins and Coulter, 2005, P.81)، ليصبح الاقتصادُ العالمي خارج نطاق سيطرة الدولة القومية، من خلال تسهيل تدفق رؤوس الأموال، وإزالة أية عوائق تَمنع أو تحدُّ من هذا التدفق (دراوشة، 2007)، ما يعني عالميةَ الأسواق والمنظمات، والتي أحدثت تغييراً في طريقة أدائها لأعمالها من أجل الوصول إلى اقتصادات الحجم كضرورة من ضرورات خفض التكاليف؛ وبالتالي خفض الأسعار لتصبح المنظمات قادرة على المنافسة، لأن تفكير المنظمات الحديثة الآن أصبح منصباً على العالم كسوق وليس على السوق المحلي.

وتستطيع منظمات الأعمال الدخول في الاقتصاد العالمي بعدة أشكال؛ منها:

أ- **المنظمات متعددة الجنسيات Multinational Corporations (MNCs)**: وهذا النوع من المنظمات أصبح معروفاً حيث تقوم هذه المنظمات بعملياتها بعدة دول ولكنها تُدار من الوطن الأم. ومن أمثلتها شركة سوني Sony، دوتش بنك أج Deutshe Bank AG وميرل لينش Merrill Lynch، وعلى الرغم من حملها صفة العالمية إلا أن القرارات الإدارية تصدر عن المراكز الرئيسة في الوطن الأم.

ب- **المنظمات عبر الوطنية Transnational Corporation (TNC)**: وهي شركة لها نشاط اقتصادي مهم في أكثر من دولة، ولكن هناك مركزية في الإدارة من الدولة المحلية. وهذا النوع من المنظمات لا يهدف إلى مضاعفة نجاح المنظمة في السوق المحلي من خلال تواجدها في دول أخرى لأنها تكون ناجحة حقاً في الدولة المحلية حتى أن بعضها يكون أقوى من الدولة التي تمارس فيها أعمالها بالخارج (gpf@globalpolicy.org). ويمثل هذا النوع من المنظمات التعددية المركزية polycentric. ومن أمثلة هذه المنظمات شركة نستله السويسرية Nestle والتي تغطي عملياتُها معظمَ دول العالم حيث يقوم مديروها في منطقتهم بتزويد عملائهم بمنتجات الشركة، إلا أن منتجاتها التي تباع في دول أوروبا ليست متوفرة في أسواق الولايات المتحدة أو أمريكا اللاتينية (Robbins and coulter, 2005, PP.84-85).

ج- **منظمات بلا حدود Borderless Organizations**: وتعتبر نوعًا من الشركات في ظل العالمية والتي يقضي- نظامها بالتقليل من الأقسام والإدارات الموجودة في الهيكل التنظيمي للشركة والتي فرضت وجودها الحدود والعوائق الجغرافية (Gafoor, 2003). وتعتبر شركة IBM واحدة من هذا النوع من المنظمات والتي عدلت هيكلها التنظيمي الذي كان قائماً على أساس اسم الدولة (Robbins and Coulter,2005,P.85).

من هنا، يمكن القول بأن المنظمات العالمية هي التي تقوم بعملياتها أو لـديها عمليات اقتصادية مهمة تقوم بتنفيذها خارج حدود الدولة التي أُسست فيها.

وبناءً على ذلك فقد رافق ظهور وانتشار العالمية مصطلحات جديدة منها:

- الشركة الأم Parent Company وهـي الشركة التي تستثمر وتعمـل في عمليات عالمية.

- البلد المضيف Host Country وهي البلد التي تزاول فيها الشركات الأجنبية أعمالها. ونظراً لأن العالمية الاقتصادية أصبحت واقعاً ملموساً، لا بد منه، فإن مـنظمات الأعمال والشركات سيكون أمامها خياران:

الأول: التقوقع في مكان وجودها الأصلي؛ ما ينعكس على عدم عالمية اسمها أو منتجاتها والذي سيؤدي إلى تفوق المنافسين عليها، وعندها قد يؤول مصيرها إلى زوال.

والثاني: انتشارها جغرافياً وفتح أسواق لها في عدة بلدان مع ما يرافق ذلك مـن تطويـر لمنتجاتها، وتحسين في علاقاتها مع المستهلكين في تلك الأسواق وذلك عن طريق محاكـاة معتقداتهم وتقاليدهم وقيمهم والتي تشكل اللبنات الأساسية لثقافتهم.

ثانياً - العالمية الثقافية Cultural Globalization

تعني العالمية الثقافية تعميم أنماط الثقافة والقيم الغربية والأمريكية بكـل مـا تحمله من سلبيات وإيجابيات على بقية دول العالم، وخلق ما يسـمى بالثقافـة العالميـة التي تخترق الثقافات الأخرى وجعلها تسير في فلكها، وتعتبر مخاطر العالمية على الهويـة الثقافيـة هـي مقدمـة لمخاطر أعظم عـلى الدولـة الوطنيـة والإدارة الوطنيـة والثقافـة الوطنية، فهي مزيد من التبعية للمركز، وهـي اسـتهلاك لعمليـة فتح الدولـة الوطنيـة لحدودها الاقتصادية والسياسية والسير في نهج الخصخصة.

فالثقافة العالمية لا تتغذى من بنية اجتماعية إنسانية حضارية، وإنما من بنية اقتصادية رأسمالية متطورة، لتتحول الثقافة إلى سلعة اقتصادية خالصة أو بضاعة معروضة للبيع بالسعر السائد (ساري، 2008، 306)، والعالمية الثقافية تنتج أكثر من غيرها مشكلات اجتماعية ومعضلات قلَّما تشفى من آثارها؛ فالصراع بين القيم الغربية والقيم والأخلاق والاتجاهات العربية على هذا النحو العنيف يَنتُجُ عنه حركاتٌ ونَزعاتٌ عنيفةٌ يصل بعضها إلى حد التطرُّفِ أو التقوقع والعزلة، ويكتشف الإنسان العربي أنه يعيش في حالة مستمرة من الفقر والقهر والعزل والتهميش والخوف.

ولعل من أهم ما ساعد الغزو الثقافي في مهمة الاختراق هذه والسيطرة على الدول الأخرى هو الانفجار الهائل في تكنولوجيا الاتصالات التي باتت وسائلها تغزو عقول البشر في عقر دارهم، والترويج للأيدلوجيات الغربية وتسويق العالمية الاقتصادية، وبثّ الدعايات المُغرِضة لإيجاد أشكال جديدة للتضامن بين الأفراد أو عبر الشبكات؛ ما يعني أن العالمية قد نقلت الدولَ الناميةَ من طور التبعية إلى طور الاحتواء.

كانت الثقافة، ولا تزال، كما يقول أبو الحمام (2010: 106)، أحد المجالات المصاحبة للصراع بين الأمم والحضارات، وقد اقتصرت في الماضي على التأثير والتأثر المتبادل عبر التجاور الجغرافي والسفر والتجارة، ومن ثم عبر الحروب التي تفرض في نتيجتها ثقافة الغالب وطرائقه في العيش عبر آلية التقليد والمحاكاة التي أجاد ابن خلدون في تفسيرها، فالمغلوب "مولع أبداً بالاقتداء بالغالب في شعاره وزيِّه ونِحلَته وسائر أحواله وعوائده"، ولا يتوانى الغازي في كثير من الحالات عن فرض بعض جوانب هويته على الشعب المحتل ولو بالقوة والجبر، فهو يفرض أنماطًا معينةً من البناء أو اللباس أو اللغة، وأنماطًا من السلوك يُعاقَب عليها الشعبُ المضطَّهدُ إذا ما حاول تجاوزها، ومن أمثلة ذلك ما تقوم به إسرائيل المحتلة من تغيير في المعالم التاريخية والدينية لمدينة القدس المحتلة، وما تفرضه

على السكان العرب فيها وفي الأراضي المحتلة عام 1948 من دراسة وتعلم اللغة العبرية والتاريخ اليهودي.

ثالثاً - العالمية الاجتماعية Social Globalization

تعني العالمية الاجتماعية تحرير الإنسان والمجتمع من قيود المحليات والخصوصيات، ولقد استجابت كل الدول العربية والإسلامية، حتى العنيدة منها، لدعوات الخصخصة سواء بإيعاز من البنك الدولي أم صندوق النقد الدولي أم منظمة التجارة الدولية؛ بل وزاد البعض من تلك الدول فقدّم أقصى التسهيلات فاتحاً بلاده أمام طوفان الاستثمارات العالمية دون حصولها على المردودات التي وُعِدوا بها؛ فمؤشرات دخل المواطن العربي احتلت بجدارة مراتب دنيا ونافست في هذه المراتب دول أمريكا الجنوبية الفقيرة، فمشكلة البطالة تفاقمت بالرغم من وعود العالمية بتوفير فرص عمل لمواجهة حاجات السوق الواعدة، وفتح الأسواق العالمية لهجرة العمالة، إلا أن ما تحقق حجمٌ لا يكاد يُذكَر، فتحوّلَ هذا الكمُّ من العمال إلى بؤرٍ، يكمن في داخلها النقمةُ والتوترُ، تهدد مجمعاتها. كما أن العالمية لم تحلَّ مشكلةَ الفقر، ولم تحدَّ من انتشاره بل ازدادت مساحة الفقر في عالمنا العربي والإسلامي، وعملت العالميةُ على الإبقاء على الفقراء ليكون فقرُهُم مبررًا للتبعية والخنوع من خلال تلقيهم الإعانات والقروض.

أما معدلات الفساد الاجتماعي، وفساد الذمم، فقد تزايدت وأخذت صوراً وأشكالاً غير تلك التي ألِفناها من رشوة وواسطة ونفاق، بحيث أصبحنا نتداول مصطلحات لم نكن نسمع بها، وإذا سمعنا فلم نكن نعرف معناها مثل: غسيل الأموال، وتجارة الجنس، والشركات الوهمية.

لقد غذّت العالميةُ أحلامَ الشعوب بالرَّفاه؛ غذّتها بمفاهيم منحرفة فاسدة؛ فأصبحت ترى الرجلَ الفقيرَ المُعدَم يتحوَّل بين عشيةٍ وضحاها إلى شخصٍ بالغ الثراء (Sudden Prosperity) دونما تفسير منطقي وعقلاني لهذا التحوُّل!!

وخطورة انتشار مثل هذه النماذج تكمن في كسر حاجز الغيرة على المال العام، والتغوُّل على هذا المال لأنَّ الأمر يتحول إلى حالة سُعارٍ لا يطفؤها شيء، ولا تقف عند حدٍ في تطلعاتها، فيُفرِّطُ الموظفُ في مهنته ولا يتوخى الأمانة فيها، وتكثر مثل هذه الحالات وتتزايد حتى يشيعَ الفسادُ في كافة أوصال الوطن فتفسد ذممُ الناس فلا يعود القضاءُ قادراً على إنصاف المظلوم، وردِّ الحق إلى نصابه لأنه، أي القضاء، قد أصابه ما أصاب تلك الفئةَ المريضةَ.

فالذي يجري الآن، في سياق العولمة الاجتماعية، هو عمليةُ تدميرٍ متواصلةٍ للنسيج الاجتماعي؛ والتي تعبر عنها مظاهرُ من أهمها: الضوابط الأخلاقية للفرد، وانتشار أشكالٍ جديدةٍ من الزواج العرفي، وظهور الزواج المِثلي بين أفراد النوع الواحد، وتراجع معدلات الخصوبة، وارتفاع معدلات الجريمة المنحرفة والشاذة.

رابعاً - العالمية السياسية Political Globalization

وهي ترمي إلى إدخال تحديث في النُظُم السياسية القائمة عبر تَبنّي اتجاهاتٍ ليبراليةٍ ديمقراطيةٍ، وإتاحة المجال واسعاً أمام التعددية الحزبية، وإتاحة الفرصة للمشاركة السياسية، والعزف على وتر حقوق الإنسان، وتشجيع المنظمات غير الحكومية. والذراع الطولى في عملية التحديث السياسي هي المنح والقروض والهبات المشروطة، والتي تضغط بقسوة على الأنظمة الحاكمة فتحملها، مُكرَهةً، على تبنّي إصلاحاتٍ ومشروعاتٍ من أهم ملامحها: نبذ العنف والكراهية، ووقف حملات التحريض، ومحاربة التطرف، والعمل على إنشاء منابر إعلامية تروِّج لتلك الصورة الوادعة والمسالمة، فيتحقق حلمُ روّاد العالمية في إزالة موانع التعايش بين الشعوب المتخاصمة.

فالعالميةُ السياسيةُ عمليةُ ترويضٍ تَحقَّقت من خلال مزيج من العالمية الاقتصادية والاجتماعية والثقافية، فالمواطن العربي يدرك بأن دولتَه تفقد، على مرِّ

الأيام، وظيفتَها الرئيسةَ كراعية للقيم السياسية الكبرى، ويُختزَل هذا الـدور ويتضاءل حتى تصبحَ دولتُه حاميةً للنظام الغربي!!

إن المتتبّع لمسيرة العالمية في أوطاننا يدرك أن عالمية الأعمال والتمويل قـد أدّت إلى الحدّ من قدرة الحكومات على رسم سياسـات اقتصادية وطنيـة مسـتقلة، وسـتغدو المفاهيمُ، التي لطالما تغنت بها الشعوب مثل: السيادة الوطنية، بمثابة إرثٍ بالٍ تخلّصت منه الدول لدى دخولها العالم الجديد، والنتيجـة التـي وصلـت إليهـا تلـك الـدول هـي: الاستسلامُ شبه الكامل لسياسات الدول المتقدمة اقتصادياً.

العالمية وأثرها على الثقافة التنظيمية:

Globalization Impact's on Organizational Culture

تسـعى المنظمـات في عصرـ الانفتـاح الاقتصادي الـذي أدى إلى اشتـداد حـدة المنافسة إلى إثبات وجودها كأسماء وكمنتجات في أسواق العالم المتعـددة، وخصوصاً أن الباب غدا مفتوحاً أمام منظمات الأعمال للانفلات من أبرشياتها وصوامعها التي احتمت بها ردحاً من الزمن في مكان تأسيسها. والآن لم تعد هذه الحصون قادرة على حماية مثل هذه المنظمات من الغزو الاقتصادي والذي أصبحنا نطلق عليه عالميـة الاقتصاد، حيـث أصبحت أي بقعة من بقاع الأرض سوقاً مستهدفة لمنظمات غـير محلية تتميـز بالقدرة المالية، والكفاءة الإدارية، والمنتجات المرغوبـة، مـا يجعل أنـدادها ومنافسيها عرضة للزوال إذا لم يتداركوا الموقف ويلتحقوا بالركب العالمي.

والعالمية، وكما سبق ذكره من تعريفات متعددة، تعنـي أن تعمـل منظمة أو منظمة متعددة الجنسيات أو تجمع اقتصادي خارج حدود الوطن الـذي نشـأت به واعتادت على العمل ضمن إطاره؛ ما يعني إنها ستتعامل مع أناس مختلفين، وبيئـات لم تعتد على التعامل معها، وتخضع لقوانين وأعراف قـد تكون أشـد صرامةً أو أقـل مـما خضعت له في السابق. كل ذلك من أجل أن تضمن هذه المنظمة أو تلك بقاءها

واستمرارها من خلال تسويق وبيع منتجاتها في البلد الذي اختارته لتمارس عملها فيه، وتلبي حاجات ومتطلبات كافة أصحاب المصالح في تلك البلد من مساهمين، وموردين، ومشرِّعين، والهيئات الاجتماعية والبيئية في ذلك البلد (Abbosh, 2009).

وفي هذا الإطار سيتم تناول موضوع العالمية وأثرها على الثقافة التنظيمية من خلال تعرُّف مفهوم الثقافة التنظيمية أولاً، ثم التعرف على ماهية الاختلافات الثقافية ثانياً، ومعرفة أثر العالمية في تعديل الثقافة التنظيمية ثالثاً.

أولاً - الثقافة التنظيمية Organizational Culture

حظي موضوع ثقافة المنظمة بكثير من الاهتمام؛ لما تلعبه من دور مهم في مسيرة المنظمة نحو الأداء المتميز، وتتشكل ثقافة المنظمة، مهما كانت طبيعة نشاطها، ومهما كان حجمها من تراكمات تشمل قرارات وسياسات المنظمة وممارساتها الإدارية، بالإضافة للعلاقات الإنسانية والتنظيمية، لتصبح خصائص وصفات العاملين في المنظمة بمثابة المرآة الحقيقية لثقافتها. تتكون ثقافة المنظمة من مجموعة من القيم والاتجاهات والمشاعر والمعتقدات التي يتقاسمها ويؤمن بها العاملون، ومن ثم تؤطر لقواعد السلوك والأداء في المنظمة (درة والصباغ، 2008، ص. 441).

وعليه، فإن ثقافة المنظمة تمثل عنصراً أساساً في تحديد كفاءة الأداء وإنجاز الأهداف، بحيث لو كانت ثقافة المنظمة ثقافة داعمة فإنها تترك آثارًا إيجابيةً على الأداء وجودته، وإن كانت ثقافة محبطة فستصبح عاملاً معيقاً للأداء ومانعاً من التطوير والتحديث (السلمي، 2003). وكون المنظمة تشكل جزءاً من المجتمع الكلي؛ فإن ثقافتها يجب أن تكون مستمدةً من ثقافة ذلك المجتمع، وأن تعمل على استجابة ثقافتها للثقافة الكلية، فعلى سبيل المثال، لو كانت المنظمة تعمل في مجتمع يفضل شراء واستهلاك السلع الصديقة للبيئة، كون أفراد هذا المجتمع معنيون

بالمحافظة على نظافة البيئة وصحتها، فعلى المنظمة أن تكيّف ثقافتها لتتناسب وثقافة المجتمع بحيث تصبح ثقافتها داعمة لهذا الاتجاه، ما يدفع مزيداً من أفراد المجتمع للتعامل مع المنظمة وشراء منتجاتها (Whiston and Henry, 1996, P. 34).

وعلى الرغم من أن جميع المنظمات لديها ثقافاتها، إلا أنه ليس لكل الثقافات نفس التأثير على الموظفين وسلوكاتهم ونشاطاتهم، فعندما تتمتع المنظمة بثقافة قوية، فإنّ ذلك يعني أن جميع الموظفين يحملون هذه الثقافة لتصبح ثقافة مشتركة لهم جميعاً، عندها يكون تأثيرها أقوى بكثير من ثقافة ضعيفة يذعن لها العاملون دون قناعة بها أو حتى تتفاوت درجة إيمانهم بها (Robbins and Coulter, 2005, P.53). فعندما تُميِّز ثقافةُ المنظمة نفسَها عن غيرها من المنظمات، وعندما يشعر الموظفون في المنظمة بأنهم متماثلون وكأنهم يحملون ذاتَ الهوية والهدف الذي يتجاوز المصالحَ الشخصيةَ، وعندما تقدم الثقافةُ بنيةً اجتماعيةً لمساعدة الموظفين لمعرفة المكان المناسب لكل منهم، وتُعرِّف وتُحدِّد وتُعزِّز قواعدَ الانضمام إلى المنظمة، بتعريف العاملين على سبيل المثال ما يمكنهم عمله وما لا يمكنهم عمله، فإن توافرت كلُّ هذه العناصر، تصبح المنظمة ذات ثقافة قوية. فعلى مستوى الموظفين، فإن الثقافة القوية للمنظمة تُمكِّن من رؤية مدى مناسبة الموظفين للعمل في هذه المنظمة، كما وتؤثر في عملية الاستقطاب، والاختيار، والترقية، وتحديد المراكز الوظيفية، إضافة إلى أنها تسهّل عملية التعامل مع الموردين والزبائن لأن جميع الموظفين سيتعاملون مع هؤلاء بدرجة من الثبات وبنفس الطريقة (Bannock, 2002, P.260).

ومن أبرز أسباب اهتمام علماء الإدارة بموضوع الثقافة التنظيمية، أنها أصبحت تؤثر في عملية التخطيط الاستراتيجي وبالتالي في الأداء التنظيمي، ويمكن إجمالُ هذا التأثير في جانبين هما:

أ- إن الثقافة تلعب دوراً مهماً في تشكيل طريقة تفكير الأفراد وسلوكهم، ثم تقيم ذلك دورياً، كما تؤثر في عملية اتخاذ القرارات.

ب- تتنوع الثقافة التنظيمية على أساس القيم والمعتقدات، ما يؤثر في تنوع العمليات الإدارية ومنها التخطيط (Hoffman, 2007).

ثانياً - الاختلافات الثقافية Cultural Differences

لعل من أبرز التحديات التي تواجه المنظمات لدى التفكير في العمل في بلد آخر هو تحدي الاختلافات الثقافية (Cultural differences)، فعلى الرغم من أن العالم أصبح قرية عالمية (Global Village) إلا أن تنوع الثقافات وتعددها لا يزال موجوداً ما بين الدول، والاختلافات والتنوع الثقافي من شأنه أن يربك الخطوة الأولى نحو الانتشار المنظمي العالمي وهي المباحثات والمفاوضات بشأن هذا الانتشار، وإذا تم وتحقّق هذا الانتشار فإن اختلاف الثقافة سيؤثر في إدارة التسويق لأن السوق ليس هو المنتجات بل هو جمهور المستهلكين الذين تحكمهم قيم شخصية مختلفة، وافتراضات مغايرة، حيث من الممكن أن تكون المنتجات عالمية ولكن الناس أو الأفراد غير عالميين (Hollensen, 2005, P.15).

من هنا، يتطلب من المنظمات الساعية للعمل في السوق العالمي أن تتكيف وتكيف ثقافتها لتتلاءم و ثقافة الدولة أو الدول التي ستعمل بها. لذا، فإن على المنظمة، ممثلة بأفرادها الذين سينتقلون للعمل في بلاد أخرى، أن يعرفوا أشياء رئيسة عن هذا البلد مثل:

- إتقان اللغة المتداولة في هذا البلد.
- القوانين والتشريعات المعمول بها سواء المتعلقة بالأفراد أو بالمنظمات.
- طريقة تفكير أهل تلك البلاد.
- عادات وتقاليد وقيم المجتمع الجديد.

- درجة التزام المواطنين في ذلك البلد بالمعتقدات والأصول الدينية وكيفية تطبيقها، وغيرها الكثير من الأمور التي لا بد من دراستها استعداداً للتكيف معها (Leung, 2005, P.358).

ومن أمثلة هذا التكيف، شركة ماكدونالدز التي عندما أقامت فروعاً لها في البرتغال بقيت مدة طويلة تُمنَى بخسائر إلى حين اكتشفت بأن الشعب البرتغالي مغرمٌ باحتساء قهوة الاسبريسو بعد تناول الوجبة، عندها قامت شركة ماكدونالدز بعمل أكشاك صغيرة بجانب كل موقع لها تبيع عبره هذه القهوة، وعندها ازداد عدد زبائنها وازداد حجم مبيعاتها وأصبحت تحقق أرباحاً (Robbins and Coulter, 2005).

وقامت شركة ABB السويسرية التي تقوم ببناء وحدات الطاقة، والمعدات الكهربائية، والمصانع في 140 دولة من دول العالم، بالتكيف مع البيئة العالمية من خلال تعيين 500 خبير من مختلف الدول من القادرين على التكيف والثقافات المحلية المختلفة، وهؤلاء الخبراء متعددو اللغة؛ أي يتقنون لغات متعددة ويتحركون في 5000 مركز تابع لشركة ABB في 140 دولة من دول العالم، ونتيجة لذلك أصبحت هذه الشركة من كبار المنافسين لشركات عريقة في مجالها مثل شركة Siemens AG الألمانية، France's Alcatel-Alshtom NV، وشركة General Electric الأمريكية (Whellen and Hunger, 2006, P.117).

أما شركة Matsu shita Electric Industrial Corporation of Japan (MEI) والتي تعمل تحت أسماء منتجاتها Panasonic, Technic، والتي أسسها في سنة 1918 Konosuke Matsushita، لديها فلسفة إدارية قادتها إلى النجاح، ولكنها لم تتعامل مع الثقافة التنظيمية بطريقة مؤسسية، حيث كانت ثقافتها تركز كثيراً على القيم اليابانية بدلاً من التركيز على التقاطع الثقافي العالمي، وكان من نتائج تركيز الشركة على ثقافتها الأبرشية (Parochial Culture) أنها لم

تتمكن من تحقيق التكيف المثمر مع الثقافات المحلية الأخرى؛ ما أدى إلى منع التدفق المعرفي والخبرات اللازمة إلى المراكز الرئيسة ما يهدد إضعاف قدرتها على المنافسة عالمياً.

ثالثاً - أثر العالمية في تعديل الثقافة التنظيمية
The Impact of Globalization on Organizational Culture Modification

لا يستطيع أحد أن يغمض عينيه أو يشيح بوجهه عن واقع أصبحنا نعيشه في هـذه الألفيـة؛ واقـع تنـاول جميـع أنحـاء العـالم، وجميـع منـاحي الحيـاة السياسـية، والاقتصادية، والاجتماعية، والثقافية، وهو واقع العالمية والتي لم تعد ظاهرة بل أصبحت واقعاً ملموساً وممارسة حقيقية.

فرضت العالمية نفسها واقعاً صارخاً؛ ساهمت في سرعة ظهوره تغيرات عالمية، ما استدعى تعاملاً ديناميكياً بدرجة متزايدة من قِبل منظمات الأعمال، التي ارتبط نجاحها في دخول السوق العالمية بقدرتها على تعديل ثقافتها التنظيمية لتتواءم وثقافة الدول التي تتواجد فيها، باعتبار أن الثقافة تلعب دوراً مهماً ومباشراً في تشكيل طريقة تفكير الأفراد وسلوكهم؛ ما يجعل المنظمة أمام استحقاق تكييف عملياتها الإدارية؛ وخصوصاً عمليات التخطيط، لتصبح ديناميكية وأكثر كفاءةً على التعامل مع تنـوع الثقافات دون أن تتخلى عن ثقافتها الأصلية.

أشارت الكثير من تعريفات العالمية (Globalization) التي سبق مناقشتها في الفصل الأول من هذا الباب إلى أنها نظام عالمي يقوم عـلى تحريـر الأسواق والفضاءات الاقتصادية والتبادلات التجارية والمالية والخدمية، وعلى الاختراق المتواتر للخصوصيات والحدود الثقافية والقيمية والجغرافية والسياسـية (الحـروب، ورد في دراوشـة، 2007). وهي ظاهرة أو حركة معقـدة ذات أبعـاد اجتماعيـة واقتصادية وسياسـية وحضارية وثقافية وتكنولوجية انتهجتها وساهمت في سرعة

بروزها التغيرات العالمية التي حدثت في العصر الحالي وكان لها تأثيرًا عظيمًا على حياة الأفراد والمجتمعات (دراوشة، 2007).

ويذهب مؤيدو العالمية إلى تعريفها تعريفاً يحمل في طياته قدرًا كبيرًا من الترويج لها بالقول "إنَّ العالمية تَطلعٌ وتَوجهٌ اقتصاديٌ سياسيٌ تكنولوجيٌ حضاريٌ تربويٌ تذوب فيه الحدود بين الدول، وبين الشمال والجنوب وبين الحضارات بعضها بعضاً، وتتواصل فيه الأمم والشعوب والدول والأفراد باستمرار وبسرعات هائلة، وينشأ بينها اعتماد متبادَل في مجالات الحياة Interdependence، كالاقتصاد والاستثمارات والسلع والخدمات، والأفكار والمفاهيم والثقافات والأشخاص (دره وصباغ، 2008، ص.74).

من خلال تفحص هذه التعريفات، نجد أنها تتناول تغييرات ثقافية تتطلبها العالمية، وما يهمنا في هذه الإطار هو الجانب الثقافي وما يطرأ عليه من تغيير أو تعديل، كأثر من آثار العالمية، وخصوصاً الثقافة المنظمية أو التنظيمية (Organizational Culture) وكيفية تأثير العالمية عليها. فثقافة المنظمة والتي هي عبارة عن مجموعة من المعتقدات والتوقعات والقيم التي تعلّمها وآمن بها جميعُ أعضاء المنظمة، والتي يتم نقلها من فرد إلى آخر، ومن جيل إلى جيل داخل المنظمة (Whellen and Hunger, 2006, P. 116) لا بد لها من أن تتأثر بثقافات أخرى قد تبدو غريبةً بحيث يصعب الإقرار بها من قبل أعضاء المنظمة؛ فما هو ممنوعٌ ومحظورٌ في دولة، كالسعودية مثلاً، قد يكون مثالاً للتقدم والرقي في دولة كفرنسا.

وبالتالي، فإن منظمات الأعمال، عندما تفكر بأن تدخل السوق العالمية (Global Market) فإنّ عليها أن تمهد الطريق لتسهيل هذا الدخول من خلال مواءمة ثقافتها، والتي تنبع في الأصل من الثقافة الوطنية للمنظمة؛ أي ثقافة البلد الذي وجدت فيه المنظمة مع ثقافة الدولة التي ستعمل فيها المنظمة من خلال افتتاح

فروع لها، أو تصدير منتجاتها إلى تلك الدولة، فهذه المواءمة ليست مقصورة على سلوكات الأفراد وطريقة عملهم، بل أيضا على المنتجات سواء أكانت سلعًا أم خدماتٍ فيما إن كانت مقبولةً حسب المعايير الثقافية للبلد الذي سيشكل سوقاً لها أم لا؟.

الملخص

تم في هذا الفصل، مناقشة مظاهر العالمية وأشكالها المختلفة، إذ أن هنالك العديد من الأشكال والمظاهر للعالمية، والتي تم حصرها في هذا الفصل بالعالمية الاقتصادية، والعالمية الثقافية، والعالمية الاجتماعية، والعالمية السياسية.

وتعني العالمية الاقتصادية انتقال الظواهر الاقتصادية المختلفة، سواء كانت تتعلق بقضايا العرض والطلب والتجارة، أم بقضايا البطالة والفقر، واسعار صرف العملات، وغيرها، من النطاق المحلي إلى النطاق العالمي، ومما ساهم في هذا الانتقال تطور الشركات المتعددة الجنسيات والعابرة للحدود، والتي لم تعد تقف عند حد الانتقال إلى النطاق العالمي بعملياتها ومنتجاتها فقط، بل تجاوزت ذلك إلى محاولتها التأثير في القرارات السياسية والاقتصادية لكثيرٍ من دول العالم.

وتتناول العالمية الثقافية قضية تعميم أنماط الثقافة الغربية؛ بكل ما تحمله من معاني ورموز وسلبيات وإيجابيات لبقية أنحاء العالم، وبالتالي محاولة إيجاد ثقافة عالمية تتخطى الحواجز والحدود الاقليمية والوطنية، وتنطلق بلا حدود لتعميم أنماط الثقافة الغربية على المجتمعات الانسانية المختلفة.

وتناولت العالمية الاجتماعية كيفية تحرير الانسان والمجتمع من القيود المحلية، والانضواء في العالمية الاجتماعية، بمعاييرها المختلفة والمستندة إلى أيديولوجيات اجتماعية ذات أبعاد متعددة الأوجه ترتبط أساساً بالخلفيات الثقافية للمجتمعات المتجهة نحو هذا الشكل من العالمية. أما العالمية السياسية فهي تستند أساساً على الدعوات القائمة على ضرورة إتاحة الفرصة للمشاركة السياسية لكل التيارات التي يتكون منها النسيج المجتمعي، وبالتالي الدعوة إلى ما يسمى بدفع "الحريات العامة"، ورفع شعارات سياسية تترتبط بنبذ العنف، والمطالبة بتفعيل

مواثيق حقوق الانسان، وغيرها من القضايا السياسية التي ازداد الاهتمام بها بفعل الإنضواء في النظام السياسي العالمي الذي أوجدته العالمية.

تناول هذا الفصل، أيضاً، أثر العالمية على تعديل الثقافة التنظيمية، وتم أولاً توضيح معنى الثقافة التنظيمية، باعتبارها تتكون من مجموعة القيم والاتجاهات والمعتقدات والمشاعر التي يؤمن بها العاملون في المنظمة، وبالتالي تسعى المنظمة إلى تثمين التمسك بها، وتشجع على تطويرها لتصبح لصيقة بها ومحددة لهويتها. كما تم مناقشة موضوع الاختلافات الثقافية، إذ أن لكل أمة ثقافتها الخاصة، وبالتالي فإن انطلاق المنظمات للعمل خارج حدودها الوطنية بفعل التطورات الحديثة التي أفرزتها العالمية، قد وضع تلك المنظمات أمام تحديات كبيرة تتعلق بكيفية تعاملها مع الثقافات الجديدة التي ستعمل معها، الأمر الذي تطلب من منظمات الأعمال محاولة موائمة ثقافتها مع الثقافات الجديدة، إن هي أرادت النجاح في السوق العالمية الجديدة.

أسئلة للمناقشة:

1. هناك عدة مظاهر وأشكال للعالمية، اذكرها؟
2. تعتبر العالمية الاقتصادية واحدة من مظاهر العالمية، وضح بلغتك الخاصة المقصود بهذه العالمية؟
3. تستطيع منظمات الأعمال الدولية الدخول في الاقتصاد العالمي بعدة أشكال، بين هذه الأشكال بشكل مفصل؟
4. وضح المقصود بكل من: الشركة الأم، والبلد المضيف؟.
5. هناك خياران أمام شركات الأعمال في ظل مفهوم العالمية الاقتصادية، ما هما هذان الخياران؟
6. بين ما تعنيه العالمية الثقافية؟
7. هل أن العالمية الاجتماعية ضرورة لدول العالم الثالث؟ أم أنها واقعاً مفروضاً عليها لا تملك الخروج عليه؟
8. ما هي التغييرات التي حملتها العالمية السياسية لدول العالم الثالث؟
9. عرف بلغتك الخاصة "الثقافة التنظيمية"، مبيناً أهمية تواجدها في تطوير وتحسين أداء المنظمات؟
10. كيف تؤثر الثقافة التنظيمية في عملية التخطيط الاستراتيجي، وفي الأداء التنظيمي لمنظمات؟
11. تحتاج المنظمات التي ترغب بتوسيع عملياتها خارج حدود موطنها الأصلي التعامل مع الاختلافات الثقافية التي ستواجهها. اشرح هذا القول مبيناً الأشياء التي ينبغي على المنظمات معرفتها عن البلد الذي تبغي العمل فيه.
12. أعط أمثلة عن كيفية قيام الشركات العالمية بالتكيف الثقافي مع البلدان التي عملت بها خارج حدود موطنها الأصلي؟
13. ما هو أثر العالمية في تعديل الثقافة التنظيمية؟

المراجــع

- أبو بكر، مصطفى محمود(2006)، ثقافة المنظمة والاتجاهات الإدارية ومقومات تفعيل اتفاقية الكويز بالتطبيق على شركات ومصانع منطقة الاسكندرية الكبرى. **المجلة العربية للتجارة والتمويل**، جامعة طنطا، المجلد2، العدد1، ص ص.95-139.

- أبو عرقوب، إبراهيم(1993)، **الاتصال الإنساني ودوره في التفاعل الاجتماعي**، ط1، عمان:دار مجدلاوي للنشر والتوزيع.

- برنوطي، سعاد نائف(2005)، **الإدارة، أساسيات إدارة الأعمال**، عمان: دار وائل للنشر والتوزيع.

- برنوطي، سعاد نائف(2008)، **الإدارة، أساسيات إدارة الأعمال**، ط4، عمان: دار وائل للنشر.

- بني حمدان، خالد محمد، و وائل، محمد صبحي إدريس(2007)، **الاستراتيجية والتخطيط الاستراتيجي: منهج معاصر**، عمان: دار اليازوري العلمية للنشر والتوزيع.

- جاكسون، جون(1988)، **نظرية التنظيم منظور كلي للإدارة**، ترجمة خالد رزوق، الرياض: معهد الإدارة العامة.

- جواد، شوقي ناجي(2010)، **إدارة الجودة الشاملة: مفاهيم وتطبيقات**، عمان: دار وائل للنشر والتوزيع.

- حريم، حسين(2006)، **مبادئ الإدارة الحديثة: النظريات والعمليات الإدارية، وظائف المنظمة**، عمان: دار الحامد للنشر والتوزيع.

- حسن، أمين عبد العزيز(2010)، **إدارة الأعمال وتحديات القرن الحادي والعشرين**، القاهرة: دار قباء للطباعة والنشر والتوزيع.

- حسن، عادل وشريف، علي والصحن، محمد فريد(1989)، **تنظيم إدارة الأعمال**، بيروت، دار النهضة العربية.

- الحسيني، فلاح حسن عداي(2006)، **الإدارة الاستراتيجية: مفاهيمها ومداخلها وعملياتها المعاصرة**، عمان: دار وائل للنشر والتوزيع.

- حمود، خضير كاظم وموسى، سلامة اللوزي(2008)، **مبادئ إدارة الأعمال**، ط1، عمان: إثراء للنشر والتوزيع.

- حنفي، عبد الغفار(2006)، **أساسيات إدارة منظمات الأعمال: الوظائف والممارسات الإدارية**، الاسكندرية: الدار الجامعية.

- حيدر، يونس إبراهيم(2006)، **أساسيات الإدارة: مدخل إلى الإدارة الاستراتيجية**، دمشق: دار الرضا للنشر والتوزيع.

- درة، عبد الباري إبراهيم والصباغ، زهير نعيم (2008)، **إدارة الموارد البشرية في القرن الحادي والعشرين**، ط1، عمان: دار وائل للنشر.

- درة، عبد الباري إبراهيم والمجالي، نبيل خليف(2010)، **العلاقات العامة في القرن الحادي والعشرين: النظرية والممارسة، منحى نظامي واستراتيجي**، عمان: دار وائل للنشر.

- درة، عبد الباري إبراهيم(2009)، **إدارة الاجتماعات، الجوانب الإجرائية. قواعد روبرت التنظيمية في إدارة الاجتماعات**، ط1، عمان: دار وائل للنشر.

- درة، عبد الباري إبراهيم(2009)، **إدارة الاجتماعات، الجوانب السلوكية: منحى نظامي- النظرية والتطبيق**، ط1، عمان: دار وائل للنشر.

- زياد، فريد فهمي(2009)، **وظائف الإدارة**، عمان: دار اليازوري العلمية للنشر والتوزيع.

- السالم، مؤيد سعيد(2005)، **أساسيات الإدارة الاستراتيجية**، عمان: دار وائل للنشر والتوزيع.

- السالم، مؤيد سعيد(2008)، نظرية المنظمة: الهيكل والتصميم، عمان: دار وائل للنشر.

- الشاويش، مصطفى (1993)، الإدارة الحديثة، عمان: دار الفرقان.

- الشرقاوي، علي(1981)، إدارة الأعمال: الوظائف والممارسات الإدارية، بيروت: دار النهضة العربية.

- الشرقاوي، علي(2002)، العملية الإدارية: وظائف المديرين، الاسكندرية: دار الجامعة الجديدة.

- الشميري، أحمد(2009)، مبادئ الإدارة الحديثة، عمان: دار الحامد للنشر والتوزيع.

- صالح، علي محمد (2000)، مبادئ علم الإدارة، عمان: مكتبة الرائد العلمية.

- العامري، صالح مهدي محسن وطاهر، محسن منصور الغالبي (2008)، الإدارة والأعمال، ط2، عمان: دار وائل للنشر والتوزيع.

- عباس، علي (2008)، الرقابة الإدارية في منظمات الأعمال، عمان: إثراء للنشر والتوزيع.

- العتيبي، صبحي(2005)، تطور الفكر والأساليب في الإدارة، عمان: دار الحامد للنشر والتوزيع.

- عساف، عبد المعطي(2009)، مبادئ الإدارة العامة، عمان: دار زهران للنشر والتوزيع.

- عساف، محمود(1976)، أصول الإدارة، القاهرة: دار الناشر العربي.

- عصفور، محمد شاكر (2009)، أصول التنظيم والأساليب، عمان: دار المسيرة للنشر والتوزيع والطباعة.

- العقيلي، عمر وصفي والعتيبي، صبحي(2000)، وظائف منظمات الأعمال، عمان: دار زهران للنشر والتوزيع.

- العلاق، بشير (1998)، أسس الإدارة الحديثة، عمان: دار اليازوري العلمية.
- القريوتي، محمد قاسم(2006)، مقدمة في الإدارة العامة. المنشأة. التطور. النظريات. المفاهيم. المشاكل. التحديات والتوجهات المعاصرة، ط1، عمان: دار وائل للنشر والتوزيع.
- القريوتي، محمد قاسم(2006)، نظرية المنظمة والتنظيم، عمان: دار وائل للنشر والتوزيع.
- القريوتي، محمد قاسم(2008)، مبادئ الإدارة: النظريات والعمليات والأهداف، ط4، عمان: دار وائل للنشر والتوزيع.
- اللوزي، موسى (21989)، التطوير التنظيمي أساسيات ومفاهيم حديثة، ط2، عمان: دار وائل للنشر والتوزيع.
- ماهر، أحمد (2005)، التنظيم، الاسكندرية: الدار الجامعية.
- محمد، مصطفى(2005)، التنظيم الإداري في المنظمات المعاصرة، الاسكندرية: الدار الجامعية.
- محمد، موفق حديد(2001)، الإدارة، المبادئ والنظريات والوظائف، عمان: دار الحامد للنشر والتوزيع.
- مخامرة، محسن ورمضان، زياد وسالم، فؤاد الشيخ والدهان، أميمة(2010)، المفاهيم الإدارية الحديثة، ط10، عمان: مركز الكتب الأردني.
- المنصور، كاسر نصر (2000)، إدارة الانتاج والعمليات، ط1، عمان: دار الحامد للنشر والتوزيع.
- نجم، عبود نجم(2008)، إدارة المعرفة: المفاهيم والاستراتيجيات والعمليات، عمان: دار الوراق للنشر والتوزيع.

- النعيمي، صلاح عبد القادر(2008)، **الإدارة**، عمان: دار اليازوري العلمية للنشر والتوزيع.
- الهواري، سعيد(1973)، **الإدارة، الأصول والأسس العلمية**، القاهرة: مكتبة عين شمس.

- Bateman, Thomas S. and Snell , Scott A. (2007), Management: **Leading & Collaborating in a Competitive World**, 7th Ed., New York: McGraw-Hill Companies, Inc.

- Black, A & C (2009) **Business Essential**, London: A & C Black Publishers Ltd.

- Brooks, William and Mullins, Terry. (1989), **High Impact Time Management**. Englewood Cliffs, New Jersey: Prentice Hall.

- Certo, Samuel C. and Certo, S. Trevis (2009). **Modern Management. Concepts and Skills.** Upperr Saddle River, New Jersey: Pearson Education International.

- Daft, Richard L. (2004) **Organization Theory and Design**, 8th Ed. Ohio: Thomson, South – Western.

- Daft, Richard L. (2008). **New Era of Management**. Australia: Thomson, South – Wetern.

- Dessler, Gary (2001) **Management: Leading People and Organizations in 21st Century**, New Jersey : Prentice Hall.

- French, Wendell L. and Bell Cecil H. (1996) **Organization Development**. Behaviral Science Interventions for Oraganization Improvement, 5th Ed. Englewood Cliffs, New Jersey: Prentice Hall International, Inc.

- Griffin, W. Ricky. (1996), **Management**, 5th Ed., Boston: Houghton Mifflin Company.

- Hitt, Michael A., Black, J. Stewart and Porter, Lyman, W. (2009). **Management**, 2nd Ed., Upper Saddle River, New Jersey: Pearson Education International.

- Housel, Thomas and Bell, Arthur H. (2001) **Measuring and Managing Knowledge.** Boston: McGraw – Hill, Irwin.

- Hunger, J. D. and Wheelen T. L. (2006) **Strategic Managementand Business Policy**, 10th Ed., New Jersey: Prentice Hall.

- Jones, Gareth R. (2007) **Organizational Theory, Design and Change**, 5th Ed., New Jersey: Pearson Prentice – Hall.

- Kinicki, Angelo and Williams, Brink. (2006) **Management. A Practical Introduction**. Boston: McGraw Hill, Irwin.

- Kotler, Phillip and Keller, Kevin Lane (2006), **Marketing Management**, 12th Ed., New Jersey: Pearson Prentice Hall.

- Krajewski, Lee and Ritzman, Lary. (1999), **Operations Management, Strategy and Analysis**, 5th Ed., New York: Wesley Longman Inc.

- Pride, William M and Ferrel, O.C. (2000), **Marketing Concepts and Strategies**. Boston: Houghton Mifflin Company.

- Robbins, Stephen P. And Coulter, Mary (2007), **Management.** Upper Saddle River, New Jersey: Pearson Education International.

- Robbins, Stephen P. And Coulter, Mary (2009), **Management**, 10th Ed., New Jersey: Pearson.

- Schemerhon, John R. Jr. (2008), **Management**, 9th Ed., Ma: John Wiley & Sons, Inc.

- Schermerhom, John Jr. (1999), **Management.** New York: John Wiley & Sons Inc.

- Stevenson, William J. (1999), **Introduction to Management Science.** McGraw Hill, Irwin.

- Wilcox, Dennis L. and Cameron, Glen T. (2009) **Public Relations.** Strategies and Tactics, 9th Ed., Boston: Pearson.

- Wolf, Morris Philip and Kuiper Shirley. (1989), **Effictive Communication in Business.** Cincinnati: South - Western Publishing Co.